JN124003

NAKAGAMA HIROKO

中釜洋子 選集

家族支援の一歩

システミックアプローチと統合的心理療法

中釜洋子 著

田附あえか 大塚 斉 大西真美 大町知久 編

遠見書房

まえがき

中釜洋子さんが亡くなって8年が過ぎようとしている。身体のあちこちに痛みが移っていることを少し詳しく聞いたのは，亡くなる2カ月ほど前の家族心理学会第29回大会の最終日，7月16日の帰り路だった。久しぶりに2人で話をする機会を得たタクシーの中で，5月から続いていた「肩が痛い」「これが五十肩というのだろうか」という話をきっかけに，少し前の講演中に激しい腹痛を切り抜けたことを初めて聞いた。私自身，その1カ月ほど前に数回の腹痛で検査を受け無事だったことがあり，それを伝えて，あえて休講をしてでもすぐに診断をもらうよう強く勧めて別れた。7月20日に五十肩の診断と投薬を受けたが改善せず，再度精密検査を受けて，癌の可能性があるとのことで急遽入院され，長引くとの連絡を電話で受けたのが8月9日だった。その後，病状は悪化し，ご家族以外は誰も面会がかなわぬまま，9月28日に旅立ってしまった。

この別れの体験は，中釜さんの生き方を象徴しているように思えてならない。

中釜さんとの出会いは，1989年，ご自分のケースのことで佐治先生から紹介されてコンサルテーションに来られたときだった。間もなく夫君の海外研究に一家で同伴されることをめぐって，再度会う機会を得た。臨床専門職として始めたばかりのキャリアを中断すること，幼い子ども二人を伴った海外生活のことなどのほかに，ボストンに住むことでどんな臨床の学びができるかに関心を持っておられた。日本人も多く，学究的環境にも恵まれているボストンは臨床家にとってプラスはあってもマイナスにはならないことを伝えながら，私は思わず興奮して，この機会を逃さず家族療法の学びを積むことを勧めていた。

というのは，私の一方的な関心だったのだが，北米東海岸のボストンのあたりには，家族療法の多世代派のリーダーの一人であり文脈療法の創唱者ナージBoszormenyi-Nagy, I. の弟子たちが実践活動を展開しており，その動きに注目していたことと，その理論・技法は佐治先生の薫陶を受けた臨床家である中釜さんにもきっと役立つと考えたからであった。

帰国されてからわかったことだが，ボストン滞在中の4年間は，主としてナージの愛弟子グルンバウムGrunebaum夫妻の下で，文脈療法を中心とした，言わば大学院後期のインターンにも匹敵する訓練を受けていて，帰国後は，教育・研究者としての道を歩む傍ら，亡くなるまでIPI統合的心理療法研究所での家族療法の実践研究を続けられた。

帰国後の家族心理学，家族療法の分野における足跡は，本書でもその一端が示されるように多領域にわたり，また，心理臨床専門職としての実践，教育，研究全体をカバーする活躍である。ここから展望される学会と社会の将来への貢献は予想を超えるものと期待されていただけに，道半ばでの夭折は，誰にとっても大きな衝撃であり，喪失である。

本書では，それらの論文を4部構成「子どもと家族」「事例からみるシステミックアプローチ」「家族療法家を生きる」「実際の事例をめぐって」としてまとめられている。全体を貫く論文の中で際立つところは，引用される多様な事例を通して論じていく自身がよって立つ理論と技法，そしてそれらを臨床実践に統合しようとした研究者としての工夫と姿勢が伝わってくるところである。

それは，事例の中に出てくるクライアント，母親，父親，カップル，子ども，学生，保護者，教師など，多様な立場と個性への心理臨床専門職としての深いかかわりと理解，支援のことばと同時に，中釜さん自身が自分のありのままの人間らしさ，あるいは関係を維持し，育もうとする思いが巧みに織り込まれた表現から理解できる。換言すれば，心理支援の課題を達成する機能と関係を維持し，支える機能をバランスよく活用するために，自身をフル活用していることが，細やかな配慮に満ちたことば遣いの中から伝わってくるのである。

心理臨床家であれば誰しも志向しようとするこの姿は，本書の最後の論文で述べられている心理教育的アプローチと，来談者たちとの協働を意味する未来の心理臨床の展望に示唆されていると思われる。それを自ら実現し，言語化することが中釜さんの望みだったのではないか。

また，中釜さんは，臨床家として，母親として，教育・研究者としてナージの言う公平さを自分なりに生きようとしたように思う。それは，自分の持てる課題達成と関係維持の力を，日常でも，援けを必要としている人々のために活用し続けていたことに表現されていた。公平さは，家族，仲間，後輩，学生などにも向けられており，中釜さんの知恵とエネルギーはごく自然な形で，必要としている人々に提供されていたように思う。

中釜さんは，周りに気を配りながら，同時に，注意深くその卓越さを感じさせない控えめな態度で関係を生きていた。もしかすると，私を含めて周りの人たちは「中釜さんは大丈夫」という根拠のない思い込みを抱き，中釜さんの人間性と能力に頼りすぎていたかもしれない。生身の人間を生きている中釜さんの変化を受け止めきれず，知らず知らずのうちに負荷をかけていたかもしれない。

ふと中釜さんを思い出す時に感じるこの後悔の念は，本論文集の中釜さんの統合的家族療法家としての志向性の中にはあったのではないか。残された私たちはその思いをしっかり受け取りたいと思う。

本論文集の編集に尽力された田附さん，大塚さん，大西さん，大町さんは，中釜さんの教育・研究者としてスタートした３つの大学の最初の愛弟子であり仲間である。愛弟子ならではの論文選びと編集の視点に心からの感謝を伝えたい。

2020 年 4 月　新型コロナウイルスの猛威を感じる日に

平木典子

目　　次

第3部　家族療法家を生きる

第4部　実際の事例をめぐって

第1部

子どもと家族

第1部 解　説

田附あえか

私が中釜先生に初めて出会ったのは2001年の春，八王子市南大沢にある東京都立大学のキャンパスだった。大学院修士課程の新入生として，他大学の他学科から入学した私にとって，中釜先生の授業は心理学の初めての授業だった。読んでくるようにと渡された論文はLambert, M. J. (1992) の“Psychotherapy outcome research: Implications for integrative and eclectical therapists”だったと記憶している。心理療法には各流派を超えた共通要素があり，中でもセラピストとクライアントの関係など，セラピー外の要素こそが，実はセラピーの効果の4割を占め，さらには，セラピーの内容というよりも，セラピーを受ければ良いことが起きるだろうという「期待」が，効果の15%を占める——今も心理療法の統合に関する古典として読み継がれている論文である。けれども，そもそも心理療法の各流派についても碌に知らない修士1年生の私たちが最初に読む論文としては，不思議と言えば不思議な選択である。あの時先生は，この論文に託して，いったい何を私たちに伝えたかったのだろう……と今も時折考える。

中釜（とここからは解説風に書いてみます）にとって，関係性と統合と期待は，確かに長年の関心事だった。中釜の理論的関心は，大きく分けて3つにまとめられる。まずは，女性として，母親として，あるいはマイノリティとして，社会の周辺でそれでも誠実に生きようとする人々へのまなざしがあり，ジェンダーへの意識やアサーションへの関心があげられる。次に，ナージ Boszormenyi-Nagy, I. の文脈派の理解を基盤とした多世代的視点がある。中釜にとって文脈派の心理療法は，「公平性が大切にされる場で」「人間的諸事情を抱えて生きる自分を理解し」「人間的諸事情を抱えて生きる相手も同じように受容していく」という，「関係づくり・社会づくりの推進」であると説明される（第1章「文脈療法の現代的意味」）。社会づくりという言葉に，もともと東京大学で大学院生時代に佐治守夫のもとで学んだロジャース Rogers, C. の歩んだ道を何となく思い起こすのは，穿った見方であろうか。そして，最後の関心は，心理療法の統合への関心である。この点については，博士学位論文として，『個人療法と家族療法をつなぐ—関係系志向の実践的統合』（東京大学出版会，2010）にたっぷりとまとめられている。

こうしてみると，中釜の関心の変遷は，自身の子育てをしながら，スクールカウンセラーや教育相談といった臨床現場で，心理臨床を始めた時期，次に，米ボストン留学において，家族療法，文脈派の知見を学んだ時期，そして大学で教鞭をとりながら，私設の相談室で家族臨床の活動をした時期とほぼ対応する。多くのすぐれた臨床家同様，中釜の理論的関心は，臨床的実感と自身の人生経験との絶妙な作用の上に成り立っているのだろう。

どの時期にも通底するのは「公平性」や「文脈・関係性」といった視点である。「公平性」は，「文脈療法の現代的意味」（第１章）において，事例を通じて鮮やかに提示されている。過去に私は中釜に何度もナージの原典の翻訳をしようともちかけたことがあるが，中釜は首肯しなかったことを覚えている。ナージの原典は難解であり，それよりも中釜のボストン時代のスーパーバイザーであったグルンバウム Grunebaum 氏が書いたコンサルテーションを翻訳したほうがいいと思うと言っていた。第１章はこのコンサルテーションビデオの抜粋訳であり，この論考を書き終えた時に中釜は，文脈派の粋を提示できた，と満足気だったことを記憶している。

「公平性」と並んで中釜の事例理解の中核を占めているのは「文脈・関係性」である。例えば,「家族心理学の立場からみた子どものこころの問題」（第２章）において，中釜は「子どもを抱える器としての家族の役割」の１つとして，家族は,「互いの幸せを願いながらも，相手の変化を最も阻止しがちな関係」と記している。不安は，相手に期待を寄せるのに叶わない時に生まれ，そんな悪循環が高じて問題や症状が形成されるという見方の底には，希望が流れている。不満や苦情を申し述べる人たちの言葉や態度に細々と見え隠れする他者への期待に力を注ぎ，変化へつなげるという援助指針は,「関係性」を中核に据えた事例理解で可能になる。「思春期・青年期の障がい・問題行動と心理療法」（第３章）も同様の問題理解の視点を共有している。中釜はこの論考の執筆準備をしていた時に,『発達精神病理学―子どもの精神病理の発達と家族関係』を精読していたことを思い出す。「久しぶりに勉強しているのよ」という言葉どおり，その分厚い書籍にはいくつものカラフルな附箋が貼られており，敬愛する師からの執筆依頼だったこともあって，精力を注いで取り組んでいた様子だった。発達精神病理学の知見は，中釜の臨床的問題の理解を下支えする実証データの宝庫であったのだろう。

「家族における心理的不在のわりきれなさをめぐって」（第４章）は，2012年８月に発行されており，中釜の絶筆である。本人も記している通り「自由連想」に近い語り口で，その分，思考の勢いとでもいおうか，いつもの精巧な論理展開と比べて，何とも表現しがたい迫力のある論考である。「事例２」も「事例３」も,中釜が大切にしていたクライアントたちとの物語を彷彿とさせる。中釜が最期に書き残したのは，彼／彼女たちとの心的交流であったことは，理論と実践の相互循環を大切にしていた中釜らしい。

私個人としては「心理的不在のわりきれなさをめぐって」というタイトルを見るた

びに，心がざわめく。その急死は未だにわりきれない。けれども，中釜は，心理的にはきちんと存在している。あいまいではない。その実践的理論をめぐって，私たちは心的交流をずっと続けることができる。中釜はナージの臨床姿勢を「始終柔らかく簡単に諦めず，しばしば驚くほど粘り強い」（「文脈療法の現代的意味」）と評しているが，ここでとりあげた4本の論文は，中釜が目指した公平な関係系世界への粘り強い挑戦の記録である。

文　献

Cummings, E. M., Patrick, T. D., Susan, B., & Campbell, E. (2002) Developmental Psychopathology and Family Process: Theory, Research, and Clinical Implications [1st ed]. Guilford Press.（菅原ますみ監訳（2006）発達精神病理学―子どもの精神病理の発達と家族関係．ミネルヴァ書房.）

Lambert, M. J. (1992) Psychotherapy outcome research: Implications for integrative and eclectical therapists. In: Norcross, J. C., & Goldfried, M. R. (Eds.): Handbook of Psychotherapy Integration. Basic Books, pp. 94-129.

中釜洋子（2010）個人療法と家族療法をつなぐ―関係系志向の実践的統合．東京大学出版会.

第1章　文脈療法の現代的意味

I　本論のねらい

1．文脈療法とはなにか

文脈療法（Contextual Therapy）とは，ハンガリー出身のナージ（Boszormenyi-Nagy, I.）によって創始された，個人と親密な関係を対象にした治療的アプローチである。ナージら（1991）は関係療法（relational therapy）という言葉を用いて，このアプローチに基づく介入の目的が，個々人のこころの痛みや症状の緩和・治療に加えて対人関係上の問題と取り組むことにもある点を強調している。

ナージはまた，精神分析や実存主義哲学に造詣の深い心理療法家である。個々人や家族が置かれた歴史的文脈を重視する姿勢から，ボーエン（Bowen, M.）やフラモ（Framo, J.）と並ぶ多世代派家族療法家の一人と考えられてきた。遊佐（1984）によれば家族療法の草創期に活躍したパイオニアとして文献引用数が第10位に挙がると記されているが，わが国ではほとんど知られず，90年代に入って平木（1996, 1997）や中釜（1997, 2000, 2001）が文脈療法理論の何たるかを紹介するようになった。

もともと，わが国の家族療法は海外から輸入される形で始まったという経緯をもつ。その後も領域の第一人者の招聘や海外渡航などを通じて積極的に交流を図り，良くも悪くも欧米諸国の動向を敏感に感じ取って発展してきた。それゆえ，日本でよく知られるようになった家族療法理論はセンセーショナルだったり一世を風靡したものであったり，伝統的心理療法との強烈な差異を備えたものが多い。そんな諸理論に比して，文脈療法は，システム論全盛時代にもシステム論に寄り過ぎず流れに飲まれない保守性と新奇性の両方を備えたアプローチであって，わが国の家族療法の潮流に組み込まれずにきたことも無理からないと感じられる。では，21世紀に入った今になって，なぜこのアプローチを取り上げようというのだろうか。その理由はどこにあるか。そして，再考を試みる価値をどのようにとらえているかが，丁寧に答えられなければならないだろう。

筆者は以前，文脈療法の特徴を「統合的」「多世代的視点の重視」「資源（リソース）志向」という３つの言葉で表したことがある（中釜, 2000)。「統合的」とは，個人の心理内界に注ぐ目とシステムや関係性理解の両方向に開かれたという意であり，「多世代的視点の重視」とは，私たち人間存在の歴史性の尊重を意味する。病理より「資源」，すでに存在するストレングスへの着眼と併せて，現代の心理療法に強く求めたい特徴がここにあると考えている。これがあらためて文脈療法を取り上げる第一の理由である。そして，文脈療法家が投げかける質問やコメント，示す関心などを通じて直接・間接に伝える関係や家族についての理解が，わが国の家族の現状にとって大いに示唆的内容を含んでいるという理由がそれに続く。成員の個性化が進み少数のケアテイカーが関係維持機能を一手に引き受ける家族形態が人々の意識に合わなくなった時代に入って，相互に養育性・養護性を提供し合う関係づくりが推し進められなければならない。そのための手がかりが，ケアの授受関係の再構築をねらいとする文脈療法の援助実践の中に見い出されるのではないか。

さて，第一の理由はすでに他書（中釜, 2000）で論じたテーマでもあるので繰り返さず，第二の点について考察することを本論の目的に据えよう。論じるにあたっては手元にある２本のビデオを参照しながら行うことを試みる。ボストン・コンテクスチュアル・グループが作成したナージによるコンサルテーション・ビデオ（Grunebaum & Boszormenyi-Nagy, 1990）で，筆者がこの療法について学んだ素材でもあり，何かの機会に紹介できればと考えていた。それでは，ビデオに収められた事例概要を紹介することから始めよう。

2．参照する事例概要

コンサルテーションは，両親と３人の青年期の子どもを抱えるK家族とその治療者（Th と表記する）に対して行われた（図１，ジェノグラムを参照のこと)。２日にわけて計画されたプロジェクトであり，初日には夫婦と Th とコンサルタント（Con と表す，ナージが務めている）による４人の会合がもたれ，その翌日はそこに子どもたち３人（23 歳の長男・21 歳の長女・18 歳の次女）が招き入れられた。K家族が抱える問題は，大学を卒業したものの実家に戻って自立的な道に進めないでいる長男と，高校卒業を目前に控えた時期にいて交友関係を自由に発展させられない次女（妹娘と呼ぶ）との間で激しい口論が絶えないことである。このコンサルテーションまで，家族療法家が２年にわたってセラピーを行い，主には兄妹葛藤について，また時には怒りを爆発させて関係から引きこもる父親の

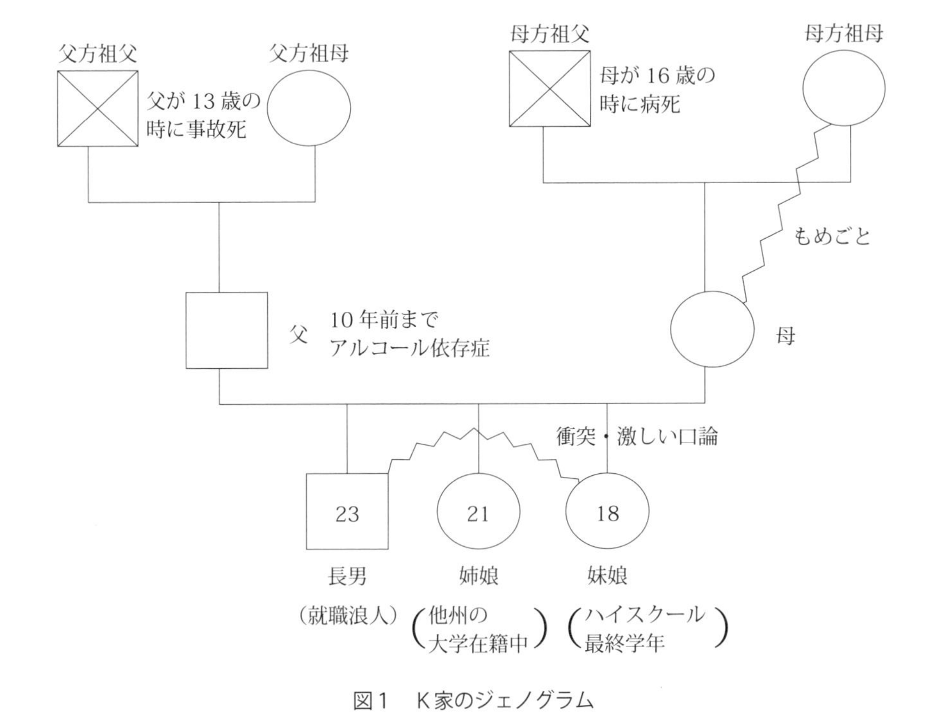

図1 K家のジェノグラム

問題について，母親と母方祖母の確執について話し合ってきた。長女（姉娘と呼ぶ）はいわゆる問題のないよい子だが，家を出て他州の大学に通うため普段のセラピーには出席したことがなく，今回が初めての参加である。父母ともに 10 代の初めに実父を突然亡くしている。父親は 10 年前までアルコール依存という問題を抱えてきた人で，夫婦関係と家族の歴史に少なからない影響を与えてきたことが明らかだったが，その問題について，さらに子ども時代の話は掘り起こさないという条件で治療への参加を承諾していた。同胞間の関係が好転すること，そして子どもたちの実家からの巣立ち・独立といった移行期の家族の発達課題を乗り越えることがセラピーに求められていた。

実際のコンサルテーションでは，初日に，父母それぞれが新しい家族作りに持ち込んだ負の遺産（legacy）が明らかとなり，翌日の家族合同面接で３人の同胞それぞれが拘束された立場，それゆえに不平等な形で背負わされた重荷の様態（とりわけ重い荷を背負った兄と，軽い荷しか背負わずに済んだ妹娘の間の不平等）が明らかになるというプロセスが展開した。コンサルタントは，文脈療法最大の能動的技法である「多方面に向けられた肩入れ（multi-directed partiality：後述を参照のこと)」技法を駆使することで家族の話し合いを可能にしていった。展開の要となったやりとりを抜粋しそこに込められたメッセージを跡づけることで，文脈療法の援助指針と実践上の留意点について考えてゆく。

II 第1の援助指針——公平性への立脚

1．抜粋1

2日にわたるコンサルテーションを，Con は，このような企画への参加に対して夫婦2人に感謝の意を表し，話してもよいと思うことだけ話すのでいいという自由を保障することから始めた。さらに，自分がここにいる目的は「どんな家族にも必ず一つや二つある問題を批判的眼差しで指摘すること」ではさらさらなく，「大きな困難を抱えた状況であっても,責任を取ろうとしたり相手を思いやったり相手のために何かしようとする，そういった様子について知りたい。とりわけあなたたち2人がチームとしてやってくる中で役立ったこと，力になりあった様子を理解することにある」と述べた。以下に示すのは，続いてカップルを知る作業へと進んだ Con が，数年間患いながら諸々の事情で手術を先延ばしたという妻の子宮筋腫を第一の話題に選び，問いかけていった場面である。

Con：(前半省略)（その子宮筋腫は）実際に生命に危険が及ぶとか癌の可能性が疑われたりとかしたんですか？　病気についてあなたは誰と話しましたか？　気がかりや不安な気持ちについては誰と話を？

母親：夫と話しました。他の人とはあまり誰とも話しませんでした。いえ，一人同じ病気をしたことのある女性から話を聞いたことがありますが。

Con：ご主人とはどんなふうな話を？　つまり，お二人の間でどんなやりとりをして今までやっていらしたのか，知りたいのですが。

父親：妻は医学雑誌や文献を読んだりしていましたね。

母親：この人（夫）はもっと積極的な手だてをうって早く治すべきだとよく言っていました。でも私の主治医は様子を見守りましょうというタイプの人で……。(中略)

Con：ご主人を急かせたものは何だったんでしょうか？　心配だから？　あるいは煩わしさ？

母親：その質問は直接主人に尋ねていただいたほうがいいと思いますわ（苦笑)。

Con：いいえ，まずはあなたの意見を聴きたいんです。

母親：煩わしさだったと思います。もしかすると彼は心配していたのかもしれません。夫をよく知る人なら，彼が心配を煩わしさみたいに表現するっていうことが理解できるでしょう。でも，彼を知らない人から見れば，煩わしさと受け取られるようなものだと思います。…（後略）…

Con：（夫に）あなたの側から言うと，ここまでどんなふうなことになるんですか？…（後略）…

ここまでセッションが始まっておよそ15分程度のやりとりである。この短い間に，すでに複数回にわたってConが公平性（fairness）の指針を打ち出ししている点に留意を促したい。文脈療法が「公平性」をどれほど重視しているかがわかるだろう。まず初めが"この場ではプライバシーを尊重しリソースに注目するという，あなた方にとって公平な（fairな）姿勢で接することを守ります"と穏やかだが迷いのない宣誓の言葉をカップルに送ったことによって。次には，具体的事実を辿りつつ，両者の言い分を順番に同程度の時間をかけてしっかり聴き取るという「多方面に向けられた肩入れ」の実践を通して提示している。そして3度目が，妻の子宮筋腫という現実のストレスを2人がどう乗り越えてきたか，病いの当事者だった妻の体験から先に紐解くという，一見不公平だが苦しんだ本人＝妻という点に注目すれば，深い意味でよりいっそう公平な態度を通して公平性を示している。

2．公平性とは

文脈療法が前提とする公平性は，最も素朴には「人として生まれた限り，私たちは誰もが等しく大切にされ，信頼に足る人間関係に恵まれる価値のある存在だ」という信念として称せられよう。基本的人権意識にも似たこの「公平性」は，個々人が生きる文脈の違いという事実に出会って「幼い者や病いの床にある者，傷つきやすい状況にある者は特別なケアを受けるに価する」という考えへと発展する。そして，「ケアを必要とする者が必要なケアを周囲から受け取ることのできる関係の中で，人は信頼に足るという信望（credit）を周囲の人に対して認め」，「差し出したものと受け取ったものの収支がそこそこ釣り合うとき，信頼に値するという意識を所属集団に対して抱く」といった文脈療法の理解がごく自然な帰結として腑に落ちるのではないだろうか。

公平性に関する上述の理解は，おそらく，大筋は大勢の人に受け入れられるものだろう。大勢の人が共通理解をもてば，社会に公平性が貫かれ，この問題を巡るさまざまな確執がめでたく減少するだろうか。否，そう簡単にはゆかないという声がすぐにも戻ってくることが現実である。ケアを求める者が必要とするケアの程度と量を測るものさしがどうしたって見つからないだろうこと，何年にもわたるケアの収支を記載する「家族出納帳（family ledger）」がしばしば人々の心のうちにしまわれ保存されるために，他者の記載との間のずれが生じ易いこと等々が理由である。つまり，公平性がどれほど守られたり損なわれたりしてきたかを巡る議論は，今後も多くの人が心を寄せる問題であり続けるだろう。一部の人にとっては一生涯のエネルギーを注ぎ込むほど心奪われる重大事にさえなりかねない。が，そうであるにもかかわらず，簡単に答えられないからという理由でこの話題を取り扱うことを避けたり，口にし続けるのは“執念深く”，“しつこい”，“病理的”なことだと否定的レッテルを貼りたくなる。自分も含め，多くのセラピストが一度や二度必ずやってみたくなることだと自戒するのがよかろう。

さて，こういった難しさを理解した上でなお，ケアの授受を巡る話し合いをセラピーの中心に据えるのが文脈療法の立場である。ここまで見てきたように，①公平性の原則をいろいろな機会をとらえて目の前の家族に示し，②この問題を浮き彫りにするような話題に進んで，③いま見えている限りでの公平さに関する自分の意見を“控えめ”にしかし“怖れず”，“ひとつの姿勢”にして示すのである。この時，予想される困難にもかかわらず話し合いを実りあるものにするにはどんな工夫が可能だろうか。最大の工夫は，今抱いている意見が暫定的仮説に過ぎないと知っていることだろう。知りながらなお，一つの意見そして姿勢を示すことである。現時点でわからないことはたくさんある。ましてや部外者が抱く意見は浅薄な思い込みだったり誤解だったりする可能性も高い。この点を理解する時，セラピストが投げかける言葉や取る態度は，断定的だったり評価的だったりする様相を改めて，暫定的，仮説的物言いや問いかけへと姿を変えるだろう。問題の本質に足を踏み入れながら，そしてまた暫定的仮説だと知りながら一つの姿勢を示すセラピストの存在が，当事者一人ひとりから彼（彼女）のユニークな声を引き出す可能性をもっとも高めると言えるだろう。「無知の知」という姿勢，そんな専門性を磨くという発想から学ぶものが多いことを付言しておきたい。

III　第2の援助指針――不公平さが生じた文脈の探求

適切なケアが差し出されない事態，すなわち公平性が破られた出来事が具体的に理解されたら，私たちの関心は，その出来事が置かれた諸々の文脈（諸事情）

の探求へと向かう。多くの出来事は，背景となる社会的・文化的・人間的諸事情と何らかの調和関係にあるもので，その関係を多方面にわたって知ろうとする作業と言うことができるだろう。

「この時，Aさんは小さな子どもだった（あるいは“病身だった”）のでしょう？　つまりAさんは特別なケアを必要としていた。でもそれが提供されなかったのはいったいどうしてなんでしょう。どんな事情がそれぞれにあったのか，それを巡ってどのような思いを抱いているのか。公平さが守られる関係にもう一度立ち戻るために，いろいろなことをつき合わせてみましょう」。例えばこんな言葉で，家族は個々人の胸のうちにしまい込んだものをさらに語るようにと誘われてゆく。

K家族の事例では，こんな探求の中で，これまでよく知らないできた事実を知ることへと人々が進んでゆく様子を何度か目の当たりにすることができる。ケアされなかった事実のまわりには，一方の側にケアすることが必要だった状況でそれに応えなかった（あるいは応えることができなかった）者の声があり，他方には必要なケアを受けられずどうにかこうにかやりくりした，つまりよそから借りてきたり，自給自足したり，代用したり，我慢した者の声が存在する。前者は，親・世話をする者・権力をもつ者など，強い立場にいる者の声で，後者は幼い子どもの声，弱者や病者の立場からの声である場合が多い。２種類の声は，相対する立場から発せられるが，さらによく耳を傾け続けると，前者の声の中にかつて自分が小さく弱い存在だったころ，つまりケアが必要だったころにそれが得られなかった事情，他者に守られない状態でやってきた事情が立ち現れる場合が少なくない。文脈療法が「破壊的権利付与（destructive entitlement；自分が受けた破壊的体験を理由に，他者に対して破壊的に振る舞ってもいいしその権利が自分にあると考える）」と呼ぶ状態である。この状態の出発点にある破壊的体験までたどり着くことができると，この声の主の無感動，無関心，他者に対する共感性のなさも宜（むべ）なるかなという感想が出てくる。怒りや悲しみを訴える後者の声からも，破壊的権利付与へと通じるルートがあることを考えれば，当初，対照的と思われた２つの声が，実は太く強い線でつながれていたものだとわかる。

K家族の事例から２つの場面を抜粋しよう。文脈の探求が進んでゆく様子，そして破壊的権利付与が私たちの前に立ち現れ，いよいよ源泉となった体験へとたどり着くまでの流れを抜粋２が伝えてくれるだろう。さらに抜粋３には，家族への貢献がそれと認められず家族への気がかりだけが引き出されてしまう状態（見えない忠誠心（invisible loyality）とよばれる状態）が映し出されるだろう。

1．抜粋２

（抜粋１で取り上げた子宮筋腫をめぐるやりとりの後半。中盤は略）
母親：私は主治医の説明を夫に繰り返さなければなりませんでした。自分で聞きに行ってと頼んでも彼は行ってくれませんでしたから。
Con：（夫に）あなたの側から一言言いたいことがありますか？
父親：自分の奥さんが病気だったらその医者はいったいどうすると思うかって言いましたね。
Con：主治医に？　それとも奥さんに？
父親：妻に，です。
Con：お医者さんに会いに行かなかったのは？　どんな理由があって？
父親：さあ……。わかりません。頑固者だと思われるかもしれないけれど，本当にどうしてだかわからない。
Con：こんなふうな衝突は二人の間でよくあることなんですか？
父親：こんなふうっていうのは？　パターンということですか？
Con：そう理解してくれてもいいです。
父親：（しばらく考えてから）よくあることかもしれません。
Con：では，そのパターンっていったいどんなものだと思いますか？　私たちはそこから何を学べそうですか？
父親：（沈黙の後，低いトーンの声で）こういった状況で自分が何を言っても何を感じても，最終的な結果には何の影響も及ぼさないだろうっていう感覚があります。どうせ何も変わらないだろうという気持ちがある……。
（父親の無力感についてさらに尋ねる質問が続く。その前半部分は省略）
Con：よくわからないのだけれど，あなたのその無力感はもっと以前の体験と関係があるとは考えられませんか？　ただ知りたいだけなのですが。子ども時代，一生懸命やったにもかかわらず認めてもらえなかったことや，責任感の強い子どもだったり周囲を思い遣ったりしたことが回りに理解されなかったなど，何かそんなものが関係していないか。
父親：いや，わからない。そんなふうに考えたことがないので。
（長いやりとりが続くが，父親はすべてわからないと答える。その部分省略）
父親：確かに父を亡くしたのは自分の人生に起きた最も劇的で不幸な出来事です。でも，それが他の人に比べて不公平だとかそんなふうには考えたことがない。それだって自然，神が定めたことだと受け止めました。

（こう述べた後で父親は，実父が亡くなった日について思い出し，たった一人で悲しみを受け止めるしか仕方なく，気持ちを分かちあう人が誰も回りにいなかった様子について詳細に語った。）

2．抜粋３

長男：（互いに気遣い合い過ぎることが問題だという母親の発言に刺激され，長男が自分から口を開く）自分からも一言言っていいかな？　この家では，いろいろな問題がまるでないことのようになって，家族が大事と言っている。家族が大事。両親の過去が大事。他のどんなことよりもすごく大事で，みんながいろいろやることで過去の大変だったことを帳消しにするようにすごく一生懸命になっているみたいだと感じる。…（後略）…

Con：ある意味ではお母さんが言ったことでもあるね。家族の中の葛藤や重荷があなたの人生にのしかかっているように感じるということだろうか？　家族のことにすごくエネルギーを使わされているような？

長男：絶対そうなっていると思いますね。自分が知っている他のどんな家族よりもそう。他の人たちよりずっとたくさんの時間を家族のことに費やしている。

Con：それはどんな形であらわれているだろうか？　えーと，あなたはいまどんなふうに暮らしているんでしたか……。

長男：今親元にいます，そんなふうにしていたくないのに。気持ちが引っぱられると言うか。もっと小さい頃は心配で仕方なかった。今は気がかりという程度ですが。自分は23歳なのにまだ実家にいる。そうしたくてしているわけではないのに，です。

Con：交友関係や職業選択などにもそれがあらわれていますか？

長男：ええ，そうです。両方にあらわれています。それを今うまくやれていないことの言い訳にはしたくないですけれど，ね。

どちらの抜粋からも，Conの質問に答えてゆくうちに声の主の人間的事情が次第に明らかになってゆく様子が見て取れるだろう。

3．信頼可能性が高まるとは

文脈の探求と述べてきたが，“探求”という言葉について一言触れておきたい。ここで言う“探求”が，隠された問題を暴くとか，背後にある病理の尻尾を捕らえて引きずり出す行為と受け取られてはならない。繰り返し質問を重ね，本人による説明をねばり強く求めてゆくことを探求と呼んだが，探求を続けるのは，うまくするとその人の行為がより信頼できるものになるからであって，相手の罪状を明らかにして裁くために問い続けるのではまったくない。説明責任を果たすことができれば，それまで訳のわからなかった相手が少しだけ信頼できる人へと変わる可能性があるだろう。そして聞き手側の信頼感が少しだけ高まった手応えは，しばしば話し手の自己開示を促す効果をもつだろう。話し合いの成果を願うなら，暴くことと探求という２種類の行為の差を明確にする手だてが講じられるとよい。これで十分という手だては存在しないかもしれないが，次に挙げる３点はなかなか役に立つ工夫である。

①（引き続き登場する留意点だが）判断的断定的であるより暫定的仮説的であり，「知りたい」関心がセラピストの原動力になっていること。
②それぞれの人間的事情をなるべく具体的に語ってもらうように働きかける。（抽象的物言いや主観的意見でなく具体的事実として語る。そのほうが解釈の入る余地が少なく共通理解や基盤になりやすいようだ。）
③破壊的権利付与や見えない忠誠心を，それぞれの人の“問題”としてではなく“勲章”として聴く可能性を探る。そんな状態にもかかわらず本人が今までやり抜いてきた誇るべきストーリーであるのだから。（リフレーミングが役立つ場面でもある。話し合いの自然な成り行きとして“勲章”として聴く文脈が用意されれば何より望ましい）。

Ⅳ　第３の援助指針――ケア提供者になることへの挑戦

第３の指針は，話し合いの場に臨む全員に向かって小さな挑戦をしながらゆくこと，そして時には少々大型の挑戦をして，その反応次第で話し合いの速度を調整し続けることである。ケアの受益者であるだけでなく提供者になることができるかどうか，いろいろな機会をとらえて家族一人ひとりに尋ねる試みを挑戦と名付けた。自分に向けられたケアを糧にすれば，同じケアを他者に向けることができるかどうか。他者からしっかりと聴き取られる経験が，どれほど一人ひとりの破壊的権利付与や見えない忠誠心に働きかけるか。つまり，ケアが注がれた後でなら，傷ついた自分から自由になり，他者の話に親身に耳を傾けられるようになるかどうか，親身が無理なら，せめて少しだけ許容的にその場にいられるようになるか。諦めずねばり強く，何度も挑戦を繰り返しながら進むことが大変に重要である。

例えば多方面に向けられた肩入れを実践する中で，セラピストは，しばしばごく当然のように肩入れを別の人へと移してゆく。自分に肩入れをしたすぐ後で他者に肩入れるセラピストを受け入れることができるかどうか，そして他者に肩入れるセラピストの視線を自分のものとして取り入れることができるかどうか，その場にいる一人ひとりが問われることになる。そしてまた，破壊的権利付与が理解された次の瞬間に，理解されたその人に「あなたのケアを必要としていた相手の姿を思い出すことができますか？　ケアのない状態をその人がどんなふうに乗り越えていったか思い出すことができますか？」とすかさず尋ねる。そんな質問にはっきり具体的に答えることができれば，答えた人は，大変遅ればせにわずかばかりのケアを差し出した人に変化するだろう。答えたという行為によって，答えた人はほんの一歩信頼可能な人へと近づき，話し合いは一歩前へと進むことができるのではないか。

K家族の事例から，両親が長男に感謝の意を伝える場面を抜き出してみよう。Conの挑戦に父母が答えてゆく場面である。親として十分でなかった当時を振り返り長男に遅ればせのケアを差し出そうとしている。

1．抜粋4

母親：先生のおっしゃるとおり，いらいらするような状況でした。

Con：あなたの考えを話してみて下さい。

母親：長男が果たしてきてくれた役割をとてもありがたいと思っています。特に彼は私たち夫婦の関係が一番大変だった時，つまり離婚の可能性があった時ですが，二人を別れないように結びつけてくれていた存在でした。他の子どもたちはよくわかっていなかったかもしれない。でも，彼はもっと年上でそのことにしっかり気づいている年齢でした。もしかすると彼が，家族は一緒にいて欲しいという強い気持ちをもっていたのかもしれないんです。そのことにとても感謝しています。そしてそろそろ，自分を自由にしてあげてとも言いたい。

Con：離婚を踏み留まるために彼が大変役に立ったということですか？…（中略）…もう少し説明して下さいませんか。

母親：長男が小さな子どもであったにもかかわらず…（中略）…小さな子どもだった彼が大人を助けたんです。二人の大人が状況を作り上げていました。一人はアルコール依存になり，もう一人はその状況にうまく対処できないという形で。ここで問題を起こす子どもだっているでしょう。でも彼は父親に反抗的な態度を取ることもなく，困った問題を起こすわけでもありませんでした。
Con：ご長男は，責任感の強い子どもとしてずっとやってきたということですね。ところでどうですか？　お父さんのほうから何か意見があります？
父親：そうですね。（長い沈黙）息子がアル中になったのでなく，自分がなったということですよ。…（中略）…１週間ほど妻が実家に戻っていたことがあって，その時，文字通り彼が私の世話をしてくれました。本当なら私が彼の世話をすべきだったのにそうではなくて。そのことを本当に済まないと思っています。
（飲酒癖のせいで遊びの計画を台無しにしたことがある，その時の長男のがっかりした顔が忘れられないなど，父親の語りはまだまだ続くが後略）。

V　終わりに代えて

文脈療法の実践課題を，いま，さまざまな家族の中で求められているケアの授受関係の再構築ととらえ，それを可能にするための援助指針と実践上の留意点について考えてきた。援助指針としては「公平性」「文脈の探求」「挑戦」の３つを挙げた。３つの語をつないで言葉を添えて読み返してみれば，ここまで論じてきたのは，「公平性が大切にされる場で」「人間的諸事情を抱えて生きる自分を理解し（望むらくは自分の言葉で表明して説明責任を果たして）」「人間的諸事情を抱えて生きる相手も同じように許容してゆく」という，そんな関係づくり・社会づくりの推進だったと気づく。なんだ，そんな単純なことだったかと驚く気持ちと，私たち人間が永く希求しながらいまだ叶わないこと，もしかすると最も困難な課題かもしれないという２つの思いが同時に湧いてくる。

最後にビデオについて，紙面の都合から一部をいささか意訳した形での紹介になったと記しておこう。ほとんど触れられなかったが，実際のコンサルテーションは文字通り公平性が貫かれたもので，父・長男に加え母親に，そして２人の娘に焦点のあたったやりとりがそれぞれ相応の時間展開している。ナージの問いかけは終始柔らかく簡単に諦めず，しばしば驚くほどねばり強い。上述の課題が野望であると知りつつも，どこまでも柔軟な姿勢で簡単には諦めずねばり強くゆきたいと強く思う。

文　献

Boszormenyi-Nagy, I., & Kransner, B. (1986) Between Give and Take: A Clinical Guide to

Contextual Therapy. Brunner/Mazel.
Boszormenyi-Nagy, I., & Spark, G. M. (1984) Invisible Loyalities. Brunner/Mazel.
Boszormenyi-Nagy, I., Grunebaum, J., & Ulrich, D. (1991) Contextual Therapy. In: Gurman, A. & Kniskern, D. (Eds.): Handbook of Family Therapy. Brunner/Mazel.
Goldenthal, P. (1993) Contextual Family Therapy. Practitioner's Resource Series.
Goldenthal, P. (1996) Doing Contextual Therapy. Norton.
Grunebaum, J., & Boszormenyi-Nagy, I. (1990) From Symptom to Dialogue: A Consultation with Ivan Boszormenyi-Nagy. Boston Contextual Therapy Group.
平木典子（1996）隠された親密さ？―忠誠心．In：平木典子編：『親密さの心理』現代のエスプリ 353．至文堂，pp.61-68.
平木典子（1997）文脈療法の理念と技法．日本家族心理学会編『児童虐待』家族心理学年報 15．金子書房，pp.180-200.
中釜洋子（1997）コンテクスチュアル（文脈源）アプローチの理解と臨床例への適用．家族心理学研究，11(1); 13-26.
中釜洋子（1999）多世代理論アプローチによる危機介入．日本家族心理学会編『こころのパニック』家族心理学年報 17．金子書房，pp.143-155.
中釜洋子（2000）多世代理論―ナージの文脈的アプローチの立場から．家族療法研究，17(3); 218-222。
中釜洋子（2001）いま家族援助が求められるとき―家族への支援・家族との問題解決．垣内出版．
遊佐安一郎（1984）家族療法入門．星和書店．

第2章 家族心理学の立場からみた子どものこころの問題

Ⅰ はじめに

家族も，また家族が置かれる地域コミュニティの様相も，ここ数十年の間に驚くほどの変貌を遂げた。家族心理学は，社会文化的文脈の変容をふまえ，一人ひとりのユニークな「生」と「こころ」を，身近な他者たちとの相互影響関係のなかで捉えようとする学問である。家族心理学は，臨床心理学と発達心理学を母体にして，システム論的認識論の成熟が推進力となって発展してきた。子どもが示す精神科的症状や心理的諸問題を，主たる養育者との関係（多くの場合は母子関係）に直線的に還元させるのでなく，父親，家族，親密な人々との人的ネットワークをはじめとする多くの要素が複層的・円環的に絡まり合って維持されている状態だと理解し，解決にあたっても，諸要素への同時介入を積極的に検討する点に特徴がある。近年，虐待や育児不安をはじめとする親の養育力不足が指摘されたり，衝動コントロールの悪い子どもや，一向に減らない不登校・ひきこもりやニートとよばれる若者の増大がしばしば取り沙汰される。これらはさまざまな家庭に個別に出現した問題である一方で，現代社会の不透明さ，抱え機能の乏しさ，先行きの保障のなさという文脈の中で起こっている社会的問題であるともいうことができるだろう。いたずらに親を犯人扱いするのでなく，子ども本人に照準を合わせた働きかけに加えて，身近な人々，次世代育成の責任を担う大人たちにできることは何かを，家族心理学の立場から考えてみたい。

Ⅱ 社会文化的諸要因に囲まれて育つ子ども

1．子どもと家族に振りかかるストレスの流れ

図1に示すのは，多世代家族療法家のカーターCarterとマクゴールドリックMcGoldrick（1999）が提唱する「個人と家族に降りかかるストレスの流れ図」で

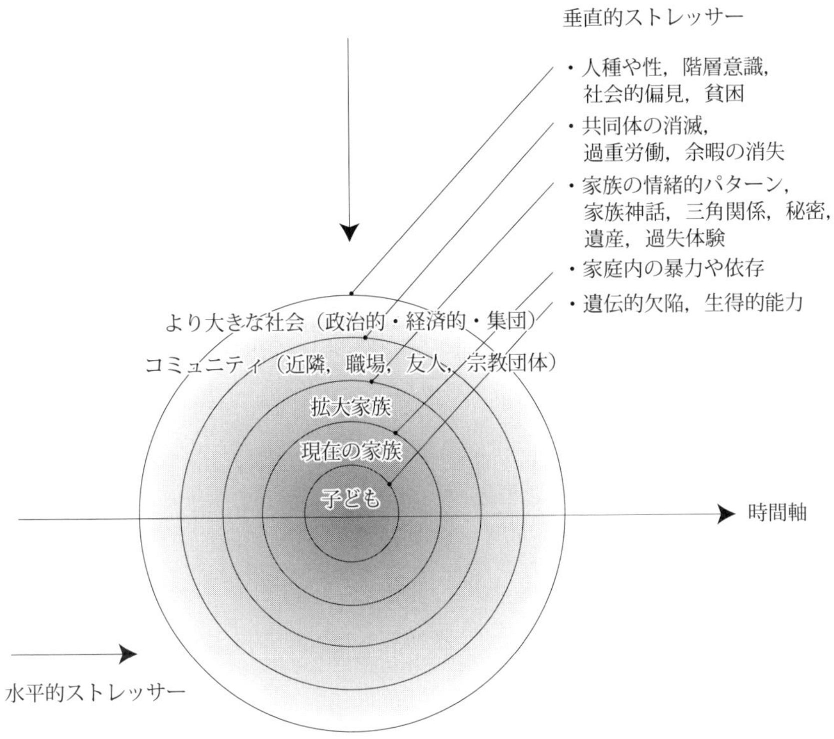

a　発達的変化（予測できる変化）
- ライフサイクルの移行
- 移住

b　予測できない変化
- 不遇の死
- 慢性疾患
- 事故
- 失業
- 戦争や経済不況などの歴史的事件

図1　子どもと家族に降りかかるストレスの流れ図
（Carter & McGoldrick, 1999; 中釜 , 2001b より一部修正）

ある。子どもの生活が繰り広げられる社会文化的文脈の諸要素をなるべくたくさん盛り込んで，一人ひとりに降りかかるストレスを包括的に捉えようというねらいから作成された。

まず，中央の小さな円が子どもである。子どもが自分を取り巻く大小さまざまな世界（システム）とやりとりしながら，いろいろな経験を重ねつつ時間軸上を旅する様を表している。周囲との相互交流，そして旅の途中で遭遇する事件や事態の中に，成長の糧と，傷つき・負荷の源泉とが混在している。傷つきや負荷になりがちなもろもろを垂直的ストレス，水平的ストレスと捉えて，図中にその代表例を列挙してある。

子どものこころの問題は，単純にはこれらストレス要因の多次元関数だと捉えることができるだろう。垂直的・水平的ストレスともに少なくてすめば，子どもの生にとって好条件が用意されたということになるし，どちらか一方もしくは両方とも高い場合は，多少の不適応は無理からないと考えられる。偶発的・突発的出来事にどのくらい遭遇するか，どんな資質をもって生まれてくるかなど，個人の努力ではいかんともしがたいストレス要因もあり，それらに抗うため包括的見地からは，他のストレスへの介入を試みながら，周囲の力（資源）を総動員してストレス総量を減じるという現実的方略がとられることはいうまでもない。

2．変動する社会文化的諸要因

子どもをとり巻く大小さまざまな世界（システム）に目を向けると，いずれも激しい勢いで動いているという現代社会の特徴がみえてくるだろう。ミクロな視点に加え，マクロな視点から諸要因の変動を掌握しておくことが望ましい。

大がかりな変動として，①近隣コミュニティの弱体化という問題をまず初めに取り上げよう。プライバシー尊重の精神が行きわたった反面で，互いの生活に不用意に干渉しなくなった結果，地縁・血縁のネットワークが緩く乏しい社会へと動いている。隣人の顔を知らないコミュニティも現状では珍しくなく，子どもが遊ぶ公園や広場は，大人たちの目が行き届いたみんなの安全地帯から，わが子の身の安全を親が自己責任で守る危険あふれる場へと様変わりしてきた。ついで家族の側の変化としては，②家族の少子化・核家族化・個人化をあげる。家族はぐんと小型化し，子どもが家庭生活の中で多様な人間関係を学ぶ機会は，激減したといわなければならない。兄弟姉妹が対等にやりあう機会，親子関係が行き詰まったときに逃げ場を提供してくれた叔父叔母，祖父母のありがたい存在は失われつつある。ごく小数名の家族員が相互にケアし合い，関係を調整し合わなければならないのが現代家族である。もう一つ，③高度先端技術がもたらした，コミュニケーションの変質を指摘するのがよいだろう。大型スーパーやコンビニの普及によって，また，機械化・自動化・無人化推進によって，他者と言葉を交わさず必要なものを手に入れて暮らしてゆくことが現代人に可能となった。かたやテレビやパソコン，インターネット，電子メールなどの媒介を通して，臨場感あふれる映像つきの情報がリアルタイムで飛び込んでくる。家庭生活の文脈を無視した形で，子どもが咀嚼できる範囲を質量ともにこえたものが，いいもの悪いものの別なく次から次へと飛び込んでくるという意味で，ほとんど暴力的情報でさえある。これら３つの変動を並べると，親たちの世代よりはるかに複雑なコミュニケーションにさらされながら，膨大な情報量を取捨選択しつつ，地域社会・家族の守りの手薄いなか，自分づくりに励む現代の子どもたちの姿がみえてくるのではないか。

Ⅲ　子どもを抱える器としての家族の役割

1．あらためて家族とは何か

変動する社会にあっては，子どもを抱える大き過ぎず小さ過ぎない器になること，子の内外の揺れを吸収する緩衝材になることが家族に強く求められる。小型化した現代家族にもそんな期待を託したいが，期待が家族を圧倒しないために，また，家族への圧力でなく応援歌として思いを届けるために，家族観を見直して実態に即した家族理解をしておく必要がある。ここでは３つの文章をあげて家族とはなにかについて，再考しよう。

1）家族とは，その内部で複数の個人発達が同時進行するもの

「成長した完成体としての大人と発達途上の未完成の子どもからなる」という家族イメージがまだまだ一般には優勢だろうか。そこからは，“すでに安定した地点にたどり着いた親が，子どもの変化・成長を，余裕をもって受け止める”構図が思い浮かびやすい。が，事実はもっと複雑で，発達途上の大人と発達途上の子どもが（さらには発達途上の祖父母世代が）一つ屋根の下に暮らし，いずれも現在進行形で変化・成長を続けているという理解が家族の実際に近い。生涯発達の視点が打ち出されたことで，子どもほどには顕著にではないが，大人も生涯にわたり変化・成長し続ける存在であると気づかれてきた。発達の双方向性も指摘されるようになった。長寿化・社会情勢の変化が，成人期初期に選んだアイデンティティを貫き通す生き方から，折に触れてアイデンティティを何度かつくり直す生き方への移行を大人たちに余儀なくしたという事情もある。親としても個人としても揺れ動く大人の側の事情を過小評価することはできず，子の思春期と親の思秋期の重なりなど，数種類の個人発達の節目が共揺れを起こしたり，刺激し合って個人の不適応を大きくすることがないように調整する力が，家族の中に必要となる。

2）家族とは，いったん確立した安定状態を自ら打ち壊し変化してゆくもの

家族そのものが発達体であり，同じ発達段階にそう長くとどまっていられないことから生じる事態である。変わるまいとする力と変わろうとする力の２つをうまく調節して，「乳幼児を大切に抱え込む家族システム」から，「長じた子どもをいよいよ家庭外に送り出すシステム」へと，変化を遂げることが家族の仕事である。例えば，互いの存在によって満たされた新婚期の男女は，カップル関係の一部をあきらめて，子育ての協働チームへと自分たちを変化させなければならない。ひとたびつくり上げた乳幼児のための手厚い養育システムも，子どもに束縛と感じられるようになる前に，拘束力をゆるめなければならない。ある時期採用された親子のルールも，時の移り変わりの中で改訂が求められるなど，発達段階の移行期にさしかかると，家族は安定を自ら打ちこわして不安定状態へと入ってゆく。メンバーが，変化をつかさどる者と変化への抵抗力の２軍に分かれていがみ合う例は珍しくない。どちらも大切な家族の力であること，次の安定状態にたどりつくために必要な諍いであることに思いを馳せるのがよい。

3）家族は，互いの幸福を願いながらも，相手の変化を最も阻止しがちな関係

多くの時間を共有する慣れ親しんだ人々が，お定まりの関係パターンをしばしば自力では抜け出せなくなるという事情から生じる。いつもながらの悪態をつき，言われたくないひと言を交わしあって，お馴染みの嫌な気持ち，困ったパターンを引き出し合うという悪循環が家族にはよく認められる。それにもかかわらず，家族が互いの至福を強く願っていることを疑うべきではないだろう。相手に寄せる期待が期待はずれに終わるとき，これまでと異なる何かが生じようとする際に家族が抱く不安の存在が，この悪循環に大いに関与している。不安を抑制することができれば，変化への一歩を踏み出せる家族は少なくない。

2．家族の中の暴力

子どものこころに否定的・破壊的影響を与える筆頭要因は，なんといっても家族の中で繰り広げられる暴力である。子どもが暴力のターゲットとなる場合，目撃者になる場合ともに，子どもが受ける影響はたいへんに強い。親たちのこころの揺れ動きをある程度認めるからといって，暴力を容認することがあってはならないと，言い添えておこう。とりわけ幼い頃にさらされた暴力は，忘れることができない恐怖体験となる。時とともに風化したり慣れてゆくどころか，ますます敏感になり，影響は蓄積してゆくことがわかっている。暴力はまた，コミュニケ

ーションの破壊をもたらす。一貫性のない場当たり的な育児としばしば連動し，子どもの自尊心を損なって，周囲に気を許し周囲から力を借りる可能性を子どもから大がかりに奪う。結果，他者を信頼せず，コミュニケーションを同様のやり方で破壊する子どもたちが育ちかねない。

暴力にまでは至らないが，家庭内の争いや不和はいかがなものか，子どもへの悪影響はどれほど致命的かという質問もしばしば投げかけられる。夫婦間の不和，嫁姑関係のこじれといった問題を抱える家族は少なくなく，子どもにとっては，どちらも大事な大人二人がいがみ合う姿を目の当たりにする経験である。諍いを一切否認することは現実的でないだろう。むしろ子どもがルールを学ぶことができるようなぶつかり合いと，解決されないまま放置されたり，不必要に周囲を巻き込んで勢力争いに発展する破壊的ぶつかり合いを区別することが重要である。どちらにも忠誠でいたい子どもが，どちらとも親しくなることをあきらめる例，問題児という汚名をかってまで，夫婦が団結する姿を引き出そうとする例は臨床的に枚挙にいとまがない。ずいぶん以前の経験であるが，ある青年と，幼少時のうれしかった出来事をたどったことがあった。「両親が二人並んでお茶をすすりながら，珍しく喧嘩しないで話していたことが浮かぶ。自分の悪口を話していただけなんだけれど」と答えた彼の言葉が忘れられない。

Ⅳ　家族外の力への期待

家族が子どもを抱える器になれないとき，その役割を果たすも十分ではないとき，現実にはどんな可能性が子どもに開かれるのだろうか。家族メンバーが心身の不調を抱えたり，経済的苦境や喪失，離婚などを経験するなかで，家族のケア機能が一時低下することはそれほど珍しい事態でない。本章の最後に「レジリエンス」という言葉を紹介することで，家族外の大人が提供できることに目を向けておこう。

「レジリエンス」は，うたれ強さや回復力を意味する言葉で，逆境にいる子どもたちを対象とする研究のなかで注目されるようになった。例えば，ハワイ州カウアイ島の子どもたちを30年にわたって追いかけた大がかりな縦断研究があるが，貧困，不安定な家庭状況，親の精神病や地域社会の破綻といった数々のストレス状況にもかかわらず，およそ１／３の子どもがこころに傷を残さず自信に満ちた若者に成長した。彼らをレジリエントな子どもとよび，それ以外の子どもたちとは何が違ったのか，レジリエンスとは何かが研究されるようになった。最も大切な点は，初期の研究では知的能力や新しいことへの好奇心，性別，気質などの個人の内的資質として論じられることの多かったレジリエンスが，最近では，他者との関係性の中で形成された側面が注目されるようになったことである。例えば，教師やコーチ，牧師といった人々との間に築かれた関係，彼らから可愛がられたり，気遣われ認められる経験が要と考えられるようになっている（Werner & Smith, 1992; Wollin & Wollin, 1993）。わが国でいえば，保健師や保育士，かかりつけの病院・医院の各種医療スタッフ，心理のボランティア，スクールカウンセラー，アドバイザリースタッフなどがその立場に当たる。それらの大人とある時期交わした交流が，逆境をものともしない子どものレジリエンスと関わるなら，その可能性は絶対に過小視されるべきでない。

わが国にも最近紹介されるようになったが，欧米では，家族や子育て支援のための心理教育プログラムの開発，攻撃性コントロールやソーシャルスキル訓練など，臨床予備軍を対象にしたコミュニティ心理学的援助活動の展開が目覚しい（野末，2002）。例えば，カナダでは「社会が子どもを育てる」というスローガンのもと，子育てを家族だけに委ねず，家族を助力するコミュニティづくりの長年の蓄積がある（武田，2002）。日本におけるこの領域の立ち遅れは，最近までは，わが国の家族機能の健全さを表すものでもあったろう。今後は，家族と家族外の大人が歩を合わせる形で，ケア機能を豊富に備えた新しいコミュニティづくりを推し進める必要がある（中釜，2001a）。

文　献

Carter, B., & McGoldrick, M. (1999) *Extended Family Life Cycle (3rd ed).* Allyn and Bacon.
中釜洋子（2001a）いま家族援助が求められるとき．垣内出版．
中釜洋子（2001b）家族の発達．In：下山晴彦・丹野義彦編：講座臨床心理学５　発達臨床心理学．東大出版会，pp.275-294.
中釜洋子（2002）母子並行面接の落とし穴と有効性．In：日本家族心理学会編：家族心理学年報 20, pp.34-50.
野末武義（2002）子育て問題への家族療法的アプローチ．In：日本家族心理学会編：家族心理学年報 20, pp.17-33.
武田信子（2002）社会で子どもを育てる―子育て支援都市トロントの発想．平凡社．
Werner, E. E., & Smith, R. S. (1992) *Overcoming the Odds.* Cornell University Press.
Wollin, S. J., & Wollin, S. (1993) *Resilient Self: How Survivors of Troubled Families Rise above Adversity.* Random House.（奥野光・小森康永訳（2002）サバイバーとこころの回復力．金剛出版．）

第3章　思春期・青年期の障がい・問題行動と心理療法

I　思春期・青年期における障がい・問題行動とは

1．障がいのとらえ方の変遷

本章では，思春期・青年期に特徴的な障がいと問題行動について，すなわち，健康な発達からの一時的もしくは慢性的逸脱状態について概説する。障がいの一つひとつを具体的に取り上げて解説する前に若干のスペースを割き，障がいや問題行動とは何かについて，すなわち精神医学や臨床心理学が何を治療の対象としてきたか，そのとらえ方の変遷について取り上げておきたい。人間の発達を総合的・統合的にとらえる試みが，発達心理学を発達科学へと見事に発展させてきたのと同じように，精神医学的・臨床心理学的問題をとらえる枠組みもまた，この20年の間に大がかりな変化を遂げたということがある。

伝統的な医学モデルにおいて「障がい」は，クライアントその人の内部に存在する問題が原因となって発生するものととらえられていた。当該の人が暮らす環境と彼／彼女が呈する障がいは独立した関係にあると考えたので，環境の影響を切り離しても，一定以上の状態なり傾向なりが彼／彼女に認められるかどうか検討することが，いわゆる診断のねらいであり，関心事だった。それが現代では，「障がい」は，生物−心理−社会（bio-psycho-social）という三次元の多様な要因が複雑にかかわり合って進む漸成的プロセスであり，同じ問題行動に至るにも複数の経路と経過があると考えられるようになった。各要因は常に同じ影響を与えるとは限らず，どんな影響が及ぶかは文脈次第でいろいろ変化すると理解される。元来まじめな性格の少年が，ある時から急に朝起きるのがつらく好きなゲームもテレビも全然楽しめなくなったという形で内因性のうつを発症した場合も，ある青年が近親者が亡くなった後，悲哀の反応を示して連日泣き暮らす場合も，目下の姿は同様にうつ状態と診断されることが一例である。ある青年にとっては心の傷つきを生み，やがて不登校に結びついたと見える“厳格で自由度の乏しい学校文化”が，一貫性のない家族環境といった前者と異なる生態システムで育った青年にとっては，“不変化と安全”を体得する何よりの枠組みとなり，心の安定に役立つなどがもう一つの例になる。

1980年代に入ると，精神病理の発生と維持のプロセスを，個体とそれを取り巻く生態システムの諸要因の複雑な絡まり合いとして読み解くための学問として，発達精神病理学（developmental psychopathology）が誕生した（Cummings et al., 2000）。伝統的精神医学が病理の発生プロセスに焦点をあてて発展した学問だとすると，その視点に加え，抵抗する力，すなわちレジリエンス（resiliense）にも目を向けて，防御要因，リスク要因の両方を考察することを志向している。精神発達病理学では，生涯発達を適応と不適応の連続ととらえる前提に立ち，不適応の出現・経過・予後について，環境要因，遺伝的要因を含めた多様な変数の相互影響関係の暫定的現れとして説明する。具体的には，調査協力者を大がかりに集めてプロスペクティヴ（前方視的）な縦断的研究を実施して，例えば子どもの反抗的態度や暴力傾向，情緒的安定などとテーマを決め，多様な変数を組み込んだプロセス・モデルを作成し，それらを投入して実証研究の俎上に載せていく。

さて，このような障がい観によく合致するのが，青年期の精神医学・臨床心理学である。かねてより指摘されてきたように，青年の精神病理は流動的で重症度が変わりやすく，経過を見ないとそれが一過性のものなのか精神疾患によるものなのかすぐに判断できない場合が多い。社会や文化の影響を受けて表現型が微妙に変わったり，新しい病態像が現れることも，先人たちが経験し報告してきた通りである。個々の思春期・青年期事例の実際が発達精神病理学推進の原動力となり，同時に，この学問の充実発展が，思春期・青年期の障がい理解・問題理解をさらに深めてくれることが大いに期待される。

2．思春期・青年期の臨床的問題への統合的アプローチ

問題発生・維持のプロセスの理解が文脈的・統合的になるのに並行して，対処のための方法論も文脈的・統合的介入へと変化していった。心理療法の統合もまた，より広範な臨床的母集団や問題に効果があり，効率よいセラピー・システムを開発する目的で，1980年代に欧米圏で活発になった動向である（中釜，2010；平木，2010など）。統合的介入のモデルは複数存在するが，ここでは一例として，カー（Carr, 2006）の文脈的アプローチを紹介する。

図1には，目下の臨床的問題は，素質要因，維持要因，促進要因，防御要因が

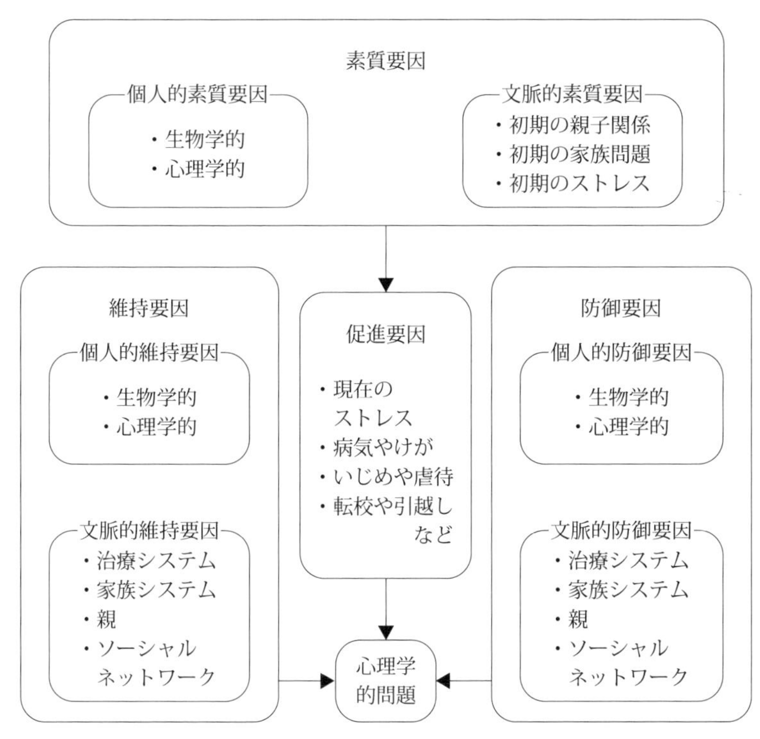

図１　思春期・青年期の心理学的問題と諸要因（Carr, 2006）

複雑にかかわり合った結果であり，各要因は，個人に内在するものと文脈が備えるものの両面からとらえるという考え方が示されている。治療や心理援助の専門家は，事例が照会された時点で，まずは４種の諸要因について，アセスメントとケース・フォーミュレーション（個々の事例について，実証的データを根拠に治療や介入案を立てるために役立つ定式化を行うこと）を行う。すなわち，①アセスメントのための面接形態を選び，②問題発生／維持の時間経過を理解し，③子どもの発達史・家族史を掌握し，④親子関係と親の夫婦関係，⑤生活・経済状況を検討して，⑥他の専門家や学校と接触を持ち，⑦青年期のクライアント本人の意見・考えをよく聞いた上で，４種の要因を盛り込んだ定式化を行う。そこから治療のための処方計画を立て，当座の介入方針として，①今の時点では何もしない，②定期的に経過観察する，③他の専門家に診てもらうため，他所に照会して問い合わせる，④焦点を絞り込んだ介入（focal intervention）を行う，⑤マルチシステミックな介入（multisystemic intervention）を自分ひとりで，もしくはチームで行うという選択肢のいずれを選ぶか，決定する。

II　障がい・問題行動の実際──行動に現れる不適応

1．摂食障害

摂食障害は食行動に認められる異常であり，男子より，他者から見られることにより敏感な女子に圧倒的に多く発症し，拒食症（anorexia nervosa）と過食症（bulimia nervosa）の２タイプがある。拒食症は，①年齢や身長に見合う体重を維持することを嫌がる，②体重増加をひどく恐れる，③まだ太っているという歪んだ身体イメージを抱く，④やせにともなって無月経などの症状が生じる，ことを特徴とする。過食症は，①むちゃ食いのエピソードがある，②自己誘発性嘔吐がある，③下剤や利尿剤の使用をともなう，④自己評価が体型・体重の影響を過剰に受ける，などが特徴である。

摂食障害の症例を最初に報告したのは，1873年，イギリス人医師とされる。先進国では1970年代に患者数の増加が言われるようになった。いわゆる「よい子」が思春期に入って食事を摂らず，ガリガリにやせてなお活発に動き回る姿が人々の関心を集めた。古典的名著である *The Golden Cage* の中でブルック（Bruch, 1978）は，成熟嫌悪・拒否や，母親との同一化の失敗，女性性の受容といった精神分析的概念によってこの障がいを読み解く治療を行った。ミニューチン（Minuchin et al., 1978）が家族合同面接を導入して，８割強の治療効果を挙げたことも有名である。家族メンバーの境界が曖昧で必要以上に絡まり合う纏綿状態を解くことと，患者の回復との関係が認められた。30余年を経た現代では，拒食症以上に過食症の症例が増え，やせ礼賛とダイエット文化のさらなる浸透により，症例の低年齢化と慢性化が進んだ。摂食障害の治療に生涯取り組んだ下坂（1999）の「禁欲的で倫理的な追及を建前としていた，かつての摂食障害患者から，今日の多かれ少なかれ享楽的で達成感と美的追求を表看板とした摂食障害患者へ」という言葉は，この障がいの時代的変遷を端的に物語っている。

重症例では，極端なやせのために死に至る例もめずらしくない。太ることへの恐怖から，命が危ぶまれる状態になってなお治療機関への受診を拒み，来談してもすぐ中断してしまうなど，医療者にとって不可解かつ厄介な障害ととらえられることが多かった。ドロップアウト率，再発率ともに高く，治療は決して容易でないが，①不安を和らげる，②感情に気づき他者に言葉で伝えられるよう働きかける，③家族を巻き込んで，つくり上げられた叱責や追い詰めの悪循環から抜け出すことが目指される。家族をはじめとする親密な人間が治療のよき理解者・よき協力者になることができると，治療動機を高める働きかけが功を奏して受診が定期的になる可能性が高まる。18 歳以下の患者の場合，家族療法が個人療法以上に有効だという効果研究の結果から家族支援と介入を第一義とし，18 歳以上では，同じく実証研究を根拠に，家族療法と個人療法の併用を奨めるのが一般的である（Asen, 2002; Kirsten et al., 2010）。大うつ病性障害や気分変調性障害，強迫性障害，アルコール依存，パーソナリティ障害を併せ持つ場合も少なくなく，治療によく反応する軽症例から自傷行為や不特定多数の異性との交遊，性的虐待体験が浮上する重症例まで，幅広い障がいである。

2．暴力と非行

どんな時代にも存在する思春期・青年期の不適応の 1 つに，暴力と非行の問題がある。徒党を組んで街中を暴走するバイク集団をはじめ，世間を震撼させた 1997 年の酒鬼薔薇事件や 2000 年のバスジャック事件，バタフライナイフを持ち歩く“すぐにキレる若者”など，幾タイプかの非行イメージがすぐにも髣髴とさせられるだろう。臨床心理学はこれらを「反社会的（anti-social）問題行動」と呼んで，ひきこもりや不登校などの対人的消極性を特徴とする「非社会的問題行動」の反対概念ととらえてきた。前者は懲戒や矯正の対象とされることが多く，教育学的テーマではあり得ても，実際の取り組みは公的機関で働く家庭裁判所調査官や法務技官など，ごく限られた人々に委ねられるのが常であった。暴力や非行の問題を持つ少年が自ら変化を希求しない，つまり，強制介入が命じられる状態になる以前に自ら民間の相談機関に来談しないことが主たる理由だった。

最近では，こんな状況に変化が訪れて，臨床心理学が本格的に問題と取り組むようになった。それが可能となったのにはいくつかの理由がある。①現場の実務家が中心となり非行臨床という領域を確立して心理臨床的実践活動の蓄積を心がけてきたこと，つまり素地が耕されたこと，②臨床心理学に効率や能率，必要経費や代価といった発想が加わり，非行少年の心理援助に早い時点で着手することは，社会的・政治的に十分に採算が取れる投資だととらえられるようになったこと，③臨床心理学の発展により，顧客が自発来談するのを待つクリニック型臨床のみならず，専門家がクライアントのもとに出向いて心理援助の必要性を説くところから始めるアウトリーチ型臨床が実践されるようになったこと，さらに，④本人でなく取り巻く人々の関心・問題意識を出発点に行う心理援助の方法論がいくつか開発されたことなど，複数の理由を挙げることができる（中釜，2008）。

改めて定義に戻ると，反社会的問題行動とは，社会的規範の侵害，他者に対する行為，あるいはその両方を含む広範な活動で，嘘，反抗，薬物使用，放火，公共物の破損，窃盗，人への暴力など，多様な行動を含む。反社会的問題行動パターンを反復的・持続的に示す青年は，精神病理学の枠組みでは行為障害（Conduct disorder）や反抗挑戦性障害（Oppositional defiant disorder）という診断名で呼ばれている。非行少年は司法・矯正の領域で用いる名称であり，医療・保健領域で行為障害とされる青年と実際上の重なりはさほど大きくないが，内容的に両群の類似性は高く，基礎研究によって，どちらも非常によく似た治療的ニーズを持つことがわかっている（Melton & Pagliocca, 1992）。青年期に暴力の問題を頻繁に示す者は，行動上の問題を持たない者より，成人期に暴力行動を持続している傾向が有意に高い（Loeber, 1990）ことも実証されており，彼らへの働きかけが急務である。

さて，青年の重大な反社会的問題行動の発達には，次に挙げるような複数の要因がかかわっている。①青年の特性（低い言語化能力，反社会的問題行動を肯定する態度，他者の言動に過剰に敵対的意図を読み取りがちな傾向），②家族の特性（監督の欠如，だらしなく効果のないしつけ，暖かみのなさ，夫婦間葛藤，両親に薬物乱用歴や精神科既往歴があること），③仲間関係（非行仲間，反社会性の高い仲間とのつき合いなど），④学校の要因（成績の悪さ，怠学傾向，教育に対する関心のなさ），⑤近隣地域社会の特性（流動性が高い，相互扶助や近隣・教会からの支援のなさ，無秩序）など（Weisz et al., 1995）で，生物学的次元から心理・社会的次元まで，実に多くの負荷因子が何重にも備わっていると痛感させられる。これらの要因すべてに働きかけようと考えたら，それだけで圧倒され身動きが取れなくなるのが正直なところだが，「引き起こすことができて望ましい結果に至る可能性が最も高い変化可能性を，家族の協力のもとで1つだけ同定し，そこへの働きかけはやむことなく熱心に取り組み続ける」（Henggeler et al., 1999）ことは不可能でないだろう。マルチシステミックセラピー（Multisystemic Therapy; MST）は，米サウスカロライナ医科大学で開発された青少年の暴力，破壊，非行，犯罪行動に対する介入法で，家族と手を組んで，家族以外にも思いつくありとあらゆる人的資源・専門機関と積極的に連携し，現在の行動の1つをわずかに変えることに焦点をあてた資源志向の働きかけである。変化可能性が低いとされてきた臨床領域だからこそ，MSTは，ごくわずかな変化が生じれば，その影響が多層システムに及ぶことで悪循環を断つことが可能となり，悪循環が断たれればこれまでとは異なる新たな動きが必ず引き起こされるというシステミックセラピーの考え方に大々的に立脚している。介入の標的として何を選ぶか，最も変化可能性が高い行動は何か決めることに時間をかけて，そこに初期のエネルギーの大半を投入する。この領域で効果が実証された唯一のアプローチとして期待され，日本への導入が試みられている。

3．自傷やリストカットなどの自己破壊行動

リストカットは他者でなく自分に攻撃性を向けた問題行動であり，中学や高校で,またネット上で現在盛んに話題として取り上げられている。教師や養護教諭,スクールカウンセラーであれば，誰もがこの問題と遭遇し，対処に苦慮した経験を持つことだろう。

リストカットする青年も，自ら治療機関を訪れることが少ない一群である。彼らは強制的に収容されることもないので，リストカットとそれを行う青年たちの心理状態についてこれまで言われてきたことは，治療者の想像や，親・教師の理解を通して得た情報に過ぎなかった。松本ら（Matsumoto & Imamura, 2008）が行った中高校生対象のアンケート調査はきわめて画期的な試みで，①一般の中高生の約1割がリストカットしたことがある，②そのうち6割は10回以上切ったことがある常習者であるなど，これまで親や教師たちが根拠なく描いてきた常識をうち破る深刻な事実が複数見出された。

この問題もまた，青年本人の主観的体験と周囲の受け止め方が大きくズレる障がいだとわかったこともアンケート調査の大きな成果だった。リストカットが周囲の大人たちから引き出すのは,「なぜそんな非生産的なことをするのかわからない」「現状に何の不満があるか理解に苦しむ」といった疑問や苛立ちであることが多い。リストカットをする青年の多くが,大人たちの目には“何の問題もない”ととらえられる暮らしぶりであるにもかかわらず，自宅や学校のトイレで手首や腕，足首に自傷する。そして大人の目には“深刻さがあるとは微塵も受けとめられない”様子でリストカットしたことを報告し，痛みを感じているのか否かさえわからない顔で，血が流れるまま，あるいは，傷跡が人目に触れるまま隠す素振りも見せず，自ら手当てする素振りも見えない。そんな彼らの言動が理解できない親や教師は，自分たちのものさしで“周りを振り回す”,“演技的”な行為だととらえて，しばしば叱責や無視という形で対応する。青年自身にとっては，襲ってくる不快感情を身体的痛みに変えて何とか堪えようとする対処法，しかも他人に迷惑をかけずに虚無感に押しつぶされないための自助努力であるが，いわれのない叱責・無視は青年の心を微妙に傷つけて，不快感・不信感がさらに膨らみ沈

殿する仕組みが容易にでき上がってしまう。

松本（2009）によると，リストカットする若者は，しない者に比べて，①飲酒や喫煙をより早い時期から始め，②自尊心がいっそう低く，③他者を信用できないと高率で報告する，ことがわかっている。他者に心を開かず，不快感を身体の痛みに置き換えて，なるべく感じない努力を積み重ねる結果，さらに他者を信じず，自分の体験・感情がつかめずわからなくなるという悪循環に陥っていく。悪循環は自傷にとどまらず，不特定多数の異性とつき合う，薬物に手を出す，避妊しないで性的関係を持つなど，危険な行為にあえて身をさらして周囲の大人の怒りを買い，見捨てられ，絶望感を深めていく。リストカットが起こる原因は，いろいろ言われるが未だにわかっていないことが多い。いじめや家庭不和にさらされて，心が傷つけられた経験を持つこと，中には性的虐待の被害に遭いながら，ケアを十分受けずにきた者もいるという指摘は心に留めておきたい。原因がわかっていなくても今後に向けてやるべきことは明白で，目下生じている悪循環の反対を引き起こすこと，すなわち，心が傷つかない経験を増やすこと，傷ついた場合は傷ついた感情を切り捨てず，自分のものと認めてことばにして他者に語り聞かせていくこと，傷つきを否認せず他者とともに抱えていけるように手を貸すことなどである。自尊心の低い彼らの肩代わりをして，治療者が心身の痛みを察するところから心理援助が始まる場合が少なくない。青年たちが少しずつ体験を言語化できるようになって初めて，不快感や不全感が何に起因していたか，どれほど強いものだったか，治療者に理解できるようになる道が開かれる。そこに至ってようやく，根拠と確信を得て，個人内要因でなく環境要因への働きかけに，本人も周囲も説得力ある形で着手できるようになる。

Ⅲ　障がい・問題行動の実際――社会とのかかわりに生じる困難

1．ひきこもり

青年期を経て，若者は家族から巣立ち，社会の中に自分を定位させていくが，人間関係づくりや社会への参入がうまく行かない問題として，ひきこもりがある。1990年代に入って熱心に取り沙汰されるようになったが，それ以前にも事例としては存在し，無気力の問題やアパシー，退却神経症という精神病理として扱われていた。1990年代後半から2000年にかけては，“ひきこもり”の青年が起こしたとされる犯罪や事件をきっかけに，不本意な形でさらに社会の注目を集めるようになった。

一般にひきこもりの定義としては，齋藤（1998）が述べた「20代までに問題化し，6か月以上，自宅にこもって社会参加しない状態が持続していて，他の精神障害が第一の原因とは考えにくいもの」が用いられる。定義というには曖昧な，症状や状態像を示すことばであって，その背景は多様なこと，ひきこもりという傘の下にさまざまな精神病理や問題が混ざって入り込んでいることがわかる。怠けか病気か，親の子育ての失敗かが取り沙汰されるなど，不名誉な扱いを受けることが多かったが，近年になって調査研究が積み上げられてきた中で，いくつか重要なことがわかってきた。例えば，井出（2007）は“ひきこもり”経験者の6～8割が不登校経験者であるという統計結果から，不登校の未解決の問題の一部が“ひきこもり”として再発見される流れを指摘した。近藤ら（2009）は，4年の間にある治療センターを訪れた青年期ひきこもりケース88例の分析から，①薬物療法の効果が認められ，心理－社会的支援を加えるのがよいグループ，②発達支援の視点を含んだ心理－社会的支援が有益なグループ，③薬物療法が有効でなく，本人への心理療法的アプローチが支援の中心になるグループの3群に分かれると述べた。当初は，日本の若者に固有な問題と考えられたが，家族のつながりが濃厚で家族の内と外を分かつ境界が堅固という家族構造の特徴を共有するアジア社会でひきこもりの問題は稀でないことがわかり，青年期にとどまらず，30，40代のひきこもり者の問題が衆目を集めるようになった。

ひきこもりは，二次的問題によって助長され容易に長期化のプロセスをたどる。本人は，家族に過度に依存するか家族とのかかわりを断って自室に閉じこもり，家族も無駄に過干渉になって本人を追い詰めたかと思うと，再び無関心を装って本人との接触を避ける。取り巻く社会も見て見ぬふりをして問題とかかわらない結果，ひきこもりシステム（齋藤，2002）がいっそう堅固にでき上がっていくという経過をたどることが多い。治療として，まずはこの悪循環を解くことが最優先されなければならない。

近年の調査研究結果を踏まえて厚生労働省が発表した「ひきこもりの評価・支援に関するガイドライン」（厚生労働省，2010）は，試行錯誤的に進めるしかなかったひきこもり支援に一定の指針を与えるものになっている。本人が援助専門機関を自ら訪れるのを時間をかけてただ待つのでなく，家庭訪問やメールカウンセリングを通じてつながろうとするアウトリーチ活動を積極的に展開し，長期化防止に早い段階で取り組む必要性が強調され，本人と周囲の状況を含めたアセスメントに基づいて支援を複合的に組み立てる多次元モデルが紹介されている。出会いの段階では家族支援が，続く個人支援の段階では個人療法と家族支援の併用が有益である。中間的集団に出入りする段階になると集団療法と居場所支援が意味を持つようになり，社会参加を試行錯誤する段階では就労支援が役立つという，支援プロセスの移行を意識した包括的支援が提唱されるようになった。

2．ニートおよびフリーター問題

ニート（Not in Employment, Education or Training; NEET）は，イギリスで議会の報告書に記載され注目を集めた造語で，15 ～ 34 歳の未婚者で雇用にも学業にも従事せず，職業訓練も受けていない者を意味した。日本では，15 ～ 34 歳の非労働人口のうち家事も通学もしていない者を若年無業者と呼ぶが，このうち，卒業者かつ未婚で通学や家事を行っていない者のことを（日本流）ニートと呼んでいる。

かたやフリーターは，学生・主婦を除く 15 ～ 34 歳人口のうちパートやアルバイトに従事するか，もしくは無業者でパートやアルバイトの仕事を希望する者を指す。1980 年代に用いられるようになったが，もともとは“縛られない自由な働き方”を象徴することばだった。バブル期という空前の好景気の時代には，若者が高額のアルバイトを苦労せず手に入れることができた。時間に縛られず一つの会社に縛られない生き方，働きぶりが多くの人々の心をくすぐった。しかしバブル経済崩壊後は，アルバイトの賃金が急速に落ち込み，多くの企業が正社員の雇用を抑制し始めた。就職氷河期が訪れると，正規の雇用をしてもらいたくてもその枠がなくて就職できず，他に選択肢がなく，フリーターにならざるを得ない若者が増加するという深刻な問題が浮上した。

ニートとフリーター問題はしばしば一緒に論じられ，働く意欲のない無気力な若者の問題と片づけられることが少なくない。しかし実際は，働きたくても仕事がない，労働力の需要と供給のミスマッチといった社会構造の問題が深く関与している。本人の意欲や能力の問題であるのか，解雇される不安を常に抱えながらの就労であるなど，正規雇用されていない現状が引き起こす二次障がいととらえるべきか，厳密に分けた議論がなされるべきだろう。パートやアルバイトをどれほど頑張っても，フリーターは年収比較でも，雇用の安定という意味でも，正規雇用者より格段に不利な立場に置かれている。格差社会，ワーキングプアの問題はますます深刻である。フリーター本人への心理的援助に加えて（あるいはそれ以上に），中学校から大学までの職業教育を重層化する，自立支援センターの活動プログラムの充実を図る，雇用機会を増やす，非正規雇用者が優秀な場合は正規雇用への道を開くことに加え，多様な職業発達経路を若者に保障するなど，社会構造に対する何らかの介入が喫緊の課題である。

Ⅳ　精神障害

最後に，長きにわたり精神医学領域の象徴的疾患であり続けた統合失調症とうつ病に目を向けておこう。どちらも文化や時代の影響を越えて，一定の割合での発症が認められる病である。内因性精神病であり発症機序についてさまざまな説が言われてきたが，一致した見解は今なお得られておらず，遺伝子から環境因まで含めた多因子が関与し顕在化してくるということでほぼ合意されている。

統合失調症は，およそ100人に1人の割合で発症し，15～30歳が好発年齢とされる。症状には個人差があるが，幻聴や妄想，頭の中が混乱してまとまらなくなるなどの陽性症状と，意欲の低下や喪失を特徴とする陰性症状，集中力・記憶力・思考能力が著しく低下して本が読めなくなったり，ものが考えられなくなったりするなどの認知障害によって構成される。薬物療法によって陽性症状は比較的短期で治まるようになったが，その後も，安心感，安全感が損なわれ，自信ややる気が奪われ，実際の言動も緩慢になることへの対処が求められ続ける。近年では脳機能イメージング，電気生理学的，分子生物学的研究が進んだことで，病因については，神経伝達物質の1つであるドーパミンの過剰，髄液内のノルエピネフリン量の増大，側頭葉や前頭葉の軽度の萎縮などが言われるようになったが，未だ仮説にとどまった段階である。人生の早い時期の発症例については重症化が言われるものの，特徴・診断基準とも曖昧な点が多く，こと思春期に限ると，生物学的研究もまだまだ少ないのが現状である（広沢，2008）。自らが精神疾患に罹患している自覚を持ちにくい病であることから，家族を初めとする周囲がいち速く異変に気づき，本人を脅かすことなく専門機関につないで早期に治療のルートに乗せることが肝要である（伊藤，2005）。

思春期・青年期の時期，うつ病も一般に認識されているよりはるかに多く発症する。かつて子どもにうつは見られないと考えられていた。しかしそれは大いなる誤解で，欧米の疫学研究で思春期・青年期のうつ病の有病率は2.0～8.0%，日本でもほぼ同程度だろうと今では考えられている。大人のうつに比べて，イライラ感や頭痛，腹痛，だるさといった身体的愁訴，不登校などの行動上の問題が前面に出るため，あまりうつ病らしくなく見落とされがちな傾向が強い（傳田，2002）。不安障害，摂食障害，行為障害などに合併して出現することも多く，成人と同じように，大うつ病性障害，気分変調性障害，小うつ病性障害，双極性障害が出現する。1年以内に軽快する症例が多いが，正しく診断され適切な治療が施されないと，数年後あるいは大人になって再発したり，対人関係上の障がいが持ちこされてしまう場合もある。青年期に入ると，成人のうつと症状の現れ方もほとんど変わらなくなる。

他にも不安障害や強迫性障害，解離性障害には，取り上げるべき現代的テーマが含まれていると考えられるが，今回は紙幅の関係上割愛する。

さてここまで，青年期に特徴的な障がい・問題行動を挙げて，その1つひとつを見てきた。改めて全体を展望すると，2つの動きが特に強く印象に残る。1つは，生物学的要因の関与が強く認められる障がいもあれば，社会的要因がより大きく関与する障がいもあり，働きかけるにあたっては両者をよく見分けることが重要だが，後者はもちろんのこと，前者であっても社会・文化的変化の影響を受け，少しずつ病態像が動いてきていることである。新薬開発の効果もあり統合失調症の陽性症状が軽症化していること，低体重が礼賛される文化の中，摂食障害の発症が低年齢化し，長期化傾向にあるなどが例となるだろう。

もう1つは，ここ最近，病を抱えた当事者自身の声や語りに耳を傾ける努力が積み上げられてきたことである。リストカットの項に記したように，専門家の理解や判断に拠らず，当事者にとっての病の意味や経験が浮かび上がり，障がいがもたらす身体的・心理的・社会的影響がどのようなものか，第三者にもようやくわかるようになった。専門家の先入観や不要な誤解が改まり，当事者の視点に立った障がい・疾患理解が広まることで，従来とはいくらか異なる意味づけやタイミングでの介入計画を立てることが可能になるだろう。当事者の安心感や納得感がいっそう高まる方向で治療計画が組まれるために基礎研究が大いに活用されること，何より思春期・青年期の人々の健康増進に役立つ研究が豊かに蓄積していくことを期待したい。

文　献

Asen, E. (2002) Outcome research in family therapy. *Advances in Psychiatric Treatment*, 8; 230-238.

Bruch, H. (1978/2001) *The golden cage: The enigma of anorexia nervosa*. Harvard University Press.（岡部祥平・溝口純二訳（1979）ゴールデンケージ．星和書店.）

Carr, A. (2006) *The handbook of child and adolescent clinical psychology: A contextual approach. 2nd ed.* Routledge.

Cummings, E. M., Davies, P. T., & Campbell, S. B. (2000) *Developmental psychopathology and family process: Theory, research, and clinical implications*. Guilford Press.（菅原ますみ監訳（2006）

発達精神病理学—子どもの精神病理の発達と家族関係．ミネルヴァ書房．）
傳田健三（2002）子どものうつ病—見過ごされてきた重大な疾患．金剛出版．
Henggeler, S. W. et al. (1999) Home-based multisystemic therapy as an alternative to the hospitalization of youths in psychiatric crisis: Clinical outcomes. *Journal of the American Academy of child and Adolescent of Psychiatry*, 38(11); 1331-1339.
平木典子（2010）統合的介入法．東京大学出版会．
広沢郁子（2008）学童期と思春期の統合失調症．In：中根晃・牛島定信・村瀬嘉代子編：詳解子どもと思春期の精神医学．金剛出版，pp. 452-458.
井出草平（2007）ひきこもりの社会学．世界思想社．
伊藤順一郎（2005）統合失調症—正しい理解と治療法．講談社．
Kirsten, S., Beher, S., Schweitzer, J., & Retzlaff, R.（2010）The efficacy of systemic therapy with adult patients: A meta-content analysis of 38 randomized controlled trials. *Family Process*, 49(4); 457-485.
厚生労働省「ひきこもりの評価・支援に関するガイドライン」の公表について（2010）http://www.mhlw.go.jp/stf/houdou/2r98520000006i6f.html
近藤直司編（2001）ひきこもりケースの家族援助—相談・治療・予防．金剛出版．
近藤直司・岩崎弘子・小林真理子・宮沢久江（2007）青年期ひきこもりケースの精神医学的背景について．精神神経学雑誌，109; 834-843.
近藤直司・宮沢久江・境泉洋・清田吉和・北端裕司・黒田安計・黒澤美枝・宮田量治（2009）思春期ひきこもりにおける精神医学的障害の実態把握に関する研究—思春期のひきこもりをもたらす精神科疾患の実態把握と精神医学的治療・援助システムの構築に関する研究　平成 20 年厚生労働省科学研究費補助金　心の健康科学健康事業．
Loeber, R.（1990）Development and risk factors of juvenile antisocial behavior and delinquency. *Clinical Psychology Review*, 10; 1-41.
Matsumoto, T., & Imamura, F.（2008）Self-injury in Japanese junior and senior highschool students. *Psychiatry Clinical Neuroscience*, 62; 123-125.
松本俊彦（2009）自傷行為の理解と援助．日本評論社．
Meltotn, G. B., & Pagliocca, P. M.,（1992）Treatment in the juvenile justice system. In J. J. Cocozza(Ed.), *Responding to the mental health needs of youth in the juvenile justice system.* National Coalition for the Mentally Ill in the Criminal Justice System, 107-139.
Minuchin, S., Rosman, B., & Baker, L.（1978）*Psychosomatic families: Anorexia nervosa in context.* Harvard Univ. Press（福田俊一監訳（1987）思春期やせ症の家族—心身症の家族療法．星和書店．）
中釜洋子（2008）心理援助のネットワークづくり．東京大学出版会．
中釜洋子（2010）個人療法と家族療法をつなぐ．東京大学出版会．
齋藤環（1998）社会的ひきこもり—終わらない思春期．PHP 研究所．
齋藤環（2002）「ひきこもり」救出マニュアル．PHP 研究所．
下坂幸三（1999）拒食と過食の心理．岩波書店．
Weisz, J. B., Donenberg, G. B., Han, S. S., & Kaunecckins, D.（1995）Child and adolescent psychotherapy outcome in experiments versus clinics. *Journal of Abnormal Child Psychology*, 23; 83-106.

第4章 家族における心理的不在のわりきれなさをめぐって

I はじめに

本章のテーマは,「ケアする力」についてあいまいな喪失と絡めて論じることである。人が人を身体的・心理的に世話する，気づかう，面倒をみる等，すなわちケアするという営みを，私たちはどのようにやり続けているのだろうか。ごく一般の育児から，介護・看護まで，生きるために自分以外の誰かの手を大いに借りなければならない人がいる状況で，一組の家族はケアする力をどのように捻出しているのだろうか。個々人の，あるいは家族システムに備わるケアの力は，あいまいな喪失からどんな影響を受けるのだろうか？

例えば養育がどんな要因から影響を受けるのかについて，心理学は長年関心を寄せ，問題意識をもって解明してきた。共感性の発達も，また情緒発達についても研究が種々蓄積されてきた。それらが見出したプロセスモデルを,ボス Boss が提唱するあいまいな喪失という新しい眼鏡をつけて見ることで，改めて気づかれたり，捉えやすくなる問題が何かあるだろうか。そのようなことを，臨床実践のなかで出会った問題意識を創作事例という形で示しながら考えてみたい。

ところで，意味ある議論を積み上げるには，どんな時も概念の拡大解釈を避ける必要がある。今回展開する論は，そのような意味で，専門的ディスカッションに耐え得ないのではないかという心配がある。後押しになったのは，「あいまいな喪失」は家族成員の身体的あるいは心理的存在／不在に関するあいまい性から始まった議論だが，身体的には存在していても心理的に不在であると認知することで経験される喪失の一例を，コンピュータやインターネットへの嗜癖や，よりありふれた日常的状況である，夫の仕事への過度のコミットメントなどによって生じる心理的不在（Boss, 2002）へと，Boss 自身が眼差しを拡げていることである。「家族境界のあいまい性の持続」といった言葉を何度か用い，「心が失われてしまう心理的なあいまいな喪失に関する研究を，日本の研究者が，文化的に展開することを願っている」（以上 Boss, 1999）という文章で著書を結んで，研究の自由度を保障してくれていることからも力をもらっている。

私が報告する臨床的知見は，おそらくあいまいな喪失という概念の内側に入るか入らないか，境界線あたりに位置づくことだろう。

II　ケアが求められる環境における心理的不在

昔ながらの臨床的テーマのひとつに，“多くのケアを受けなかった子どもが親（多くの場合は母親）に対して，子育てのキーパーソンとして存在していたか，存在していなかったのではないかと心のなかで問う”ということがある。多くの場合に子どもたちは，問うた末，“自分が悪い子だったから”，“そもそも親は子育てに向かない人だった”，“家業が軌道に乗るまでの大変な時期だったし”等々，何らかの答えを見出してゆくものだが，腑に落ちる答えへといつまでも至れない場合がある。どこまでいっても霧が晴れず，あいまいな世界から抜け出すことができない。とりわけ面（おもて）に現れない複雑な事情がありそうで，なおかつそれを語ることができない場合，親の意向を汲み，事情を知らず理由（わけ）が分からない立場に甘んじて身を置き続ける子どもたちのなんと多いことか。ボスからは「失われたものは何か，一方で失われていないものは何か，を明らかにすることを通じて，いずれは，人生を前進させていくことができる」（Boss, 1999）と推奨されるあいまいさとの付き合い方も含めて，日本という社会ならではの特徴と問題提起を孕んでいるのではないかと思われる。それではさっそく，臨床事例のなかにその実際を見ていってみよう。

III　わからない，掴めていないことが引き起こす不安

事例１：スーパーバイジーとのやりとりから

最初の報告は，スーパービジョンのひとコマからである。“終結済みのケースだが，数回をかけて見直したい”というスーパーバイジー（以下では，SVee と記す）の一言で始まった時間だった。それは，通常の予想を超えた強烈さを運んできた事例だった。何気なく聴き始め，思わず姿勢を正したが，うまく全体を受け止め損ねて，なんと気がつかずに時間を超過してしまうという失態までしでかした。１回目のスーパービジョン・セッションがまとまりのないまま終わり，未整

理分も含めて次回に持ち越すことになった。SVeeが言うには，“出会ったときの印象は,この人に振り回されるかもしれないというものだった。一瞬危惧したが,すぐに疑いを撤回し，これは家族関係でトラウマティックな経験をした人の語りだと見立てなおした”との由だった。よく似た理解のプロセスを，私自身も辿ったように思う。強くて堅い黒い塊が，圧倒的な存在感とともに持ち込まれた印象だった。ひとつ上の代が経験した家族のトラウマが大きな意味を持つ事例で，次のスーパービジョン・セッションの日までに，その事例のモチーフとも言える，私にとっては会うことのないクライアントその人が描写した家族のとある光景が夢のなかに現れた。夢に見るという形で，前のセッションで捉え損ねたことを何とか補っていると感じられた。２回目のスーパーヴィジョン・セッションでそんなふうに言及すると，考えたい点としてSVeeから次のことが出てきた。

SVee：でも……こうして振り返ってみると，会っていた期間の３分の２は，関係づくりの仕事をしているんですよね。ずうっと関係づくりのステージに留まっているというか。それってどうなんだろうって思う。
スーパーバイザー（以下，SVorとする）：どうなんだろうって，どういう意味で使っていらっしゃる？　それではまずかったのではないかという疑問形？
SVee：うーん，どうなんだろう。（しばらく考えた後に）彼女にしてみたら，時間をかけないわけにはゆかないと思うんですね。こんなこと言っていいのか，言ってどうなるのかと自問自答しただろうし，私に話して大丈夫かどうか，重くし過ぎてしまうのではないかと，カウンセラーのことも考えたと思うし。そんなにすぐに話す気になれないのは確か。
SVor：いくつものこと，確かめる必要があるというのはその通りだと思う。確かめられない限り，もしも私がこのクライアントさんの立場だったら，こういう大きな，多くの人がすぐには信じてくれないような話は絶対に言わない。

作業するための面接と並んで，話すのが目的の面接というものがある。カタルシス，表現療法，ナラティヴ・アプローチ等々，時代の変遷のなかでいろいろな名称で呼ばれてきたが,対話者を得て言葉や言葉以外のさまざまな媒体を使って，自分について表現しようと試みてゆく。試みるうちに自分が，そして自分を取り巻く世界というものが掴めるようになり，うまくすると心が軽くいくらかの荷降ろしができるようになる。このあたりの営みのセラピューティックな効果について論じたものは各時代に見出される。次に挙げる近藤（2010）の文章はそのうちの一つで，私にとっては，著者の近藤が語り聴かせてくれた事例の経過とともに想起され，すでに統合的アプローチの要素の一つに組み込まれている。そこでは，プレイセラピーについて次のように説明されている。

> 彼ら（子どもたち）は，遊びの中で，恐ろしい経験を何度も再演することによって，「私はそういう災厄に襲われたのだ」ということを再体験し，まず，それをはっきりと掴もうとしているのだと思います。「自分がどのような状況に置かれていたのか？」，それが分からないということが一番怖いことだからです。同時に，この反復的な遊びは，エリクソンがしばしば指摘するように，「僕は，何だか分からない大きな圧倒的な力に襲われて，ただそれに翻弄されるだけ passive suffering」という無力感を克服して，「僕は何が起こっているか分かっている。僕はそれに何とか対抗できる active mastery」という有能感を獲得しようとする必死の試みをあらわしてもいるのでしょう。（（　）内の挿入と傍点は著者による）

今回のクライアントは，カウンセラー相手にゆっくり時間をかけて表現することをし始め，幸いなことにカウンセラーからほとんど何の疑義も挟まれず，ショッキングな出来事さえ変わらず淡々と耳を傾けてもらう経験を重ねた。しばらく時間が経った後にこうしてスーパービジョンの場で語られても，聴き手がすぐには落ち着いて受けとめられないような強烈さを備えたナラティヴである。強烈さはどこまでいってもおそらく薄らがず，それでも，時間をかけ複数人の力を借りることで，徐々に毒素が抜けてゆくと期待することができるだろうか。私自身に答えはないが，話すか話さないかの迷いを抜け，抱えてきたものの一端を選んだ他者と共有することが，このクライアントなりのあいまいさにピリオドをうつやり方であり，active mastery を獲得する試みだったことは間違いがない。

Ⅳ　わからないポジションに居続けようという決心

事例２：なかなか良くならないと訴える青年の事例

引き続いて，私が出会った事例の中の，よく似た例が思い起こされた。その青年のことはしばしば思い浮かべることがある。だから，機会を得てまたそのクライアントについて考えるサイクルに入っていっただけだとも言える。毎回毎回不貞腐れた様子で，たった一度だけ高熱を出した日以外は面接を休まず，とあるクリニックに通い続けた青年である。来談のしばらく前に，母親を転落事故で失っていた。頼っていた大切な家族メンバーを失い，寄る辺ない姿になって通い始めたクリニックで，主治医の勧めで青年はカウンセラーと向き合うことになった。初めのうちは語るのは症状のことばかり。神経科に通わなければならなくなった無念さと，薬も処方箋通りに飲み，こうやって毎週通っているのに一向に良くならないのは何故かと，怒ったような表情で嘆く面接が続いた。来談の経緯もその前後に何があったかを尋ねても，嫌そうな素振りで「さあ……覚えてませんね」と言うか，通り一遍の情報だけ返ってきた。こちらも血気盛んな時期だったから，カウンセリングに来ながら話をしないことを巡り疑問を投げかけるなどもたくさんした。拙い面接を積んだわけだが，カウンセラー個人に向かうと感じられ，受け止めるのが大変だった怒りや憎しみが，悲しみや孤独感に満ち満ちていると少しずつ伝わるようになり，さすがに私も“共に居る”ことができるようになった。

そんな頃だったと思う。謎解きとでもいうような仕方で，事情は複雑であることがカウンセラーに伝えられ始めた。語りはこんな言葉へとまとまっていった，“亡くなった人にも多少の名誉はあるし，それは何より守られなければならない。そのために自分は何ひとつ話せないし，何ひとつ話さないと決めている”。彼の口から実際語られた言葉だったとも思うし，ともに過ごした沈黙のなかで私が見た白昼夢だったかと感じることさえある。掴もうとするとすっとすり抜けてしまう，決して尻尾をつかませないような語り口調で表明された内容をまとめると，家庭内でかつて起こり，なお余波としての影響が続いていた性的虐待の加害・被害の問題を青年が想像するところとなり，複雑な人間関係を指摘して，親を糾弾する一幕があってまもなく母親の転落死が起こったらしい。“信じられないというのと，一番肝心なことが見えてきたという思い”の２つがあったと言う。“今でも疑い全部が夢か幻だったんじゃないかと思う。でもよく考えていればもっと早くに気づいてもよかった，それまでまともに考えたことがなく，改めて考え始めたら手がかりがこんなにゴロゴロ転がっていたと気づいた”，“目から鱗ってああいうこと”といったことがおそらく表現された。

家族関係の奇妙さについて考えるようになったのは，教師とぶつかって不登校気味になり，なぜこんなことになったか，自問自答せざるを得なかったかららしい。すると，いったいどうしたわけだと思うことがいろいろ出てきて，思わず疑問をぶつけたというのが実際だったそうだ。最初はよもやと思い，試しに尋ねたら，親たちのあまりに強い反応に驚き，杞憂でないと思うしかなかった。昔の忌まわしい問題を掘り起こそうとしたから罰があたった，触れてはいけないところに触れてしまったから，と自分で自分を責めていた。状態像は広義の不安障害に分類される青年だった。一部だけ話し，わずかな荷降ろしをするに留め，“誰かれ見境なくぶっ殺してやりたくなる”という強い怒りを抱えながら時を過ごすことになった。それでも，“こんな世の中，何の未練もないが，もしも生きてゆくなら，自分で立ち上がるしかない”という言葉でなんとか体験をまとめ，どんな努力ならやり続けてゆけるかを決めて，作業を積み上げる面接へと遅まきながら移っていった。

あいまいな喪失という言葉で捉えると，重すぎるあいまいさではないかと危惧された。彼の推測が否定的方向に大きくずれている可能性だってあるだろう，確かめもせず全部まとめてふたをしてしまっていいのか，そういうことに私たちはどのくらい耐えられるかという疑問をしばしば思い浮かべ時に口にした。当時の私が想像したあいまいさは，彼のよからぬ疑いのごく一部だったと気づいたのは，しばらく時が経ってからである。それにもかかわらず，大きすぎる，重すぎると私に感じられ，そんなカウンセラーに彼は，“世の中のことは解決できないこと，割り切れないものの方が多い”と，父母から譲り受けた価値観で応えた。カウンセラーが指し示す道は，外国から輸入されたもので，自分たち家族には合わないというのが彼の返事だった。本人の選択を尊重しようと努めながらも，無念と言うのがよいか割り切れない気持ちを払拭できないまま，カウンセリングは終結を迎えた。

さて，紹介した2つの事例から，対応についての疑問が出てくるだろう。あいまいさを可能な限り明らかにしようと促してゆくのがよいか，いまのあいまいさのまま抱えてゆくか。明らかにしようとすると何が起こるか，探求の行為によって傷ついたり安定を崩したりする家族メンバーがいるかどうかについての当人の認知の問題が大きく関わっている。事例1，2はいずれも，大切な親の恥意識，あるいは名誉・不名誉が揺さぶられると子どもによって捉えられていた。その考えに基づき，家族が作り上げたあいまいさのなかで生きてきた子どもが，あいまいさのなかに居続けることを引き続き選び直した事例と読むことができよう。親を大事に守ろうとする気持ちからの選択であり，あいまいさへの働きかけという意味では受け身的で抵抗力を持たない，なすがままと見えるが，その状態への留まり方としては，あいまいさのなかにいる積極的意味を見出して，カウンセラーにそういう自分でやってゆくと宣言したという意味で，能動性を手にしたという逆説を認めることができる。あいまいさのコンテントは紐解かず，しかしコンテキストについては，面接のなかでやりとりし，格段に明確にできたということだろう。

この間，青年たちの内側で変わらず動いているものを，忠誠心（Boszormenyi-Nagy et al., 1973, 1986）と呼ぶことができるだろう。忠誠心は，家族メンバーを外界から守り合うとともに動きを束縛する家族を取り巻く網の目と捉えられるが，取り上げる際には，表面から見えず気づかれ難いものを自他の目に見えるよう働きかけること，問題でなく愛他心に基づく行為と認めてゆくことが推奨される（中釜，2001）。あいまいな喪失について，それに苦しむ個人がいたとしても，パーソナリティの病理と捉えず，「喪失の不確実性が彼らの力を減退させている」（Boss, 1999）とみる視点が欠かせないという指摘と，大いに重なるところである。

V　あいまいさのなかでなるべく自由に動ける自分であるために

事例3：子どもを持たない決心について，考えたいという女性の事例

最後に挙げるのは，30代後半の女性クライアントの話である。どのようなことでと尋ねると“自分は既婚者で，夫婦関係にも，ライフワークと捉えている仕事に対しても，幸いそれなりに充実感は得ているのだけれど……”と彼女は話し始めた。子どもを作るかどうか考えたい，より正確に言うと，子どもは持たないと決めてきたが，自分の決心をこのまま貫くのでよいかどうか，改めて考えたいと思ったといきさつを語った。

“私は子どもの頃，生まれてきて良かった，楽しいという気持ちを抱いたことがなかった。そんな自分が上手く子どもを育てられるとは到底思えなかった”というのが，子どもを産まないと決めた一番の理由だったそうだ。“その理由は今も消えていないが，子どもが持てるタイムリミットを意識するようになり，前々から気になっていた，パートナーを100パーセント巻き込んでよいかどうか，他に道はないのかと考えるようになった。しかし，ひとりで考えても煮詰まるだけ。客観的な意見もあわせて伺いたい”と頭を下げた。聡明な，一本筋が通った人という印象だった。子どもを産まない気持ちの見直し作業と思われたが，永遠に続いてよいわけでなく，回数制限付きの面接をしてみようと二人で話し合った。

“いろいろな事情があったらしく，実母が非常に厳しい人だったこと，子育てに力を注げなかったことは仕方なかったと思うことにしている”とも話してくれた。私が特に印象深く感じたことのひとつに，妊娠中，母が何度か子どもを堕そ

うと試みたことをクライアントその人がかなり詳しく具体的に知っていたということがあった。それも彼女が大人になるよりずっと前，まだ小中学生の頃に，どこまで意味が汲み取れたかは定かでないが，大方のことはすでに知らされたらしかった。“なぜなんだろう，どんなねらいで，お母さんはあなたにそんな話をしたのだろう”と独りごと風に呟いてみた。うっすら目を潤めて沈黙し，心が動いた様子が見て取れたが，次の瞬間，口を開いた時にはいつもの冷静さを取り戻し，次のように彼女は応えた。“そういうことを話したら子どもがどう思うかなんて，想像を巡らす余裕は母には無かったでしょう。話し相手が自分の子ども以外に見つからないほど，あの人は一人ぼっちだったんです”

守られない少女のよるべなさは，傍目にもそれとわかるのだろうか，よくない男性に声をかけられ，騙されて付いてゆき身体を触られるという事件があったという。泣きながら帰宅して何があったのか話す自分の手を取って，黙って風呂場に連れて行き，母は“汚い汚い”と言って何度も繰り返し冷たい水をクライアントの下半身に浴びせかけたとのことである。聞いている側は，小さな子どもの心の傷つきが気になって，母たる人の対応に腹が立つのだが，話者である彼女は，カウンセラーから母がひどい人だと思われないように語ることにエネルギーを注いでいるらしかった。“潔癖なあの人には，それ以外どうすることもできなかったんでしょう”と，母を庇う言葉を忘れなかった。

さてカウンセラーからは，“一見距離のある母娘関係だろうが，あなたがどれほど母を大切に思い，母のつらさを分け持つことに多くの時間と心を割いてきたかがとてもよく伝わってきた”とフィードバックした。“差し出してくれるものが少ない相手に，多くを返し続けるのは，容易にできることでない。それをし続けてきただけで賞賛に値すると思う”，と。しばらく黙っていたクライアントだったが，いきなり涙がつうと流れ，その後，止まらなくなった。カウンセラーにとっては，表出された感情にもう少し近くで触れたいと願いつつ，遠巻きに見守った時間だった。それでも，母親だけでなく自分の思いも中心に据えて応えるように少しずつ動いていった契機がどこにあったかと考えると，このあたりだったのではという考えが浮かぶ。母親のありようをそのまま受け入れよう，引き受けようとある時点で覚悟した彼女が，あいまいさのなかで一層の自由を手にしたいと希望した。二つの願いの両立は可能かというところで求められたカウンセリングでもあったのだろう。

以上，ケアする力に認められるあいまいな喪失を巡って，自由連想風に考えてきた。家族や親密な人間関係のなかで子どもたちが示す忍耐力は時に限りなく大きい。心身の危険がない限りであるのは言うまでもないが，単純に病理とせず，よいもの，賞賛に値するものを見つけてゆく眼も同時に磨いてゆきたい。

文　献

Boss, P.（1999）*Ambiguous Loss: Learning to live with unresolved grief*. Harvard University Press.（南山浩二訳（2005）「さよなら」のない別れ 別れのない「さよなら」―あいまいな喪失．学文社．）

Boss, P.（2002）*Family stress management: A contextual approach*. Sage.

Boszormenyi-Nagy, I., & Spark, G. M.（1973）*Invisible Loyalties*. Harper & Raw.

Boszormenyi-Nagy, I., & Krasner, B.（1986）*Between give and take: A clinical guide to contextual therapy*. Harper & Raw.

近藤邦夫（2010）学校臨床心理学への歩み 子どもたちとの出会い、教師たちとの出会い―近藤邦夫論考集．福村出版．

中釜洋子（2001）いま家族援助が求められるとき．垣内出版．

第２部

事例からみる
システミックアプローチ

第2部　解　　説

大塚　斉

2012年9月28日，中釜先生が亡くなったという連絡を新幹線の中で受けた。第1子出産のために里帰り中の妻に会いに行く途中だった。亡くなった直後，その喪失を埋めたくて，先生の書いたものやPCに残るメールのやり取りを繰り返し読んだ。なかには読んだことのない文章もあり，しばらくして「7回忌までに先生の遺稿集を作りたいね」と数名の方と話し合った。しかし，作業は，現実的な忙しさの中で，心を遣うことができなくて，なかなか進まなかった。おそらく気が進まなかったのだ。次第に，喪失感は和らぎ，遺された言葉を集めて喪失を埋める激しい動機が自分の中で小さくなっていた。遺稿集と言うには，随分時間が経ちすぎてしまったように思えた。一方で，研修で先生の面接DVDを見せたり，論文を紹介したりする機会は増えていた。きっと天国で「ずいぶん働かせるじゃない」と笑っているだろう。ある日「そうか！」と思った。今の私の関心は，先生の仕事をまとめ，整理するという喪のイメージではなく，先生の遺してくれたものを改めて伝えていく伝承のイメージなのだ。それならば，8年と言う歳月が，長すぎるということもないかもしれない。むしろ，先生が遺した家族支援の意義や方法は，今後ますますニーズが増えていくだろう。遺された論文と向き合う時間は，先生は何を広めたかっただろうかと考える時間となった。

中釜先生は，家族療法のCo-Therapyという，セラピスト2名で家族面接を担当する方法を，教育的な観点から可能性を感じていたように思う。先生が臨床の場として過ごしたIPI統合的心理療法研究所でも，経験のあるセラピストと若手のセラピストをペアとして，家族面接を担当することが多い。たいていは異性のペアにするので，私はその恩恵を受け，Co-Therapistとして一緒に家族面接を担当する機会に恵まれ，多くの臨床的時間を一緒に過ごさせてもらった。

そんないくつかのケースの中で印象深い一場面を紹介しよう。60代夫婦とのジェノグラム・セッションでのこんなやり取りだった。夫が育ちの中で寂しい思いをし，情緒的に温かなものをあまり貰って来なかったことを話し終えたところで，妻が「この人には埋められない穴があるんですね」とつぶやいた。すると，中釜先生は「そばにいる人には，そんな風にも見えるところですよね。でも貰うものが少なかった中，ご自分の家族をここまで作られてきた。そのことは誇られると良いと思いますよ」と静かに伝えた。夫はしばらく黙って涙を流した後，肩の力が抜けたように「あなた（妻）も聞いてもらうと良いよ。楽になるよ」と言った。自らの事情が丁寧に聞き取られると，他者への共感性が回復してくる。そんな場面だった。平木先生・中釜先生が日本に紹介したナージ Boszormenyi-Nagy, I. の文脈療法らしいやり取りでもあるが，中釜先生の人間観，臨床観が良く表れている。関係の中で心を犠牲にしてきた人，集団の中で損な役回りにいる人，言葉を飲み込むことの多い人，陰ながら貢献している人に気づき，そっと労いと励ましの言葉をかける。臨床場面に限らず，先生が何度も見せてくれた姿だった。公平さ，正義感のようなものは，中釜先生の中核に根差していた。憤っていたのはいつも，ずるいことやいい加減で不正義な振る舞いに対してだった。反対に，不器用だけど，真面目に生きている人にはとても優しく，気にかけていた。

そんな中釜先生が，関係性の倫理を心理療法に取り込んだ文脈療法にボストンで出会ったのは，僥倖であった。ボストンに行くことになった際に，相談を受けた平木先生は「ボストンに行くのなら，文脈療法をぜひ学んでくると良いと思う」と大喜びで勧めたそうだ。ボストンは，文脈療法の中心的役割を果たしている地だったからである。そしてこの時平木先生に出会ったのも，後の中釜先生に大きく影響を与えることになった。平木先生もまた公平と正義の人である。平木先生と出会ったことで，帰国後，IPI という家族臨床を実践する場を得て，臨床と教育を展開させていった。帰国後 17 年という時間は，ご本人にとっても，周囲の人にとっても，あるはずと期待した時間より随分短くなってしまったが，遺してくれたものは確かにある。その代表の１つである「解き明かし・私の家族面接」には中釜先生の面接の様子が映像で残っている。株式会社中島映像教材出版のご理解と，現 IPI 統合的心理療法研究所所長の野末先生のご協力もあり，第 13 章に，その逐語録を載せることができた。映像と合わせて，家族合同面接を学ぶ良い教材となるだろう。

第５章「夫婦問題（カップル・カウンセリング）の事例研究」，第７章「家族療法における言葉の使い方」の２つの論考では，面接のステージによって，セラピストの役割や働きかけを変えていくという視点で，事例の具体的なやり取りを例示している。教育者として，広範で多様な教育ニーズに対応するために，経験豊かなセラピストの関わり方を，多くの人が手に入れられる形にして提示しようと試みたのだろう。あまりマニュアル的にせず，一方で達人芸にもせず，各セラピストの個性が活きる余地を残しながら，大枠では提供できる支援のレベルを保障すること，このあたりが，臨床的に有用な線だろうと考えていただろうし，中釜先生の好みでもあったと思う。体調がすでに優れない中で書いた原稿である 2012 年８月の第８章「夫婦間不和が認められる事例」にも「客観的データに基づいて仕事をする姿勢を，臨床心理士としてますます磨いていきたいのが現代である。夫婦関係のアセスメントも，勘や臨床経験に落とし込まず，多くの人が追随できる議論を展開する必要があるだろう」と書いている。もう少し取り組んでみたかったテーマなのかもしれないと想像している。

先生が亡くなった２週間後に，息子が生まれた。私たち夫婦にとって，恩師を亡くし，子どもを育むステージが始まったことは，象徴的なことだった。私たちは，子どもが巣立つ時，親以外のたくさんの人に可愛がられ，助けてもらうことを願うだろう。同じように，先生も臨床家としての育ちを支えてくださる中で多くの人を紹介してくれ，繋がりを作ってくれていた。先生がいなくなった後も，先生が作ってくれた繋がりの中で，助けて貰い，声をかけて貰った。臨床家としての自立のために必要なことは，すでに十分して貰っていたのだと，今改めて感謝の念が膨らむ。

「もう人を育てる側になったということでしょう」。声が聞こえてくる。

第5章　夫婦問題（カップル・カウンセリング）の事例研究

I　はじめに

本章のテーマは，「夫婦問題（カップル・カウンセリング）の事例研究」である。この領域における事例研究論を述べるもよし，該当する事例を紹介して事例研究を展開するもよし，いずれにも進むことができる。ただし，夫婦やカップルに対する心理援助について鑑みると，最も大切なのはあけぼの期と心得ることだという考えが筆者の中に浮かんでくる。潜在・顕在する夫婦問題を携えて夫婦で面接に訪れるものの，援助者側の事情から，どちらか片方の個人面接へと面接構造をしつらえてしまうのはもったいないという気持ちと，反面，夫婦合同面接を実践することはそう簡単でないという，日頃抱いている意見が同時に思い起こされる。このような状況で提出する小論であるので，まずは夫婦が抱える臨床的問題とカップル・カウンセリングの関係について述べておきたい。そのうえで，日本における発展を一考したうえで，具体的事例を記すことにさせていただこう。

II　夫婦の問題に対する臨床心理行為

カップル・カウンセリングは，わが国の臨床心理学にとって，大いに新しい実践領域である。家族生活や夫婦のあり方の変容に促されて，現在進行形でニーズが高まりつつある（亀口，2000；中釜，2001など）。

夫婦が心理的問題を抱えることは，もちろん，いまに始まった事態ではない。例えば，子どもの心理援助のために導入した（母）親面接のなかで夫婦の不和があきらかとなり，援助者がその対応にあたりながら子どもの援助を推し進めることは，これまでも随所で行われ興味深い実践を積んできた（橋本，2000など）。どちらか一方，もしくは両方のパートナーが統合失調症，うつ病，やせ症などの心理的症状や問題をかかえたとき，それが夫婦関係に及ぼす影響について考えたり，パートナーの対応を工夫するなどの援助も，助言やコンサルテーションという名のもとで以前から試みられてきた。けれども，関係の悪さそのものを第一の主訴にして心理援助を求め，関係改善のために夫婦二人が時間と費用を投入することは，わが国においてまだまだ新しい発想である（中釜，2006a；野末，2006など）。

夫婦を対象とする臨床心理行為としては，以下に挙げる5つほどの形態が考えられる。すなわち，①どちらか一方の配偶者が，個人面接の中で夫婦関係について考えるか，もしくは，夫婦二人が異なる援助者と別々に面接する形態（個人面接のみ），②同じ一人の援助者が夫婦二人と別々に面接する形態（並行面接），③夫婦二人と合同面接してゆく形態（合同面接），④夫婦二人との合同面接と一人ずつとの個人面接の両方を，必要に応じて使い分ける形態，⑤何組かの夫婦を対象にグループ・カウンセリングを行う形態（グループ面接）など，いくつかの形態がある。問題解決や主訴の解消に役立つ範囲でなら，もちろん，①～⑤のいずれが採用されても構わないだろう。①は，夫婦それぞれの考えをつき合わせる機会や，変化の方向・早さのずれを調整する場を保障しない面接構造である。そのため，必ずしも関係改善が実現されず，関係の破壊や弱体化をもたらす方向で援助が進む危険性を孕んでいる。また④は，他の夫婦の相互作用を見るのが大きな刺激となって気づきが促される構造だが，大がかりな試みであるためか，本邦での実践はあまり聞くことがない。①のやり方がまだまだ多く選ばれるというのがわが国の現状だが，カップル・カウンセリングと呼ぶ場合は，通常は①以外，②，③，④，⑤の形態を意味する。

III　カップル・カウンセリングとは何か

カップル・カウンセリングは，かつては夫婦カウンセリングや結婚療法と呼ばれていた。結婚という法的手続きを取らない事実婚のパートナーシップや同性同士のカップルなど，親密な二人組に認められるようになった多様性を反映させるため，「結婚」や「夫婦」でなく「カップル」の名称を戴くようになった。関係をよりよくするねらいで心理援助を導入するのが一般的だが，経過のなかで別れる決心を固めるカップルも存在する。入り組んだ夫婦の関係を解消することはなかなか難しく，法的のみならず心理的問題をきちんと整理して別れるための離婚療法と，結婚前のカップルに対する予防的働きかけもカップル・カウンセリングの下位分類に入れるのがよいだろう。先述したように，症状を持った人（IP）がいないカップル・カウンセリングもあれば，子どもかカップルのどちらか，もしくは両方が症状を持つ場合もある。後者の例では，いつどんなタイミングで，いかなる了解のもとにカップルの問題と取り組むかが，熟考されなければならない（中釜，2006b）。カップル関係を援助するスキルを身につけることと，親面接や配偶者に対するコンサルテーションのスキルを向上させること，2タイプの介入を互いの効果を相殺しない形で組み入れる方法などを援助者は身につけなければならないだろう。

臨床心理行為全般がそうであるように，カップル・カウンセリングも，古くはコミュニティの長老や重鎮，教会の牧師たちが行う家族生活のある局面についての相談といったものだった。次第に心理援助の専門家に相談が集まってくるようになり，1960年代にはシステム論的家族療法理論やシステム論的認識論が取り入れられて，専門家が行う援助活動となった。家族療法や個人療法の経験と理論アプローチを生かす形で試行錯誤的に発展してきたが，その後，対象関係論的夫婦療法，認知行動的夫婦療法，カップルのための感情焦点化療法など，カップルの心理援助に特化した理論アプローチが開発されていった。現在では，効果研究がいくつも行われ，行動的夫婦療法，感情焦点化療法，統合的カップル療法，認知行動的夫婦療法を含む6種のアプローチの効果が実証的に確かめられている。なかでも，行動的夫婦療法は米国心理学会の第12部会のタスクフォースによって，「十分に確立された介入法」として，カップルへの感情焦点化療法は「おそらく効果がある介入法」として評価されている。前者が夫婦間の行動上の問題改善に適しているのに対して，後者は親密性の醸成に役立つことが知られている。さらに，認知行動的夫婦療法は夫婦や家族関係をめぐる思い込みや認知の修正に特に力を発揮するなど，異なるアプローチが異なるニーズを抱えた夫婦に，あるいは夫婦関係の異なる領域に効果をもたらすと考えられるようになった（Liddle et al., 2002）。

ゴッドマンの一連の研究（Gottman, 1999）にも言及しておかなければならない。四半世紀をかけて集めた膨大な夫婦の行動的・生理的・認知的データの解明から，ゴッドマンは，よい夫婦関係には多様な形態があること，反面，離婚に至る夫婦には，関係修復の試みが自発的に生じず「友愛性」が乏しいなど，類似の行動パターンが認められることを明らかにした。カップルのアセスメントと援助の方向性に有益な示唆を与える研究となった。

以上の動向をまとめると，効果研究の結果，多数のアプローチが少しずつ異なる問題領域に効果ありと知られるようになったこと，基礎研究によって関係が長続きしないカップルの特性が把握されるようになったことの２つが推進力となり，欧米諸国における夫婦に対する心理援助は，経験的試行錯誤の時代を経て，実証研究・基礎研究に基づいて介入方針を決める時代に入ってきたといえる。わが国の家族や夫婦の現状に目を向ければ，つい最近まで結婚が家の継承という意味を負っていた歴史，上昇傾向にあるとはいうものの未だ低い離婚率，すなわち，関係の不具合がそのまま離婚には結びつかず，何らかの力によって夫婦関係が維持されがちといった特徴がすぐに想い起こされる。ここ数年が，カップル・カウンセリングの詳細がまずは援助者層に，次いでクライアント層に広く知られる好機であるだろう。同時に，家族関係や夫婦をめぐる文化的背景が大きく異なるこの国の夫婦に，欧米で生まれた理論アプローチがそのまま導入されてよいか，果たして類似の効果を発揮するか否かが探求される時期といえるのではないだろうか。

Ⅳ　カップル・カウンセリング事例の実際

カップル・カウンセリング事例の実際を記そう。

30代半ばの夫婦が，知人に薦められて，関係調整のためにカップル・カウンセリングを求めてきた。申し込みの電話は妻からだった。「１年前に夫から『別れたい』と唐突に打ち明けられた。話し合った末，もう一度やり直すことにしたが，裏切られた気持ちが強くてうまくゆかない」というものだった。月に１度程度の面接が14回（夫の個別面接１回，妻の個別面接２回を含む）続いて終結となった。以下では，援助関係づくりがより難しいとされる男性（夫）の姿に焦点を当てる形で，カウンセリング経過を報告する。

１．契約の成立まで（１～２回）

初回はカップルで来談の予定だったが，妻だけが面接にやってきた。「（妻）夕べ些細なことで口論になり，『あなたは来なくていい，二人でカウンセラーに会う前に自分の気持ちを整理したいから』と伝えた。本当に結婚を続けたいと思っているのかどうか，自分の気持ちがわからなくなっている」，「（妻）最近ますます衝突してばかり。１年前とは比べものにならないくらい，二人の関係はずっと悪化している」などの話を妻から聞く面接となった。別れ話を持ち出された時は，ショックが大きくて，相手を責めたり怒ったりほとんどしなかったという。「（妻）

夫を失いたくないという計算高さもあったろう。そんな自分がほとほと嫌」との由。“（Co）遅れてやってきた怒りなのでは。遅れた分，膨らみ長引いてしまう。怒りの気持ちはとてもよくわかるが，ぶつかればぶつかるほど二人とも傷ついてしまう。次回は，ぜひ夫も交えて話し合ってゆこう”と伝える。

妻先行で始まった面接の流れを意識して，２回は，前半を夫と１対１で話し，後半を３人での合同面接とした。夫は，質問されたことには答えるが，自分から進んで話すことは少ない。〈（夫）自分の側に非がある。要求したり弁解したりできる立場ではない。彼女が出す結論を受けるしかないと思っている〉という自己抑制的な語り口が印象的な人である。合同面接では，双方に迷いが残るものの，結婚生活を続けてゆきたい気持ちがあることを確認した。“（Co）二人がより満足のゆく結婚生活を続けるにはどうしたらいいか，考えるための面接を重ねてみましょう。１年ほど前から，あるいはもっと前から，二人の関係に何が起きていたのかを振り返る作業も必要でしょう”という言葉で，カウンセリング契約を結ぶ。

2．当座の傷つきに対する手当ての段階（３～６回）

３回では，日常生活の実際と知り合ってから結婚まで，結婚後の６年間の変化について聴く。変化は特にないという話だったが，二人の生活の中で仕事上の責務がますます増え，家庭生活が軽視されがちだったこと，１年前までは衝突こそ少ないが，一言二言交わす程度の関わりだけで１週間が過ぎてしまう暮らしだったとわかってきた。Coから妻に対しては，相手を怒鳴りつけたり脚を投げたりする前に一人になって頭を冷やすようにしようとアドバイスし，夫には，“（Co）言い訳する立場にないので語らないという姿勢は潔いが，妻にとっては，夫の気持ちを知ることができず，不安が余計高まるだろう。話せる範囲で話してほしい”と伝える。妻は深く同意したが，夫はぴんとこない様子だった。４回，衝突せずに過ごそうという努力は，なかなかうまく実らないと報告される。

５回，夫が単独で来談する。夫いわく，一人で判断して一人で決めてしまいがちな自分が，また同じことをしたために大喧嘩になり，妻が花瓶を床に投げつけた。粉々になったガラスを踏んで怪我をした妻は，数日仕事を休み，可哀想なほど落ち込んでいる。〈（夫）もう別れたほうがいいのではないか。亀裂が入ったあとでやり直せる夫婦はどのくらいいるのか，聞いてきて欲しいと妻からも頼まれた〉という。Coから，事件後に起きる喧嘩は，二人の関係を思う気持ちの強さを確かめるものである場合が多いと述べて，二人の場合はどうかと尋ねる。〈（夫）自分を見る彼女の目に憎しみのようなものが感じられ，状況が好転する希望は持ちにくい〉という返事が返ってくる。その後のやりとりを以下に記してみよう。

カウンセラー（Coと略）：あまり言葉には出さないが，夫は，随分細やかに人の様子や気持ちを感じ取る方なんだろうと想像する。相手の目に憎しみが感じられるとすれば，一緒にいるのが辛くなってしまうでしょう。奥さんの話しから私が受け取っているのは，怒りや不安といった感情。パートナーへの期待があるからこそ怒りや不安が出てくるのでしょう。

夫：もし自分が彼女だったら，自分が取った行動を一生許せないだろう。彼女にしてみれば，何も問題ないと信じてきて，いきなり裏切られたわけだから。

Co：ショックな体験だったんでしょう。ショックが強くて抜け出すことができない。だからこそ，夫が当時どんな経験をしていたのか，言葉にしていただくことが大切と思うが。

夫：情けないが，自分でもよくわからない。何を考えて別れようと言い出したのか。

Co：家を出ていたその２週間は，どうやって暮らしたんでしたっけ？　女性と一緒だったんだろうと，奥さんが気にしているところだが。自分でも気づかないうちに，何か大事なものが損なわれてしまう感覚があったとか，何かそんな実感はなかったですか？

夫：（間が空く）自分は根っこのところでは頑固だが，たいていのことはこだわりがなく我慢できる。住むところも食べ物も人も，だいたい我慢して受け入れられる。

Co：だとすると，「別れたい」という言葉はあなたにとって，随分珍しい，はっきりした意思表明だったわけですね。奥さんに与えたインパクトが強かった理由がよくわかった。あの時はすごく別れたかったけれど，今はまあ我慢できるという，いつもの夫に戻った。そう理解される可能性が高いだろうが，それでいいか。奥さんに申し訳ないから別れたいとおっしゃっているあたりの気持ちは奥さんに伝わり難いことだと思うが（後略）…。

妻の不安を考えて，翌週に妻の個別面接を設定した（６回）。彼女は，妻らしいことをしてこなかったと自分の非を振り返り，妻として，女性として自信が持てないと語る。

3．手だての段階：自分理解・相手理解・コミュニケーションの変容が進む（7～14回）

妻の怪我以降は，喧嘩が少なくなって，あっても口喧嘩程度になった。7，8回にはジェノグラムを導入して，『親の夫婦関係の悪さに心を痛めて仲介役を取るのだが，報われることが少なかった妻』と，『生後すぐに実母を亡くし，新しく迎えた継母とも弟とも関係は悪くないが，本音でぶつからない遠い距離を保ちがちな夫』であったことを確認する。1年前の夫の発言が，“（Co）期せずして，二人が強烈にぶつかり合うきっかけをつくったわけでしょうか”と言ってみる。同時に，二人で過ごす時間を努めて増やそうと提案する。

9回では，喧嘩が減って，妻は帰宅時間を早めた。夫の帰宅時間は変わらず，すぐには変えられないとのこと。10回には，「（妻）夫の帰宅を寝ないで待つようにしている」

11回，夫婦の関係は横ばいという。年末年始を挟んで，久しぶりにそれぞれの実家に二人で泊まった。日帰りができる距離という事情もあり，夫の実家に泊まったのは実は初めて。「（妻）この人，実家ですごく堅いというか，お義父さん，お義母さんとのやりとりがぎこちない。せっかくいろいろよくしてくれるのに，呆れるくらい受け取らず，つっけんどんに断ってしまう。義父母が可哀想になるくらいだった」という話から，夫が好意を受け取ることの難しさについて話し合う。「（妻）私だけにではないんだ，私とはまだずっとましなんだなと思ったら，少し吹っ切れた気がする」と妻。「その後で泊まった私の実家では，3歳になる姪っ子を可愛がる彼の顔がすごくよかった。小さい子が本当に好きなんだなあと思った」。ここから，子づくりや人工中絶の話へと進む。

妻：あの時，生んでおけばよかったと思うことがあるかと聞いてみたくなった。
Co：よかったら，いまこの場で，聞いてみますか？
夫：（妻に向かって）そうは思わないよ。予定外の妊娠だったし，子どもを育てるだけの余裕を二人ともあの時には持てなかったわけだし。
妻：それはそうなんだけれど，この人は多分，とても子どもが欲しい人なんだろうと思う。

（こんなやりとりから，結婚2年目に起きた予定外妊娠の話へ。妻の仕事が軌道に乗り始めた時期でもあり，ほとんど迷わずに，生まない決心をしたらしい）

妻：私は軽く考えてしまった。その気になれば，またいつでも子どもは持てるだろうくらいに。それに比べると，この人は本当は欲しかったが，育てられないから泣く泣く諦めた。

Co：ご主人が，血のつながった子どもに特別な意味を感じたというのは，あるかもしれません。実母が生きていて実母に育てられた人とは異なる経験をした，という意味で。

夫：自分も生まない方に賛成した。だから後悔したり，彼女を責めるようなことは絶対に言いたくなかった。子どもがいたらどうだったろうと考えることは時々あったが。

Co：誰かを責めないかということに，とても敏感な人なんだろうと感じます。いろいろある気持ちのうちの一つを話しているだけ，聞くほうもそう思って軽く聞くくらいになれるといいんでしょう（この後，アイ・メッセージを用いるなど，相互交流への介入が続くが，その部分は後略）。

13回，「（妻）不妊外来に通うことにした。喧嘩もぐんと減ったし忙しくなると思うので，そろそろ面接を終わりたい」と言われて，カップル・カウンセリングが終結する。

4．フォローアップ（14回）

2カ月後に設定し，順調である旨を確認した。

5．考察

14回にわたる面接を，中釜（2006a）が述べた「契約」「手当てのステージ」「手だてのステージ」「フォローアップ」の4ステージに分けて紹介した。手当てのステージでは当座の傷つきや流血に対する応急処置がなされ，手だてのステージにおいて，①自分理解，②相手理解，③対人的相互交流（コミュニケーション）の変容という心理援助の主要な3機能が進展した。振り返れば，次のようにまとめることができるだろう。人間関係に敏感で人並み以上に対人距離を取りがちな夫と，絡まった人間関係の中で育った妻の二人が惹かれあって結婚したが，ついつい仕事にエネルギーを割くうちに，妻からの接近努力が姿を消して二人の関係が薄く弱いものになっていった。その状態にいち早く気づき危機感を覚えた夫が，関係破壊的な方法でSOSを発したのが1年前の事件だったのだろう。もう一度親しくなる努力を始めればよかったのだが，二人だけでその課題に取り組むことは難しかった。Coという助力者を得て，お互いを求めていないわけではないらしい，自分は不要だと誤解しなくてよいらしいという保障をCoから繰り返し得ながら，夫婦の信頼関係を作り戻した事例とまとめることができるだろう。今回，詳述することはできなかったが，妻にとって，感情の起伏が激しい実父とは正反対の穏やかなタイプの夫は，共同生活者にはうってつけ，空気のようになりやすく，気遣いを忘れてしまうことがあるが，横にいて安心して自分らしさを出せる相手だと語られる一幕があった。そんなパートナーの発言を聴くことによっても，夫の自分理解と相手理解が促されただろうと想像される。

文　献

Gottman, J. M. (1999) *The Marriage Clinic*. W. W. Norton.
橋本やよい（2000）母親の心理療法．日本評論社．
亀口憲治（2000）家族臨床心理学．東京大学出版会．
Liddle, A. L., Santisteban, D. A., Levant, R. F., & Bray, J. H. (2002) *Family Psychology: Science-based Interventions*. American Psychological Association.
中釜洋子（2001）いま家族援助が求められるとき．垣内出版．
中釜洋子（2006a）中年期夫婦の臨床的問題とその援助．In：岡本祐子編：成人期の危機と心理臨床―壮年期に灯る危険信号とその援助．ゆまに書房，pp.189-214.
中釜洋子（2006b）家族のための心理援助3．臨床心理学，6(5); 665-671.
野末武義（2006）Intersystem Modelの活用―カップル（夫婦）の問題への統合的アプローチ．In：日本家族心理学会編：家族心理学年報24．金子書房，pp.142-159.

第6章 面接室の「内」と「外」

I 小論の前提として

家族臨床や学校臨床に携わる立場から述べる。現在私は，親密な人々が織りなす関係系（＝関係システム）に焦点を当てて，その力を借りながら変化可能性を探るアプローチを臨床実践の中心に据えている。そんな私にとって「面接という場の〈内〉と〈外〉について考える」とは，たいへん興味深く心惹かれるテーマと感じられる。「面接室の内側の世界と，そこから一歩足を踏み出した外界とのバウンダリー（境界）をどの程度堅固なものと捉えるか，捉えるだけでなく，堅固なものに実際に設えてゆくかゆかないか」は，長く携えてきた問いであり，比較的最近になって考えが整理されてきた。臨床心理学の知名度があがり社会からの期待がますます多様に広がる中で，それぞれの心理士はこの問いに自分なり，あるいは各ケースなりの答えを持つことが求められている。

最初にこんな結論を掲げて，このテーマについて思うところをスペースの許す範囲で書いていってみよう。

II 面接室に始まり面接室で終わる実践へのいくらかの疑問

最初にこの問いと向き合ったのは，はや四半世紀前に遡る。臨床実践に携わるようになって間もない頃，立ち居振る舞いを理解するのがとても難しいと感じられる男の子の担当になった。いまどきの言葉を使えば発達の偏りのある子どもだった。ごく当然の情報収集法として学校に授業見学に行った。数日続けて授業や給食に交ぜてもらい，他の児童から質問攻めに合いながら彼の言動をつぶさに見る機会を開いていただいた。わからなさは解消されなかったが，分からないことに囚われすぎずそばにいることができるようになった。彼と周囲の子どもたち／大人とのやりとりを見て学んだことである。心理士たるもの，しかし，あまり面接室を出ないのが一般的と知ったのは，その後しばらく経ってからだった。

ほぼ同時期に，次のようなことにも目が向き始めた。気がかりやわが子の問題行動をレポートにまとめてくる人がいるが，母親が綴った便箋10枚にわたる「資料」も，受け取らないカウンセラーが結構いるものだ，そういう母親を嫌がる心理士はさらに多いらしい，父親が相談に同行してきても，母親カウンセリングの場合は父親には会わずに待っていてもらうという不思議な習慣があるらしい等々。いわゆる「心理療法の標準形」や「常識的動き」が見えてくるのが，環境的に，また個人の資質として遅いということが私の場合はあった。見えてきた後も「どうしてなんだろう」「やってみると役立つ例も少なくないのに」という考えが消えなかった。そんな疑問が核にあったため，“心理療法とはこのようにすべきもの”でなく，“こうしないのはなぜか”，“例外もあるのではないか”という方向に考えが発展したのは幸いなことだったと思う。

そうこうするうち，ただ一人のクライアントの存在と語りを全情報の発信源とするパラダイムのほかに，客観的な情報を広く浅く多角的に集めるパラダイムにも，市民権が与えられる時代がやってきた。セラピストが面接室を出て観察データを集めてくるやり方，宿題という形でクライアントが外の世界から情報やデータを持ち込むやり方が，珍しくないもの，理に適うものになった（理に適うどころか，後者の勢いは強く，軍配が後者だけに上がるようになりはしまいかという危惧さえ抱く昨今である）。

システミックな観点からは，パラダイムの拡がりを次のように説明することができる。セラピーシステムを閉鎖システムであるかのように捉えて面接室を擬似閉鎖空間に設えてゆくやり方は，面接室内の人物や出来事に代替不可能性を付与し，閉鎖システムの中だけで通用する特別な意味の醸成に貢献する。風通しのよい開放システムにし続けるやり方は，日常との連続性を確保し，行動介入と相性がよく適応に主眼を置いた心理援助と結びつき易い。ものの発酵に閉鎖空間が必要なこと，公道を開いて通信網を整備すると，よく言えば中心から末端まで遍く情報が行き渡り，悪く言うとすぐに細部まで均質化してしまうことが格好のアナロジーとなるだろう。

III　面接室のなかに入る人，入らない人

面接室の内側にいる人は誰かという問題として，面接室の内と外のテーマを考えてみることもできる。もっともこんな問いが思い浮かぶのは，私がファミリー・セラピストだからでもあるだろう。実践にあたって，面接室に入室するのをただ

一人のクライアントに限るか，複数人可とするか，招き入れる人を面接のねらいに応じて変えたり選んだりする。いきおい，面接室の内側に居る人，外側に居続ける人，外にいたがある時点でなかに入ってくる人の経験を細かく後追う感覚が援助者の内部に育まれる。

面接室に入室するのを一人のクライアントに限ると閉鎖空間になり，複数人入れるとそこが開かれた空間になるかというと，そう単純にはイコールで繋げない。面接室内の人間の数と開かれた／閉ざされたというシステムの性質は，関係がなくはないが，同義ではない。例えば家族合同面接，夫婦面接を数回重ねると，次のように伝えられることがある。「面接室に入らないとこの人は何も話してくれない」「話すことでかえって家族の溝が深まるのはとても悲しい。それくらいなら，いっそ家では話さないほうがいい」「前回の面接でようやく問題が話し合えたのに，あれから１カ月間，そのことを誰も話題に出せずじまいだった」等々。いずれも，面接室の内と外では場の安全感にかなりの差があること，面接室が閉鎖空間になることの証しと言えよう。複数人の面接であっても，閉鎖空間として機能することが可能であり，そうすることが極めてセラピューティックな意味を持つ場合と時期があると教えてくれている。

１対１で会ってきた面接室に３人目の人を招き入れたり，皆で会ってきた文脈に特定の人との個別面接を組み入れることもよくある。合同面接から個別面接へ，個別面接から合同面接へ，プロセスを妨害せずむしろ援助に役立つように異種の面接を組み合わせるコツは何かと聞かれれば，傍目にもはっきりそれとわかるように「開く／閉ざす」ことだと答えよう。合同から個別への移行は，皆の承認を得て個室のドアを閉めること，つまりプライベート空間を持つと宣言する時と捉えてみると面白いだろう。個別から合同は，部屋いっぱいに広がった住人の持ち物を一部片付け，座布団でも敷いて客人が座るスペースを急ごしらえするイメージを思い浮かべるのがよい。下坂（1998）はこのことを，家族面接の中で不可避的に起こる個人面接との間の不連続性と表現した。不連続は，自分の見方と他者の見方のつき合わせ作業へと否が応にも参加者達を誘う。行動に照準を合わせた援助において，不連続性は総じてあまり大きく体験されず，洞察や体験過程を重視するアプローチでは，調整に細やかな配慮が必要となる。それゆえセラピューティックな効果は後者においていっそう大きく，やりがいも格別に強く感じられる。

Ⅳ 新しい心理援助観

面接室の内と外を考えようにも，面接室のないところで働く臨床心理士も，最近の臨床現場の拡がりの中では珍しくない。学校の廊下で生徒や担任教師と立ち話するスクールカウンセラー，ベッドサイドに腰かけて身体病の患者さん・家族の話を聞く心理スタッフ，食事を共にしながら子どもの心の安定をそれとなく見守る児童養護施設の心理職などが，すぐにも一例として思い浮かぶだろう。事件直後に現場に飛び危機対応にあたる臨床心理士も，コミュニティ活動する臨床心理士も，すぐ横に人が居る状況で話し，静かな場があればどこでも面接室代わりに活用することが多い。毎週１回，同じ時間に同じ面接室で会うことをよしとする臨床観とは，実は随分異なる枠組みで働いていることがわかる。

臨床心理士の仕事のわかりやすい説明として，昔から非日常という言葉がしばしば用いられてきた。“セラピストは非日常の存在であり続けるからこそ,いい仕事ができるのだ。セラピーを受ける動機とエネルギーをある程度以上持ったクライアントが，日常を抜け出して面接室にやってくる。セラピストは面接室の中に控え，やってくるクライアントを迎えて，日常のしがらみが何もない場と何もない人だからこその安心感を提供して，クライアントの語りに真摯に耳を傾ける”いまなお魅力的なセラピー観だが，一連のアウトリーチ活動はそれでは十分説明することができない。そこで臨床心理士は，もう少し身を乗り出した姿勢になって面接室に自分から登場しない潜在的クライアント層とも繋がろう，クライアントが語り出す前に一言伝えてみよう，自分達の姿を何らかの形で示してゆこうと努めている。多くの臨床心理士達が半ば自発的に，半ば勤めた臨床現場のニーズに促される形で，面接室の外に顔を出し日常に姿を曝して，はてさてここでどれほどの仕事を成し遂げられるかという実験を積み上げている最中ではないか。

伝統的治療観から新しい援助モデルへの移行を,沢崎ほか(2002),中釜(2008)では近藤（1994）を引用して,“内側に問題を抱えた患者”を“特定資格を持つ専門家”が“日常生活の場から切り離して密かに行う行為としての治療”から，“関係性次第で問題ともなり長所にも姿を変える個性を持った個人”が,“その場にいる人々との協働の中で”，“相互に成長の糧となるような場づくり・環境づくりとして行う援助実践”へ，という言葉で表現した。狭義の専門性に閉ざされず，協働の何たるかを知る臨床心理士が，面接室の内と外をよく活用した実践を盛んに報告してくれるようになることを大いに楽しみに期待して待ちたい。

文　献

近藤邦夫（1994）教師と子どもの関係づくり．東京大学出版会.
中釜洋子（2008）家族のための心理援助．金剛出版.
中釜洋子・髙田治・斎藤憲司（2008）心理援助のネットワークづくり―〈関係系〉の心理臨床．東京大学出版会.
沢崎俊之・中釜洋子・斎藤憲司・髙田治（2002）学校臨床そして生きる場への援助．日本評論社.
下坂幸三（1998）心理療法の常識．金剛出版.

第7章 家族療法における言葉の使い方

I 話し手が自由に交代してゆく言葉

家族療法における言葉について，いくつかの角度から考えることが本章のねらいである。ワンウェイミラーの後ろに座ったつもりになって，読み進めていただくのがよいだろう。言葉が触媒となり，いったい何が家族面接室のなかで進展するのか考えてみたい。

抜粋1

Th（セラピスト）：前回の面接から3週間経ちましたが，その後はいかがですか？（セラピストの質問に夫妻は互いに顔を見合わせる。セラピストが尋ねた姿勢をすぐに崩さず待っていると，短い沈黙ののち，夫が口を開き，次のように話し出した。）

夫：いや，別に何も。あの後は特に連絡を取り合うこともなかったので。何も変わらないです。（短い沈黙）僕は仕事に追われる毎日だったし，彼女も，自分の仕事と子どもの世話で忙しく過ぎたと思いますよ。

Th：なるほど，お互い忙しく変わらず，ですね。連絡は取り合わなかった，それは一度も？

夫：ええ，一度も。

妻：（夫の言葉を遮るように）一度もじゃなくって，ほら。私から一度。ね。メールしたじゃない。覚えてない？　子どもの個人面談のことで送ったメール。

夫：そうだっけ。あ〜，あれってこの間（かん）のことだった？（妻：そう，先々週だったもの，あれ。）そうか，じゃあ，一度連絡取ったんだ。（Th に向き直って）連絡あったみたいですね。いつのことだったか，混乱してましたけれど。

30代のある夫婦との面接はこんなふうに始まった。「誰にも何の相談もなく，夫が突然，転職・転居を決めて家を出て行ってしまった。さらに夫から，しばらく家族と距離を取りたい，別々に暮らしたいと言われて大変困っているがどうしたらよいか」という妻からの相談だった。“夫と話し合うことも必要だろう，夫婦で来談できればなおいいと思うが，夫も来るかどうか誘ってみてほしい”と勧めたところ，カップルでの来談となった。妻からの電話で始まった夫婦カウンセリングの第２回面接の開始部分である。

電話申し込みをいただいた時点で抱いた感想は，随分身勝手な夫の言い分にさぞかし妻は当惑し不安になっているだろうというものだった。だが実際目の前に現れたカップルは，そんな私の想像とは，今回もいくつかの点で違っていた。会う前に抱いた予想より自分を押し出す力の強そうな妻と，むしろ繊細さが目立つ夫という組み合わせだった。まだまだわからないことだらけだが，言葉が発せられることで，理解の手がかりが積み上げられてゆく。勝手に思い描いた想像との違いに目が向くことで，セラピストたちは，長年携えた自分の色眼鏡を使いながらなお眼鏡に振り回されすぎないという状態になってゆけるようである。

さて，家族面接（この抜粋の場合はカップル面接）で交わされる言葉は，昔のディズニーアニメか何かに出てきた，持つ人の姿が見えない指揮棒みたいだと感じている。最初のひと振りはセラピストによって振り下ろされるが，まもなくセラピストの手を離れてそれ自体が動き出し，自由度を増してゆく。登場人物たちが踏むダンスのステップをセラピストと家族自身の目に見えやすくするため，ある家族に近づいて振り下ろされ，また別の家族に向けて振られては“さあダンスに加わって”と誘う魔法の指揮棒のようだと感じられる。どんな内容を語りかけるのでもよい。内容が何であるかに拠らず，この面接の場合なら指揮棒はセラピストから夫の手に渡り，ついで妻が夫から奪い妻の手中に収まって，妻をして彼女らしい幾分強めで足早なダンスのステップを踏ませる。このあたりになると，自ら進んでダンスに加わる動き，外れる動き，ステップを踏み始める，それを仕方なく嫌々（あるいは，喜んで）受け止める等，個々人の動きがくっきり表れるようになる。一つひとつの影響力はまだよく分からない。しかし一連の流れが一度でなく繰り返されることは,かなり早い段階ではっきり見えてくるものである。

指揮棒の振り方，手の離し方や取り戻し方，どれだけの間（ま）を堪（こら）えらえるか，最初の数振りの落ち着き具合，複数の発言が重なった時に圧倒されずその場に居続けられるか否かに，セラピストの習熟度が見て取れるということはある。個人面接だけ手掛けてきたセラピストが，最も苦手とするところである。が，ポイントをまとめれば，セラピストが振り始めた指揮棒がセラピストの手を離れて宙を舞い始めること，その場に同席するそれぞれが指揮棒の行き先を目で追い，機会をみて自分の手に入れようとしだすこと，すなわちそれぞれのメンバーが自分らしく動いてみる程度の自由と安全を体得することが最初の関門であり，その関門をくぐれば家族面接はぐっと楽に進むようになる。ここで言う自由と安全感は，口数が多く威勢のよいメンバーが指揮棒を握りしめ，自説を滔々と述べ続けることではない。質量の差はあってよいが，その場に臨んだ全員が自分の言葉をその場に持ち込んで，なるほどこんなに違うのか，近いのは誰と誰でと，個人の姿や家族内のグルーピングが見えてくる程度にきままに動き出すことを意味している。家族療法における一つ目の言葉は，話し手が自由に交代してゆく言葉であり，以上が，家族システムへの参入期，すなわちジョイニング期に，その指揮棒のような言葉によって成し遂げられる課題である。

II　ねぎらいの言葉，感謝の言葉

抜粋2

（抜粋1の続きで，その後10分ほど経ったあたりのやりとりである）

妻：何度尋ねても「今は家に戻る気になれない」って言うだけで，二人ではそれ以上話ができないんです。「家族とは一緒に居られないし，仕事もあれが限界，あれ以上続けられなかった」ってその一点張り。そんなに今の生活を捨てたい理由は何なのって聞いても「理由はない」ってそれだけなんです。じゃあ好きな女性がほかにできたのって聞くと「それはない」って。そんなのおかしな話でしょう？　全然理解できなくて。そんなに嫌なら必ず理由があるはず，だから理由は何だろう，何が悪かったんだろうってそればかり考えて（涙）。

Th：確かに何だろうって考えますよねえ。尋ねても答えが返ってこないから，辛いことなんだけれど，自分で考える。そんなに嫌な理由は何なのって，頑張って向き合って考えたわけですね。

妻：でもこの人は「理由はない」と言うばかりで。じゃあ，こういうこと相談するところがあるみたいだから行こうって誘ったら，それはいいよっていうことになって。いっそそれも拒否してくれたら，私たち，もう無理なんだって諦めがつくのに。

Th：相談に行くというのは，それはすぐにいいよって決まったんですか？

妻：いえ，しばらく返事はなかったです。私が何度も相談に行こうとメールを送って，それでやっと「わかった，いいよ」って。

Th：そうなんだ。じゃあ，もちろん「ハイハイいいよ」って気楽な返事だったわけではないんですね。

妻：それはそうなんですけれど。

Th：この面接にいらっしゃるまでに，奥さん随分頑張ってくださったんですね。それがよく分かりました。この関係をきちんと考えたい，そこにエネルギーを注ぎたいって思っていらっしゃること，よく伝わってきたと感じています。奥さんにしてみたら，辛さもたくさん感じながらそうなさったということですね。（妻：ええ。）で，ご主人も時間をかけて相談に行ってもいいよって決めて。奥さんのおっしゃるように，来ない選択肢もあったわけですよねえ。嫌だ，話なんかしたくないって突っぱねる選択肢も。それをいいよ，行くよって決めたのは，何か思うところがあって？

夫：いや，元々こういうカウンセリングってこんな状況でもなければ，自分一人では絶対来なかったと思います。失礼な言い分ですけれど。夫婦のことを他人に話してどうにかなるとは今でも思っていませんけれど，でも，それで少しでもこの人の気持ちが安定するなら。感情が荒れていたり辛そうなのはよく分かりましたから。

Th：そうですか。奥さんの気持ちが荒れたり辛そうなのは見えていたし，気づいていたから，そこが少しでも何とかなればって気遣ったってことですね。

夫：いや，もともと自分が問題を引き起こしたわけですから。…（後略）…

話の内容は問わないと先述したが，話されたことをそれなりに誤解なく受けとめたと示す言葉が触媒となって，面接が進展するのは事実である。「あなたがおっしゃったのは，これこれこういうことですね」「それを聞くと，あなた（もう一人のパートナーに対して）としては“別の角度からみると全く別の理由がある”と言いたくなって……」と，セラピストは各々の言い分を確かめながらゆく。セラピストの中立性，あるいは多方向への肩入れ技法と呼ぶところの機能であり，とりわけ初期には，意見のぶつかり合いがきつく感じられることがあるだろう。そんな時，気持ちがへこたれず頑張れるのは，ねぎらいの言葉や感謝の言葉がふっと挟まれるからだったりする。だから，ねぎらいたい気持ち，感謝を覚える機会があれば，あえて言葉にするように努めている。夫婦・家族面接のしんどさを乗り切るための栄養剤と心得，かといって必要以上には膨らまさないように，あっさり気味に伝えようと頑張ることが多い。根拠となる事実に基づいたねぎらいであること，情緒的になりすぎないこと，思っていないことは言わないのが鉄則で，鉄則を破ったねぎらいは，役立たないばかりか結果として面接の質を損なう場合が多い。

さて抜粋２において，ねぎらいの言葉は，やり直す気になれないと言われながら何度もなぜと尋ね，相談に行こうと働きかけた妻に向かって伝えられ，引き続き，妻が少しでも安定するなら相談の場に来ようと考えた夫に対して伝えられている。家族療法の進展につれて意見の交流は一層活発になるが，２つ目の言葉「ねぎらいの言葉・感謝の言葉」によって，反動的姿勢が少しずつ改まり，相手の言い分に耳を傾ける余地と本当に伝えたいことは何か，自分の内界を探るまなざしがゆっくり醸成されてゆく。

Ⅲ　周囲の人に気づかれにくい意図や努力，心配りに光をあてる言葉

当該の家族や関係者にはかえって気づかれにくい心遣いに光をあてたり，他者のため，関係のためによかれと思った意図・人知れず積んだ努力を汲もうとするセラピストの言葉を，家族療法を進展させる３つ目の言葉として捉えよう。２つ目の「ねぎらいの言葉・感謝の言葉」と比較するなら，その発展ヴァージョンと位置付けることができる。困った問題や厄介な性格傾向・習慣等として，関係者には否定的に意味づけられてきたもののひと皮下に，“関係のよさ”を示す何かが動いている場合がある。すぐに見て取ることができないものに焦点をあてるという意味では探索的働きかけであり，すでに貼られたレッテルを揺さぶり価値づけや意味を反転させる機能を備えた言葉である。

一例を挙げれば，手に負えないほどの大問題にならない限り親に何も話さないと叱られてきた子どもが，揉め事の多い家庭でこれ以上心配を増やすまいと考えてきたとわかった時，可愛げないと言われながら，父のそばにいる時はその場にいない母に義理だて，母といる時は一人ぼっちの父を思い浮かべがちな不仲な両親のもとで育った子どもの経験に触れた時などが第３の言葉を発する好機である。セラピストの目に見えたことを，可能性のひとつとして呈示してみる。怒りや悲しみといった感情にもしっかり目を向けることが欠かせず，“家族でなければそこまで一生懸命にならない”，“腹が立つのは強い期待があるからこそ”と捉えてみたい。強い否定的感情の中にも存在する“関係のよさ”を認めることができるだろう。リフレーミング（大熊，2011）とも呼ばれ，親から子への忠誠心を可視化する試み（中釜，2008；平木ら，2011）でもある。

抜粋３

（同じ夫婦との第２回面接の終盤のやりとりである。年長クラスにいる一人息子の

反応について，ひとしきり話し終えたところ）

妻：子どもの将来がかかっているこの大事な時期に，いったい親として何を考えてるんだって，主人の両親はもうカンカンです。

夫：だろうね。目に浮かぶな（苦笑）。

Th：ご主人はこのお話聞くの，初めてですか？

夫：初めてです。実家とは連絡取っていないので。でも，全く驚きませんね。いつものことなので。（妻に向かって）いいんじゃないの，言わせておけば。いま何かあったら，絶対，僕のせいになるから。君とか子どもの問題でなく，僕が勝手なことを始めて家族にえらい迷惑をかけたから，だから君と子どもたちが巻き込まれて，その被害者になったんだって。

妻：気にしないでって言われても。直接言われるのは私だから……。

Th：（妻の言葉に被るように）なるほど，いまなら批判は全てご主人に向かう。そんなカラクリですか。（しばらく沈黙）う～ん。（沈黙）どうなのかなあ。頭の中になんだかおかしな考えが浮かんじゃいましたけれど。でもそんな可能性ってあるのかなあ？

妻：え？　おかしな考えって？

Th：いえね，お二人がこうしてカウンセリングに通っているのは，ご主人の突然の転職・転居宣言のためでしたよね。奥様は一刻も早くご主人に目を覚ましてほしいと思ってるって話でしたけれど，この問題はあんまりすぐには片づかない方がいいんじゃないかなあと思えて。そうだな，せめて息子さんの（小学校）受験が終わる頃まではこのままでも悪くないって話です。だってご主人のごたごたが片付かないうちは，お義母さんはご実家に行かないのを大目に見てくれて，それは普段なら考えられないことなんでしょう？　お義母さんに接してしまうと，みなさん，嫌だと思ってもその考えから距離を取ることが難しくなるんですよね。子どもが小さいうちはのんびりゆったり遊ばせて，受験なんかさせないであげたいと奥様自身は考えているのだけれど，なぜかご主人のご両親の期待をはねのけることができない。でもご主人の問題さえ続いていれば，仮に受験に失敗しても，それどころか失敗でなく受験そのものを取りやめたとしても，ご主人のせいって話になってくれるわけでしょう。お二人とも一番避けたいと心から願っているのは，息子さんが大人が発する心ない言葉で傷つくことですよね。

妻：そうです。息子は守ってあげたい。

Th：じゃあ，ご主人は是非もうしばらく，ご自分の主張を続けて家に帰らない方がいいんじゃないかな。辛辣な批判を一身に受ける盾になって，奥さんと息子さんを守り続けていただくのがよいでしょうね。損な役回りかもしれませんが。（夫が起こした騒動すべてを“義母から子どもと妻を守るための行為”と説明するのはナンセンスだが，セラピストがここで呈示した可能性はゼロでないだろう。騒動の捉え方の幅が広がれば，“傷つけた心ない夫と傷ついた妻”という位置づけが，多少でも緩む可能性がそこに生じるだろう。）

Ⅳ　改めて，家族療法の言葉は何を目指すか

ある夫婦との合同面接のやりとりを示しながら，家族療法における言葉について見てきた。本章で取り上げた家族療法だが，英米圏では，システミックセラピーや関係療法とも呼ばれる。個々人が示す症状や不適応・関係の問題を，構成要素である複数の人々からなるシステムの不具合のあらわれと捉えるという仮説に立つ。要素還元主義的な見方でなく，複雑系のものの見方である円環的認識論に則って理解することを方法論的特徴としている。Aの原因と捉えられる事象Bも，もう少し大きな視点からみれば，いく度も繰り返される循環の一要素に過ぎず，関わる要素が相互に絡まり合って現状を維持し変化が撥ね退けられていると捉える。凝り固まったものの見方，役に立たないのに繰り返される行動パターン，固定化した役割分担や硬直化したグルーピングなど，硬直したものの捉え方はいくつかあるが，動きがなく変化・成長が阻まれた状態が出発点である。繋いだり，きちんと離れたり，共通性や差異を見つけることにより目下の安定状態を揺さぶり，当該のシステムが取ることのできる選択肢をこれまで以上に増やすため手を貸すことが家族療法のねらいであり，それを実現する道具が家族療法における言葉である。

最後に，「話し手が自由に移ってゆく言葉」「ねぎらいの言葉・感謝の言葉」「気づかれにくい意図や努力，心配りに光をあてる言葉」の３タイプについて，散々迷った挙句，もっとも基本的・初歩的例を示したことについて，一言断っておきたい。よく知られるように，家族療法には治療的二重拘束や円環的質問法，外在化，例外探し，ミラクルクエスチョン，比喩・暗喩など，さまざまな特殊技法がある。これらについては特に取り上げず本章を閉じるが，それは，特殊技法を含めて収容できる容器の同定を優先したいと考えたからである。特殊技法の多くは３つ目の容れ物に入る。容器とそこに入るいろいろな言葉の共通点を意識することで，各特殊技法の使い勝手もよくなると期待しよう。

文　献

平木典子・中釜洋子・友田尋子編（2011）親密な人間関係のための臨床心理学．金子書房．

Minuchin, S., Nichols, M. P., & Lee, Way-Yung. (2007) *Assessing Families and Couples: From Symptom to System.* Pearson Education, Inc.（中村伸一・中釜洋子監訳（2011）家族・夫婦面接のための4ステップ―症状からシステムへ．金剛出版．）

中釜洋子（2008）家族のための心理援助．金剛出版．

大熊保彦（2011）リフレーミング―その理論と実際．現代のエスプリ 523．ぎょうせい．

第８章　夫婦間不和が認められる事例

Ⅰ　事例から――アセスメント開始のひとコマより

1.〈事例１〉長期化した不登校の娘（高校生）を持つ母親Ａさんとの初回面接から

娘が通うクリニックの心理士から,「母親Ａさんの不安も高く，相談したいことがいろいろあるようなので」ということで，Ａさん（40代主婦）が紹介されてきた。娘の心身の状態と暮らしぶりを聴き取った後，取り巻く人々の対応を尋ねたところからの引用である。

カウンセラー（Coと略）：それでお嬢さんの様子を，ご主人はどんなふうにご覧になっているんですか？

母親：心配しているとは思います。ただ，あまりよくはわからないみたいです。単身赴任が長かったですから。月に一度は自宅に帰るようにしていたみたいですけれど，何しろ５年間離れていたので，家の中のことはすっかり浦島太郎みたいで……。

Co：５年間というと，お嬢さんがちょうど中学に入ったくらいからですかね。それじゃあ，お嬢さんの思春期以降は，まるまる別の土地がお父さんの本拠地ということで？

母親：そうですね。あの子の状態は近くで見ていてもわかりにくいと思うんです。表に出している部分は普通だし，家族とも全く話さないわけではなく話すときは穏やかですから，私も最初は全然理解できなくて。とにかくずっとそばにいて，いろいろな状態をようやく隠さず私に見せるようになって。だからやっと私も，ああ，これは怠けなんじゃなくて一番苦しいのは本人なんだってわかったわけですから。

Co：お母さんに頑張っていただいて，で，ようやくお母さんにいろいろ見せるようになって，お母さんが理解者になってくださったんですよね。それがとてもよかったし，せっかくだからお父さんにも少しでもわかっていただくようになるといいと思うんですが。どうですか，可能性はどのくらいありますかね？
母親：まず無理だと思います。
Co：そうかあ。まず無理，ですかあ。それじゃあ，ゆっくり長期戦でやってゆく必要がありますね。近くにいる時間がずうっと少なかったお父さんには，難しいんですね，お母さんのようにお嬢さんの状態を理解するのが。
母親：娘が父親のことを拒絶してますから。私以外には，決してはっきりそうとは言わないでしょうけれど。それと父親の側にも，わかりたいとか，そういう繊細な気持ちはまずないと思います。家にいるときもずっと仕事のことだけ考えている人ですから。
Co：そうですか。ご主人の目が仕事以外に向かうことは，これまであまり多く起こらなかったというのが奥様の実感なんですね。（母親からの応答はなし。短い沈黙の後）それでですね，お母さんがこの日にカウンセリングに行くというのは，ご家族にお知らせするんでしたっけ。（母親からの答え部分を省略）お嬢さんは知っていて，ご主人にはいちいち細かいことは言わないということですね，例えば今日がカウンセリングの日だといったことは。それじゃあまずはそこから，変えてみませんか。毎回ご主人にもお伝えになってから来てくださいますか？　お母さんのご負担をかえって増やしてしまうかもしれないですけれど。やがては，数回に一度でよいのでご都合が付くときにはお父さんにもいらしていただくようにぜひしたいし，まずはそのための準備から始めたいと思います。

配偶者について語る母親の淡々とした口ぶりに夫婦関係の問題があるだろうと推測するが，どの程度かはわからない。協力関係を作る努力のなかで詳細を見てゆきたいと方針を立てる。

2．〈事例2〉ひきこもりの息子の相談に両親で来談した事例の初回面接から

某機関から紹介されて，母親が相談申込の電話をかけてきた。ひきこもり状態の息子に親としてどう対応したらよいかアドヴァイスがほしいとのこと。父親の同行を促して両親で来談いただいた。初回時，息子とのやりとりを具体的に尋ねたところからの抜粋である。

父親：（母親の話に割って入るように）そうじゃないでしょ。先生は親のしたことを知りたいんじゃなくて，息子がどんな返事をしたのかを聞きたいって。そう

いう質問なんだよ。
母親：わかってますよ，だからいま，それにお答えしようとして……
Co：いえいえ，いいんですよ。お話しになりやすいところから聞かせてくださったら，周辺事情も含めてかえってよくわかりますから。
母親：いえ，この人はいい加減ね，私のやり方が息子をおかしくしたって言いたいんです。
Co：そうなんですか？
母親：そうなんです。この人が「あいつの性根を鍛え直す」と言って追い詰めるから，私，いつも止めに入るんですね。あんまり可哀想で見ていられなくて口を挟むんです。でも，それで最後まで言えなかった，私が邪魔をしたっていうことに一番腹を立ててるんです。
父親：私から見ると，そちら（母親のこと）の口出しが余計問題を拗らせていると思えて仕方ないんですよ。細かいことをだらだら言ってもどうせ何も聞く耳持たないんだから，そういうのはいちいち言うな，どうせ言うならガツンと一言言えって繰り返し教えるんですが。そちらの話はいつも何を言っているか要領を得ず，まだるっこしいし。
Co：ああ。お二人の間で息子さんと向き合う仕方が違っているんですね。お父様は一言はっきり伝えたいし，お母様は……。そうですよね，息子さんが追い詰められる姿を見るのは，お母様には一番苦しいところですよね。息子さんがさらに自信を失いかねない大事なところ。だからどうしても口出ししないわけにゆかない？

基本姿勢として，表現される家族関係の問題は否認せずしっかり聴き取りたい。同時に，ぶつかり合いが“息子のためによいことを”という理由から生じていることを夫婦に伝え返そうと試みている。

II　夫婦関係をアセスメントすることの難しさ

本章では，夫婦間不和の臨床心理学的アセスメントについて，具体例を示すことから始めたいと考えた。具体例といっても創作事例であり，いささか感覚的な書き出しとなったことをご容赦いただきたい。客観的データに基づいて仕事をする姿勢を，臨床心理士としてますます磨いてゆきたいのが現代である。夫婦関係のアセスメントも，勘や臨床経験に落とし込まず，多くの人が追随できる議論を展開する必要があるだろう。例えば客観的方法として，インテーク前の受付シート記入の段階で，夫婦関係に関する尺度やチェックリストをアセスメントに使うなどの方法が考えられる。初対面のカウンセラー相手に話し始めの段階から，夫婦関係についての情報を隠さず正確に伝えることが必要だが，そうしたいと夫婦が口をそろえる文脈は何かと考えると，関係そのものを主訴とする例，つまり夫婦療法やカップルカウンセリング事例にそんなアセスメント法が適用できる。しかしわが国において夫婦カウンセリングやカップル・セラピーは，需要が増した（平木ほか，2010；中釜，2008）とはいえ，まだまだ特殊な実践活動である。ごく一般的な臨床例では，夫婦関係は直接の主訴にならない。それにもかかわらずどうして夫婦関係を検討するのか，心理士がアセスメントの一つに加えるのはなぜかに答えられなければならない。

アセスメントが当事者である夫婦に気づかれず，密やかに進むこともある。主訴との関係で言うと，夫婦関係がいかに主訴と結びつくか明確な像が結べないまま，しばらく並行状態で進む事例もある。そのためか，関係の問題を捉えたところでどんな利があるかわからず，直接の成果に結びつかないならその問題には立ち入らないほうが得策ではという疑問が，心理士の側に浮かぶことも珍しくないようだ。夫婦関係のアセスメントの難しさのひとつは，関係が悪いとわかっても，どのような傷つきがあるのか，いかなる変遷を辿っての今かをひもとく文脈づくりに手がかかる点にある。それゆえ，どんな立ち位置でこの問題と向き合うとよいかという問いを心理士のなかに喚起することだろう。

アセスメントの難しさはまた，クライアント夫婦や家族の体験のされ方に大きく左右される。「恥」や「否認」という言葉が真っ先に浮かぶが，アセスメントの眼差しが当事者である夫婦の「恥」意識を揺さぶることが多く，長く続いた夫婦間不和（家族間不和）では，傷つきはしばしば深く沈潜し，表面から見えづらくわかりにくいものへと姿を変えてしまっている。配偶者への失望感や，そんな状況に甘んじて居続けた自分に対する苛立ちも，時間とともに諦めの気持ちを取り込み，不注意や無関心，投げやりな態度となったり，相応しい感情をしっかり体験する力の弱さに変貌している。悲しみが深く希望がもてないほど慣れっこになって，もはや問題でないと傍目に写ることがある。そんな外見を超えて体験を辿るには，わずかに表明されるサインに立ち止まらなければならず，そのような感受性を備えたカウンセラーとのやりとりのなかでだけ，ゆっくりと姿を見せ始める。全貌が明らかになり見直してみると，以前はわからなかったこと，不思議だとだけ思い立ち入らずにきたことに，合点がゆくようになる。それまで関係のアセスメントは実施不能のまま，ないし仮説に留めたまま進んでゆく。この過程は，若いカウンセラーからは“暗闇を手探りで進むかのよう”という感想を聴くことも珍しくない。

さらにもうひとつ，カウンセラーは立ち止まる感受性を備えると同時に，関係の問題を病理と捉えないほうがよい。個性の異なる男女が一つの関係に長く留まること自体が難題で，誰でも多少の問題と無縁でいられないこと，それは個々人の機能レベルや能力の高低と一線を画した問題であるとまずは認識したい。そして，大切なのは目を逸らさないことだと知り，好奇心や蔑視から離れていられればいられるほど，クライアント夫婦や家族が自分たちの問題をひもとく可能性が高まるようだ。とりわけ関係のアセスメントにとって治療同盟の形成は欠かせず，事例１，２に示したように，質問を矢継ぎ早に重ねるより，安心感・安全感の醸成に配慮し，カウンセラーの捉え方も折に触れて伝えながら進むことが，詳細なアセスメント，すなわち使えるアセスメントを実施するための基本となる。

Ⅲ　夫婦関係のアセスメントはなぜ必要なのか

ここまで述べてきた難しさにもかかわらず，夫婦関係のアセスメントはなぜ必要か，どんなときにもする必要があるか，という問題を考えてみよう。

既婚者の夫婦関係を尋ねるのは，成人の精神的健康に対して，夫婦関係が大きな影響を与える要因であることがわかっているからである。幸福な結婚生活を送っている人は，そうでない人より長生きし，病気にかかる率が低く，不幸な結婚生活を送っている人たちは，身体的・心理的なストレスを抱えながら生きていることになる。例えばうつという障害を取り上げると，夫婦関係の問題があるとうつは10倍生じやすくなり，不幸な結婚生活を送っている場合，大うつ病のリスクは25倍上昇する（O'Leary et al., 1994）。うつの人は配偶者からの批判にとりわけ傷つきやすく，夫から暴力を受けた経験があると答えた人は，一般女性の30％に対して，うつ得点の高い女性では52％と割合がはね上がる（Mead, 2002）。このようなデータから，大人の適応や精神的健康向上のために，夫婦関係に働きかけない手はないだろうという考えが浮かび上がる。

子どもの場合はどうかというと，子どもの行動上の問題は，二人の親が揃っているか否か，離婚経験の有無によらず，家庭内にあった争いの雰囲気から影響を受けること，家庭内の争いを多く経験してきた子どもたちは，他者の情動に非常に敏感に反応することが，研究上も十分確かめられている（Shaffer, 1998 ほか）。

子どもが臨床的問題を抱えた際，夫婦の問題が先行していたと認められる例は少なくない。その場合，両親の協力体制づくりが難しいという意味で子どもの問題への手当ての充実度にも必ず影響が及ぶ。関係の生き物である私たちが，家族内の主要な関係から影響を受けるのは極めて自然であり，子どもの回復プロセスを想定するときもこの要因を軽視するのは現実的でない。

夫婦関係の修復が容易に見込めないとき，臨床上の分岐点が生じるようである。生物・心理・社会モデルに則ったアセスメントという観点からは，関係の要因を割愛しないトータルなアセスメントを目の前のクライアントと共有する道が推奨される。ただし脅かすためや恥をかかせるためでなく，事態を公平に捉えるためにアセスメントの結果を伝えることが肝要である。既婚者には配偶者の理解と協力が大いに役立つこと，子どもがIP（Identified Patient：患者とみなされた人）の場合は関係する大人たち（二人の親）の協力的関与が大変ありがたく肯定的効果をもたらすことを伝えて，どちらの場合も実現可能な具体的言動レベルで協力の仕方を話し合うことが欠かせない。何をして，何はしないか，どんな言葉で伝えるかについて話し合うことで，協力しやすさが格段に増すと感じる人は多いものである。子どもへの対応をめぐり力を貸し合う経験を積んでようやく，関係の問題に取り組む勇気を得る夫婦は少なくない。表面に顕れずにきた関係の問題がすぐに変化しないのは承知の上で，他者とともに振り返ることができると，抱えてきた生きづらさや損傷感を確認する（Validate される）機会となり，それによって孤立感が和らぐという内的変化がクライアントその人に起こることがある。

Ⅳ 家族心理学・家族システミック療法諸理論が呈示する夫婦関係理解の枠組み

最後に，関係に焦点をあてた心理学を発展させた家族心理学／家族システミック療法に目を向けて，夫婦関係を捉えるために役立つ２種類の知見を記しておこう。１つ目は夫婦やカップルを対象に行われた基礎研究（実証研究）からの知見であり，２つ目がマスターセラピストと呼ばれる人々が提唱するようになった臨床知見である。

1．基礎研究からの知見

夫婦やカップルを対象にした基礎研究は，ゴットマン（Gottman, 2002 ほか）によって精力的に展開された。ゴットマンは夫婦を短時間観察すれば，関係が長続きするカップルと長く続かないカップルを見分けることが可能であり，前者の関係には友情という要素が見て取れるが後者には少ないこと，衝突やケンカは両者に同じように起こるが，関係修復のプロセスに違いが認められることを発見した。前者のカップルは時間の経過とともに自然に肯定的な感情交流が始まるのに対して，後者のカップルでは関係修復の動きは二人のなかからは生じず，隣人に働きかけたり子どもの問題を話し合う必要が生じるなど，外部の刺激や要請に促されてやりとりが再開するという違いが認められた。また関係の良さは個人のタイプや特性に起因せず，マッチングによって説明されるというシステミックな理解を実証的に確認したのも，ゴットマンである。肯定的感情と否定的感情を迷わず表現する人は，同じ激昂型のパートナーとの関係は良く，感情表出を回避する相手と結びつくと途端にストレスを抱えることなどを見出した。夫婦関係というと，つい大上段に構え，誰にとっても良い理想の関係を取り沙汰したり，それが叶わない途端に俎上に乗せても仕方ないという極端な理解に専門家も陥りやすい。しかしゴットマンの研究成果によれば，そのどちらも効果的援助に繋がらない。よって，当該の夫婦にとっての安定的なむすびつきを取り戻すこと，そのために夫婦関係の変遷を辿り直す必要性と意義がよく理解できる。

2．マスターセラピストたちの臨床知見

かたや家族システミック療法の創始者たちは，マッチングを主軸とする捉え方をシステミックな認識論という言葉で説明してきた。関係を捉える臨床概念を提唱し，夫婦や家族関係への感度を磨くことにも貢献した。例えばわが国でも広く知られる構造的家族療法の創始者であるミニューチン（Minuchin, 1974; Minuchin et al., 2007）は，２人組は関係として不安定で，葛藤を抱えるとすぐ３人目を巻き込んで葛藤を迂回させると述べ，これを三角関係化と命名した。三角関係化はある程度は健康な対処法だが，巻き込まれる人が固定され頻繁に繰り返されると，容易に関係の病理に発展する。３人目には婚姻外関係の浮気相手や親，子どもが選ばれることが多く，時に趣味や仕事など，人間でない活動も同様の役割を果たすとミニューチンは述べている。迂回連合は最も極端な例で，二人だけでは肯定的に繋がれなくなった２人組が，第三者を挟んではじめて関係が保てるという状況を捉えている。関係の維持には足並み揃えて向かい合う３人目の存在が欠かせず，何度も繰り返される非行や心身症の子どもの横によく迂回連合の夫婦がいると説いた。また，世代間境界を超えた連合は不健康に繋がると指摘し，夫婦の２人組が自分たちだけで決定できる程度に民主的なヒエラルキーを構成した状態を

機能的健康と捉えた。

潜伏して見えなくなった関係の問題に光をあてた人としては，文脈療法（中釜，2001）のナージを挙げよう。他者のことを考え，他者のために投入したケアと同程度のケアが他者から返されると思えるとき，私たちはその関係や集団を信頼に足ると捉える。ナージは，家族の臨床実践に関係倫理の次元があることを，1970年代という早期に提唱した。彼が創始した文脈療法の中心概念が忠誠心だが，自他共に認めるわかりやすい忠誠心が自尊心を育むのに対して，自分では拒んでいるのに拒み切れなかったり，つい利用されるなどの形で相手に恩義を感じてしまう状態を「見えない忠誠心」と呼んだ。見えない忠誠心は，葛藤的な関係に挟まれた引き裂かれた忠誠心と並んで，心理的問題や症状に結びつきやすいと想定される。子どもは不仲な両親の間では，一方に近づくと他方が傷つくからくりによってどちらの親にも近づくことができない。子ども時代を母親の味方として過ごした末に，父親への罪悪感を強めて，母親を敵視する関係に180度態度を変える子どもがいることも臨床上よく知られる事実である（Boszormenyi-Nagy & Krasner, 1986; Boszormenyi-Nagy & Spark, 1973）。時にドグマと批判されることもある臨床概念だが，鵜呑みにせず事態を見る虫眼鏡として生かすことができれば，私たちの感受性を高めるために一役を買ってくれるだろう。

さて，夫婦関係のアセスメントは難しいと再三にわたり繰り返してきた。難しさを超えて夫婦関係をひもとく用意が整うと，その瞬間は，前向きに取り組む一歩を踏み出す瞬間になる。時間がかかる事例もあるが，心理士らしいやりがいのある仕事だと記して，まとめに代えたい。

文　献

Boszormenyi-Nagy, I., & Spark, G. M.（1973）*Invisible Loyalties*. New York: Harper & Raw.

Boszormenyi-Nagy, I., & Krasner, B.（1986）*Between Give and Take: A Clinical Guide to Contextual Therapy*. New York: Harper & Raw.

Donovan, D. M., Kivlahan, D. R., Doyle, S. R. et al.（2006）Concurrent validity of the Alcohol Use Disorders Identification Test (AUDIT) and AUDIT zones in defining levels of severity among out-patients with alcohol dependence in the COMBINE study. *Addiction*, 101; 1696-1704.

Ewing, J. A.（1984）Detecting Alcoholism. *JAMA*, 252; 1905-1907.

Gottman, J. (2002) *The Relationship Cure: A 5 Step Guide to Strengthening Your Marriage, Family, and Friendships*. Three Rivers Press.

平木典子・中釜洋子・友田尋子（2010）親密な人間関係のための臨床心理学．金子書房．

松本俊彦（2010）薬物依存臨床における司法的問題への対応．こころのりんしょう a la carte, 29; 113-119.

廣尚典・島悟（1996）問題飲酒指標 AUDIT 日本語版の有用性に関する検討．日本アルコール・薬物医学会雑誌，31; 437-450.
Mead, D. E.（2002）Marital Distress, Co-occurring depression, and marital therapy: A review. *Journal of Marital and Family Therapy*, 28(3); 299-314.
Minuchin, S.（1974）*Families and Family Therapy*. Boston: Harvard University Press.（山根常男監訳（1983）家族と家族療法．誠信書房.）
Minuchin, S., Nichols, M., & Lee, W.（2007）*Assessing Families and Couples*.（中村伸一・中釜洋子監訳（2008）家族・夫婦面接のための 4 ステップ．金剛出版.）
中釜洋子（2001）いま家族援助が求められるとき．垣内出版.
中釜洋子（2008）家族のための心理援助．金剛出版.
中釜洋子（2011）統合的家族療法．In：平木典子・福島哲夫・岩壁茂編：新世紀うつ病治療・支援論―うつに対する統合的アプローチ．金剛出版，pp.180-198.
O'Leary, K. D., Christian, J. L., & Mendell, N. R.（1994）A closer look at the link between marital discord and depressive symptomatology. *Journal of Social and Clinical Psychology*, 13; 33-41.
Shaffer, H. R.（1998）*Making Decisions about Children (2nd Ed)*. Wiley-Blackwell.（佐藤恵理子・無藤隆訳（2001）子どもの養育に心理学がいえること．新曜社.）

第3部

家族療法家を生きる

第3部 解 説

髙田 治

私は家族療法については門外漢である。中釜さんとは，大学院の時代からの心理臨床家仲間として付き合わせていただき，特に齋藤憲司さんと3人で杯を交わす機会を多くもった。3人の共著（中釜・齋藤・髙田，2008）をご覧いただければわかるが，齋藤さんの学生相談，私の児童福祉施設とそれぞれの臨床領域は異なっていて，それぞれが自らの臨床実践を足場に思いつくままに心理援助について語り合ってきた。思い返すと，お互いの領域についてもそれほど聞き込んだ覚えがない。格好良く言えば，お互いが実践でもがいていることへのリスペクトがあり，自分の実践にひきつけすぎることなく，各々のあり様を認めるスタンスで話し合えたと思う。こんな私だから私情を挟まずに書くことは難しいが，家族療法家の方々より少し遠くから中釜さんの「家族療法家を生きる」様子を見られるかもしれない。心理療法家は人柄がその実践ににじみ出るものだ。第12章に「実践に際して抱く期待や願いについて，自戒を込めて述べてみることも必要」「他者からの客観的批判にさらしてゆく必要もある」とある。中釜（以下，敬称は略す）が，実践に臨んでどのような思いを大切に抱えていたのかを中心に述べていきたい。

第9章は，子どもが気持ちを言葉で伝えることの難しさ，子どもの気持ちを聞くことの難しさについて書かれ，面接の基本姿勢が示されている。中釜自身が米国で言葉が通じない頃，周りの人が作り上げる自分のイメージを修正できなくて，「信じてきた自分らしさとは，自分の価値とは何だったんだろう」というアイデンティティ・クライシス，「現実が自分抜きに勝手に塗り替えられてしまうような」経験をしたことが書かれ，言葉をうまく使えない子どもへと心を寄せる。せっかく表現したことを，「証拠のように突きつけられて脅されたりすれば，誰だってものを言うのが怖くなってしまう」という生々しい表現は中釜らしい。その上で，自己表現をためらわす理由を列挙し，聞き手への助言と続く。「言葉の片鱗が現れてきたら必要以上に言葉を膨らまさず，子どもが述べる通りに受け止めてあげるのがいい」「静かに問いかけるような気持ちで横にいる」というのは，中釜の大切にする面接姿勢だろう。「表現したことが……それ以上にも以下にも扱われないで理解され，……食い違いに相手が敏感に気づいてくれるという経験が（子どもには）欠かせない」とも述べる。学生が初めに教わる基本的なことであるが，相当に難しい。

第10章は，家族療法の視点からのスクールカウンセラーへのアドバイスが書かれている。「身近な人間関係の力を借りてそこに直接働きかけることで目下の問題の解消・解決をめざそう」という家族療法の視点の導入から始まる。保護者を自身の困り度（相談意欲），自分が変わる準備性，教師や学校との葛藤の程度で分けて働き掛け方を変え，相談意欲が薄くても問題解決に自分の力は及ばないと思っている親でも，子どもの援助のために協働者として繋がろうとする。保護者がどのタイプであれ子どもの生きる場を支える重要な人物であり，協力体制の中に入ってもらう努力は必要である。福祉領域など今後の臨床実践の場では相談意欲の薄い人たちが対象となることが多く，このような視点は益々必要になる。

次に，協力体制づくりの過程で，学校と教師などぶつかり合う人間関係の狭間に立つコツについて助言する。複数と同時に会う場面では，中釜は多方面への肩入れを推奨するが，それぞれの個人に合った肩入れをするためには個人面接の力量が必要だろう。不安になれば「原因をはっきりさせたいと願い，科学性が低い理解であっても何かをはっきりさせたいとわらを掴む気持ちになり，犯人捜しを始める」ことが当然起きると思って会う。事例の中で，呼びかけのねらいを低めに設定したことが役立ったとあるが，不合理な心の動きは起きるものですよ，思うようには動けないものですよと，相手に無理を強いて脅かさないようにするという中釜の姿勢が述べられる。

第 11 章は，発達障害について家族の視点から述べられる。障害を抱えて生きていく場を整えることは，いわゆる一般常識や価値観に沿うだけではうまくいかない。家族なのだから支えて当然とか，権利擁護の意識が圧力となって，家族が抱く困惑や割り切れない思いが口にできないことも多い。発達障害を抱える人の生きる場を支えるには，親，家族だけでなく，職場，地域にも支援者ネットワークを広げていく必要がある。常識を揺さぶる波が家族を超えて広がっていくイメージで，システミックという言葉がしっくりくる。また,「問題をなくす」ことを目指すのではなく生涯にわたり生きていく場を支えていくことが求められる。これまでの個人内の問題を解消するというモデルでは，極論すれば学校など機関の文化に適応すること（学校文化に合わせて再登校するなど）を問題の解消とみなしてきたが，発達障害を巡る問題は機関の文化の方が変わることを求める点で，発想の転換が求められる。

発達障害の支援と併せて家族療法の紹介が続く。「相手を自分の枠組みに引き寄せてとらえるのではなく，相手の立場に身をおく努力を通して得られた共感」は，ロジャース Rogers, C. の説く「共感」に通じ，中釜が学んだ大学院の当時の基本姿勢である。「私たちの社会は違いを違いのまま,良し悪しをつけず共存させることができるのだろうか。成熟した社会だからこそ…（中略）…乗り出していかなければならない試みと思わずにいられない」と述べる。

破壊的権利付与に関して,「子どもをかわいがることができない親の心情をくみ取る際に力を発揮する」と述べるように，親失格と言われてきた心情に心を寄せる。発達障害を例としているが，価値観の変化が激しい現在，文脈療法の基本である「公平性」の観点から支援を見直すことは有益だろう。児童虐待問題の支援でも，虐待者とされる人の心に被害感が渦巻いていることを念頭に置く必要がある。

第 12 章では，中釜の初学者の頃からの思いと家族療法が模索し変遷してきた援助観がリンクされて語られる。テーマごと年代順に並ぶ論文集の最終章がこの論文であることが，筆者をしんみりとさせる。中釜の臨床家としての生き方に関して集大成のような章なので，味読していただければ解説などいらないと思う。が，余計なこととは思いながら私の中に湧き上がってきた思いを書いてみる。

まず「専門家集団は何と家族に（さらに端的に言えば，なんと母親に）厳しいのだろうという驚きであり，辟易感」と，自身の「青年期中盤までのアイデンティティ形成とは予想の異なる領域に足を踏み入れて，なけなしの劣等機能を駆使してあがいてみた」経験が書かれる。「劣等機能」とは中釜らしい武骨な言葉遣いだ（失礼しました）。社会が求めるものに応えようとしながらも自分を失うまい，「こんな私だけど何が悪い」としぶとく生きようとする中釜らしさを感じる。そして，家族に下手に手を出してはいけないという神話について，エビデンスを挙げて反論していく。「家族を原因扱いする臨床家が減れば減るほど…（中略）…ニーズに比べて提供される家族支援は明らかに不足している現状が専門家の目にまっすぐ映るようになるだろう」という仮説を「確かめる必要がある」と但し書きをつけ提示する。

自分の思いを，エビデンスで検討し他者からの客観的批判にさらしてゆく必要性を意識できなければ，臨床家としての信頼は得られないだろう。相談意欲が薄い人たちへの関りでは，援助者の思い込みが害になる可能性を肝に銘じなければならない。

余談であるが，神話について「遅ればせながら気づいた」とあり，「心理士はあまり面接室を出ないのが一般的」と後から知った（第６章）など，中釜の暢気さが書かれている。常識とされるものに捕らわれず考える中釜の姿勢は，決まり事として何か教えるより，自由に見聞して疑問を立て実証することを重視する風土の大学院で学んだ影響もあると思う。

次に，援助者と家族の関わりを家族との協働作業と位置付けて援助過程を構成するという家族療法の考えを説明する。家族に限らずその人を支える人の環境に働きかける意味で家族療法というよりシステミック療法と呼ぼうという動きを紹介しながらも，「家族だからという理由で集まってもらうことがいまもなお可能であり」と，まだ捨てたものじゃない，やれることはあるはずと，批判されがちな家族への可能性を探るしぶとさを見せる。

章の終わりに「家族との面接で何が起きればいいのだろう」と問いかけ，「気遣いや心配をしっかりくみ取ること，よかれと思い無駄に繰り返してしまう悪循環を止める害のない方法が見出せると良い結果が得られる」こと，「専門家も悪循環を維持する力の一つになり得る」という家族療法の気づきを述べる。専門家同士のやり取りも家族と共有するリフレクティングは，今注目されるオープンダイアローグに繋がる。自戒も含めて変遷する家族療法を選んだ中釜からは，威張るほどうまく世渡りができるわけではない私だけれど，表現が下手でも周りの人を放っておけない思いの人と丁寧に繋がり，一緒になるべく無理ない解決を探っていきたいという思いが感じられる（何か違う！ とムキになって叱られそうだ）。

最後に，大きな変化の中にある今こそ，中釜と意見を交わしたいことを投げかけたい。中釜さんが大切していただろうアイデンティティについて，どう考えます？ 現実世界の限定の中でもがく結果得られると考えられてきたけれど，SNS 上の経験はどう組み込まれると思います？ SNS の中ではサイバーセルフという別人格を作れるし，それを持続させる必要もない。その時その時でいい人になって自己満足を得たり，酷い攻撃もできる。文字情報だからこそ思い入れ次第で強烈な体験もしてしまう，依存症にもなりかねない。

SNS 上の関わりがその人の支えになっている場合，支援を考えるときにその関係をどう捉えますか？ 遠い所にいる友人との関係と同じように考える？ それとも……。今後さらに，現実とバーチャルの世界の境界も曖昧になっていくでしょう。

子育てに関して，保育園，放課後デイサービス，ショートステイなど支援メニューは増え，同居家族と過ごす時間は少なくてすむようになってきています。保護者以外の人との関わりが子どもにとって保護者より重要になっている場合もあります。誰を軸に子育てネットワークを考えますか？ あくまでも物理的に身近な保護者？ 親と暮らしていない子どもでも実親の存在は特別大切なものです。親イメージをどう作れるかが子育てを考える上で必要です。児童虐待対策は，親子分離による保護から虐待予防の家族支援に軸が変わり始め，ますます家族支援が求められています。アウトリーチも求められるでしょう，どうします？

最後に心理臨床家の人材育成について。社会の変化が大きすぎて，どう人を育てるのか，目指すものは，変わらないエッセンスがあるのか？ 以前，初学者はまずは個人面接からでしょうと私が言ったら，中釜さんは家族療法のコ・セラピストとして始めるのもいいと答えられました。当時は首をひねったのですが，今は魅力的だと思っています。心理臨床家は陪席の文化がない珍しい専門職です。人とどう会うかの実際を目の当たりにしないで学べというのは，今の学生には（昔もそうだったような）難しいように思います。資格ができ学ぶべき知識は多いですが，中釜さんはどんな思いを伝えたいですか？

文　献

中釜洋子・齋藤憲司・髙田治（2008）心理援助のネットワークづくり．東京大学出版会．

第9章 気持ちを伝えられない子どもたち ——自己開示をためらわすもの

I 気持ちを表現しない子どもたち

K子の場合

小学5年生のK子は，最近登校をしぶりがちだ。やがて本格的な不登校になるのでは，と心配する母親に連れられて，近隣の相談センターを訪れた。母親の心配はこんな具合である。

「K子のことがよくわからない。学校からの連絡や提出物があっても自分から何も言わず，先生から電話をもらってはじめて知るような次第。こんな調子では，学校の人間関係もうまくゆかないのではないか。友だちにいじめられるのかと尋ねても答えがない。そういえば，小さいころから自分のことをほとんど何も話さない子だった。2歳違いの姉が，うるさいくらいによくしゃべる。その姉が数年前までK子と同じ学校にいて，学校の様子を教えてくれていたのと，面倒見のよい担任がこまめに学級通信をくれたので，今のようなじれったさは感じなかった。姉が中学に進み，部活動で忙しくなったころ，担任も替わって，K子が自分から話さないことに家族が改めて気づいた。両親は，K子が生まれたころに夫が脱サラで始めた食堂の経営に忙しく，それもK子が話さないことと関係あるかもしれない」

実際のK子は，ひっそりした感じの小柄な女の子だ。K子が困ったようににこっと笑みを浮かべると，その場の雰囲気がなごんでこちらの気持ちも明るくなる。話さないことをどう思うか尋ねると，自分としてはあまり問題を感じない，よくわからないとのこと。友だちは何人かいて，その中では話しているらしいこと，などがわかってくる。

言葉数は少ないものの，問いかけにはぽつりぽつりと答えてくれる。食堂を切り盛りしてきたしっかり者の母親とは，テンポそのものが合わないだろうこと，ここに口達者な思春期の姉が加わったら，K子の出る幕はないのかも，という印象を持った。

K子の様子を見ながらとりあえずはお母さんのお話をうかがいましょうということで，母親と話し合いを重ねる。この10年，食堂を開いたときに抱えた借金の返済に追われてきたこと，ついでK子の舅姑が病に倒れ，看病の件で夫の親族と幾度もぶつかったこと，口を開けば夫とも口論になり，夜，親戚からのしつこい電話をがちゃんと切る様子をK子は何度となく見てきただろうと語られた。

「K子が少しくらい変になっても無理ないんです。あの子がうるさいことも言わず，静かに一人でやってくれていたことで，私はずいぶんと助かっていたんです」と語る，母親の言葉が印象に残る。母親が，そして両親がゆとりを取り戻し，ようやくK子に耳を傾ける余裕が生まれたようであった。

S男の場合

K子とは逆に，家庭では話すが，学級や集団の場に入ると大人しくなってしまう子どもたちもいる。小学3年生のS男もそんな子どもの一人だった。帰宅すると，母親にまとわりついてあれこれ話しかけてくる。こんな失敗をした，友だちにこんなことを言われたと訴えて，母親の横を離れない。そろそろ家事に取りかかろうと母親が腰を上げると，物に当たって暴れ，次第に興奮して母親を当惑させるが，外に出ると非常に静かな少年になってしまう。家でも父親が帰宅したり，祖父母が顔を出すと，S男はとたんに口が重くなって自分の部屋にこもってしまう。「友だちにはもちろん，父親にも先生にも言いたいことが言えないのだから，大切な母親がせめて優しく保護的に接してあげましょう」というのが，カウンセラーが家族に送った最初の助言であった。

助言に力づけられた母親は，大いに頑張った。S男の本当の気持ちがわかるのは私しかいないのだから，食事の時間が遅れても，家事が少しくらい手抜きになってもそんなことは大したことではない，と夫に伝えた。それまで一家の主として何事にも強権を発してきた夫は，妻の物言いにひどく狼狽したが，S男の様子は確かにこのまま放っておいてよいとは思えない。S男のしつけと理解が母親の仕事として委ねられた。

S男を動揺させないため，S男が穏やかな気持ちでいられるために，母親が一生懸命S男に接する。S男の言葉を補って推測し夫に伝えたり，S男が父親を恐がっていること，家族の中にS男の居場所がないことなど，(母親の想像は必ずしも全部当たっているとも思えないが）自分の見方を夫に話す。次第にＳ男の状態を理解することが謎解きのように感じられ始めた父親は，遠巻きに，母・息子の関係を見守るようになった。

Ｓ男を理解する手がかりを持つ母親とＳ男の間には，他の誰も入り込めないような強い絆が形成され，Ｓ男が荒れれば荒れるほど夫が妻の通訳を頼りにするという，これまで考えてもみなかったような関係が芽生えた。母親との相談では，なにかにつけて能力がない，愚かな考えだと夫から言われ通してきたこと，悔しいが認めざるを得ないほど優れた夫であると思い続けてきたことが語られた。

それなりの時間が費やされたが，母親が父親に対する不満なり反対意見なりを少しずつ言葉で表現できるようになったころ，そして父親も怒り出さずそれに耳を傾けるようになったころ，父親がＳ男に話しかけると，Ｓ男が嫌がらずに応えるようになった。

父親の横暴さが影を潜め，母親が一人の大人として家族の中で堂々と振る舞うようになるにつれ，Ｓ男の肩にかける家族の負担が減っていったのだろう。母親のもとを離れて友だちと遊びにゆくＳ男，そして，これまでより若干気楽に，父親をはじめとする大人たちの働きかけに応えるＳ男の姿が見られるようになった。

W子の場合

W子は，自分がわからない，人に流されてばかりで自分の考えや意見がないと悩む女子高生である。そのための問題は，W子の生活のさまざまな局面に現れる。

知り合いに外出に誘われれば，ほぼ100％断らずについてゆく。何かを頼まれれば嫌と言わず，係の代行を引き受けたり，人への伝言を授かったり。引き受けた以上，すべてをうまくやらないと頼んだ人に申し訳ないと考え，W子の抱える心労は山のように膨れ上がる。へとへとになって疲れ，その様子を気づかう友人が声をかけると，早く一人になりたいにもかかわらず，それが言えずに放課後のおしゃべりに付き合うという具合だ。そんな毎日が続き，最後は身体が動かなくなって寝込むことで，W子はようやく休息がとれるのである。

「勇気を出して断ってみたら？」「できないことをできないと言うのは悪いことではない，こんなに頑張っているんだから，一度くらいできないって言ってみようよ」と，じれるカウンセラーからの助言。けれどもよくよく尋ねてみると，頼まれればうれしいし，この依頼を断ったら自分なんて二度と人から頼ってもらえなくなる，そして頼られることがなくなれば，みんな自分のことなんて忘れて見向きもされなくなるに違いないという強い確信と恐れがW子の中にある。人から誘われたり，頼りにされることでようやく自分の存在価値が確かめられ，それに応えたいW子がいることも本当なら，嫌だと言いたい気持ちが心の奥底にあることもW子の真実なのだ。

W子は，幼いころから両親に非常に厳しくしつけられた。間違ったことは平手打ち[編者注)]とともに改められ，高い課題が与えられ，一人娘としてどこに出しても恥ずかしくないよう，失敗をしないよう，求められてきた。

そんな期待に応えるため，幼いW子は自分の素直な気持ちを打ち消して，与えられた外からの規範に従う以外にすべを見いだせなかった。W子にとって，自分の内側の声は聞くに足らない，そんなものに頼っていたらまた間違いをしでかすかもしれない，愚かな知恵でしかなくなっていった。W子は，自分の声を取り戻すために，自分の内面に対する信頼を再獲得するという莫大な仕事をやり遂げなければならなかった。

II　話すとは，自分を信頼し，他者を信頼すること

改めて言うまでもないが，言葉は，人と人の関係をつなぐ大切な道具である。この道具をどのようにうまく使いこなせるかによって，相手との関係がさらに潤ったり，反対に，枯渇して動かないものになってしまうかが決まる。誤解が大きく拡がる場合もあれば，相手の言葉に癒され，次に動き出すためのエネルギーをもらう場合もあることを，多くの人々は経験から知っているだろう。

私は，数年前にはじめて英語圏に渡った。そこで研修のためにある集団に所属した。聞くもの，見ること，何もかもはじめてで，英語もうまく使いこなせない状況の中，覚悟していたものの，私は集団の中の最も静かなものを語らないメンバーになった。言いたいことがあるのにうまく言葉にならない，周りの人の反応が早すぎて，話し出す機会を見つけられない。最初の数か月はそんな経験の連続だった。自分に対するふがいなさ，情けなさが身体の中に溜まり，その集団から離れて家路につくころには，吐き気を催すほどの疲れになった。そして何より，はじめて出会った人々が，あまりものを言わない存在感の薄い私というイメージを勝手に広げてゆくことに対して（当時は被害的にそう感じていた），修正したくても修正できないもどかしさを感じ，今まで信じてきた自分らしさとは，自分の価値とは何だったんだろう，むしろこれまでの自分が幻で，周りの人が作り上げ

編者注）2020年4月より，児童虐待の防止等に関する法律によって体罰は禁止されている。

ているこのイメージのほうが私の実体に近いのではないだろうかという，一種のアイデンティティ・クライシスを経験した。現実が自分抜きに勝手に塗り替えられてしまうような，結構恐ろしい経験だった。言葉を失うことで，これほど弱くなりうる自分を実感した大きな機会であった。

読者の中には，教育者といわれる種類の，言葉を使うことを商売とする人々がいるかもしれない。ということは，この世の中で，どちらかと言えば言葉の力を利用できる，言葉をうまく使いこなせる類の人間であるはずだ。言い換えれば，言葉を使うことで相互理解が進んだり，自分が表せる，そして，自分を表すことで自分の価値が確かめられる体験を数多くしているだろう。

それに対して，先にご紹介した何人かの子どもたちはどうだろうか。そして，皆さん方の周りにいる，自分の気持ちを表現しない子どもたちの現実はどんなものだろう。言葉を使うことが，他人に迷惑をかけたり，人とのトラブルを引き起こしたり，相手の怒りを挑発するきっかけになるという経験を重ねてしまった子どもは，それに懲りて，もう二度と何かを語るまいと心を閉ざすかもしれない。せっかく表現したことを揶揄されたり，叱られたり，証拠のようにして突きつけられて脅されたりすれば，誰だってものを言うのが恐くなってしまうだろう。

言葉を使うことは，自分で自分の尊厳を守る大切な行為であるにもかかわらず，語ることの恐れや不安のため，自分自身を表に出すこと，そうすることで自分を守るという基本的な営みそのものまで，知らず知らずのうちに放棄してしまうかもしれない。

自分の気持ちや考え・意見を表現するとは，ある気持ちや考え・意見を持つ自己をそうあっていいものとして信頼し，それを言葉にして外に出したとき，横にいる他者はきっときちんと受けとめてくれるだろう，まずいことにはならないはずだという他者信頼に支えられ，初めて可能になる行為である。先に挙げた三人の子どもたちは，家族や援助者からの働きかけに助けられて，自己表現を支える自己信頼と他者信頼をゆっくり取り戻していったと理解することができるだろう。

III　自己表現をためらわすもの

アサーション（自分も相手も大切にする自己表現）理論によれば，自己表現をためらわす理由について，以下のように整理して説明されている。

第1の理由：自分の考えがわからない，自己表現しようにも何を言いたいのかがわからない場合。
第２の理由：自己表現した場合の結果や相手の反応を気にしすぎる場合。
第３の理由：何かを表現していいと思っていない，そんな権利が自分にあると思っていない場合。
第４の理由：自分の考えなどをぐたぐた述べるべきでない，大人に逆らうような意見を言ってはならないなど，こうあらねばならない，こうすべきだという固い考えや思いこみが自己表現を邪魔する場合。
第５の理由：自分の気持ちや考えを言葉に翻訳して伝えるための練習や技術が不足している場合。
第６の場合：せっかく自己表現しながら，身ぶりや手ぶり・態度でそれを打ち消してしまう場合。

理由の一つひとつを詳細に述べるスペースは残念ながらここにはないが，参考文献を頼りに，気持ちを表現しない子どもたちの姿をもう一度とらえなおしてみるよう，お奨めしたい。

話してご覧，と声をかけてもなかなか言葉にならない場合，あるいはしない人々は，上記のうちの何らかの理由，あるいは複数の理由によって，言葉の持つプラスの力を利用できない状態にあると考えられる。周囲の大人たちが，時間をかけてゆっくりと彼らを勇気づけてあげたい。自分を信頼すること，そして横にいる他者を信頼すること。それが少しずつでもできるように焦らずに待ち，言葉の片鱗が現れてきたら，必要以上に言葉を膨らまさず，子どもが述べるその通りに受けとめてあげるのがいい。あまり前のめりにならずに「そしてその先はどうなるのかなあ，どんなふうに思っているのかしら」と静かに問いかけるような気持ちで横にいることができれば，今日か明日か，あるいはしばらく先に，次の言葉やこの前の会話を修正するような言葉が出てくるだろう。

子どもが小さな声を発し続けて行くためには，表現したことが大切に受けとめられる，それ以上にも以下にも扱われないで理解され，その理解が食い違っていたら，食い違いに相手が敏感に気づいてくれるという経験が欠かせない。相手に接することを必要以上に恐れ，避ける必要はないが，いつまでも諦めずに相手に対する関心を持ち続けるねばり強さと，かつ，相手の世界に入っていく際の謙虚さとが求められる。

自分を開いて表現したら悪くなかった，こんな経験が積まれれば，どんな人も必ず，第２，第３の自己表現を重ねていく。そして，第２，第３の自己表現がなされれば，それによって自己信頼と他者信頼がますます高められ，さらなる自己開示への勇気を育んでくれるはずだ。相手の自信がほの見えてくれば，こちらも聞く作業に加えて，相手とは異なる自分の意見や感じ・感想を投げかけてゆくという，アサーションが目指す「相互尊重の精神に基づいた対話」の実現へと，迷いなく進むことができるだろう。

文　献

平木典子（1993）アサーション・トレーニング．日本・精神技術研究所.

Phelps, S., & Austin, N. (1988) *The assertive woman: A new look*. London: Arlington.（園田雅代・中釜洋子訳（1995）アサーティブ・ウーマン．誠信書房.）

竹内敏晴（1975）ことばが劈かれるとき．思想の科学社.

第10章　保護者とどう付き合うか？
――家族療法の視点から

Ⅰ　保護者への対応がなぜ重要であり難しいか

「教師になって初めての年の家庭訪問が忘れられない。今からもう30年近く前のこと，生徒の家を訪ねて中に入れさせてもらうのがプライバシーの侵害になるなんて，全く考えない時代だった。その学校があった土地の気さくな風土の影響もあったのだろうが，行く先々でお菓子を出してくれたり，気取らない身の上話や世間話を聞かせてくれたり。ある男児の家に行った時の強烈な経験は一言で言い表わすことができない。親代わりの祖父母が出てきて平身低頭というか，床に張り付くくらい深々と頭を下げ，『出来の悪い奴ですが，先生，頼みます』って繰り返すのね。こちらは大学を出たばかり，背も低くて童顔でまだまだ子どもみたいな教師なのに，そんな私に向かって。一種のカルチャーショックで，先生さまとでも呼ばれそうな勢いだなあ，これってボーッとなりながら思っていたのをよく覚えている。そうまでされたら，どんな教師だって気持ちが引き締まる。がむしゃらにでも頑張らないわけにゆかないじゃない。子どもの頭を小突きながら，『ほら，お前もしっかり頭を下げんかい。言うことをきかなかったら，尻でも腹でも頭でも何でも思い切り叩いてやってください』と本気で頼まれたの，その子のおじいさん，おばあさんに。教師ってなんてやりがいのある，責任の重い仕事なんだろうと思った」――50代に入った小学校教師Aによる新米教師時代の回想である。

かたや2009年現在，さまざまな場で報告されるのは，「身勝手な保護者」たちの言動，つまり，本来は学校が果たすべきでない職務まで要求してくる保護者たちの「モンスターぶり」「クレーマーぶり」である。にわかに信じがたいような例も含めて，いまやよく知られるようになった事態である。マスメディアによる誇張を差し引いて考えなければならないが，保護者対応の難しさは，多くの学校と教師が経験する事実と認めざるをえない。例えば教師の職場不適応を数多く診ていた精神科医の中島（2003）は，保護者対応が第一要因となって教師が病院を受診する例は少なくないと報告した。教員のメンタルヘルスに取り組んできた保坂（2009）はまた，病気休職したか療養休暇を取った者，あるいはそれに近い状態に陥った者について行った聞き取り調査の内容の分析から，転勤がしばしば「危機」をもたらすこと，生徒指導上の問題と特定の保護者からの「クレーム」がストレスを増幅する反面，教員同士の協力体制と管理職の対応がストレス軽減に有効であることを見出した。教師のストレスに影響を与える要因として，保護者対応がスムーズにゆくかどうかがきわめて重要であることがよくわかるだろう。20代後半の若手教師Ｂは，「新学期が始まってしばらく経ち，保護者の様子も次第に見えてきて，皆さん話せばわかってくれそうだと思うと，ようやくそこで『今年もやってゆけそう。ああ，よかった』と息をつくことができる。でもそれまでは安心できない。保護者とこじれた話を聞き過ぎて，警戒する気持ちが強くなりすぎているのかもしれないけれど。それまでは何だか緊張が続いてゆく」と報告している。

学校が味わっている保護者対応の難しさは，ひとえに，教師Ａの経験から教師Ｂの経験への落差が驚くほど大きく過激なことによる。肯定的な意味を読み取れば，開かれた学校へと変わりつつあること，利用者である保護者の意見が尊重されるようになったことがあがる。否定的意味を捉えれば，私たちの文化における学校や教師をめぐるディスコースが権威失墜の方向へ，大きく動いてしまったことがあるだろう。背景には文化社会的文脈の変動がある。不安を煽り立てる雰囲気の中，これまで疑う余地のなかった「頼れるよき存在」が必ずしも信頼に値しない場合があるという気づき，人をめぐるさまざまな営みが金銭で買うサービスと捉えられるようになった消費文化の影響をあげることができるだろう。サービスを提供する側と受ける側の関係は，しばしば腹の探りあいといった様相を呈し，形式的だったり慇懃すぎたり，素朴で正直な人間関係から離れていってしまうという問題もある。他方で，あらゆる相談や不安，強すぎる期待が学校に持ち込まれる傾向は，変わらないどころかなお一層強まっている。このような時代の教師であり学校であるというのが，「ではスクールカウンセラーは学校で親とどう会うか」という問題の出発点である。

II　なぜ家族療法の視点からなのか？

山の頂上に登る道がひとつでなく複数あるように，学校臨床心理学の実践にあたって，どんな道筋を辿っても，また，どんな理論アプローチを用いても有効な心理援助を展開することが可能である。が，学校文化に導入し易い理論アプローチと導入しにくいアプローチはあって，身近な人間関係の力を借りてそこに直接働きかけることで目下の問題の解消・解決を目指そうという家族療法の視点導入の意義は，大いにわかりやすいものだろう。

家族療法は，1960年代にアメリカで生まれた。ものごとの一連の生起を〈原因—結果〉の直線的因果律で捉えるのでなく，円環的，つまりシステミックな認識論に則って問題の成り立ちや維持のメカニズムを理解しようとする。生育史や幼い頃の出来事に原因を見出すのでなく，また良し悪しの軸で判断するのでもなく，fitという概念や関連する諸要因の相互影響関係で事態を把握する。現状では，このような理論アプローチ全体に家族療法という名が冠せられているが，それは必ずしも適切な名称ではなかったろうという意見も多くある。家族だけにあてはまるのでなく，学級や学校，職場に適用できる認識論だという特徴を前面に掲げて，システミック・セラピーと呼ぶほうがよかったのではないかと言われる。では家族療法はなぜ学校臨床に適用しやすいか，とりわけ学校の中で親と会うために有益か考えてみたい。すぐにも複数の理由をあげることができるだろう。

・コラボレーションについて考える際に役立つ理論であるから：関係の問題を取り扱ってきた。複数人が関与して問題解決の努力を重ねるためにかえって悪循環が生じてしまうことを見出し，悪循環が好循環へと変化するきっかけについて考えてきた。複数人が力を貸し合って行う，学校でこそ実現し易い心理援助に，家族療法の知見が大いに役立つだろう。
・これから何をすることができるか，やったほうがよいことは何かを考える理論であるから：過去や原因について掘り下げるのでなく，未来志向の姿勢で取り組むアプローチである。このような姿勢は子どもたちの未来を創造する教育という営みを担う学校文化に，また学校の教育目標やねらいに適っている。
・IP（Identified Patient：家族療法ではクライアントを「患者とされる者」と見る）がその場にいない相談を得意としてきた：伝統的心理療法では，IPがその場にいないと積極的な手はほとんど何も打てないと考えるのが一般的である。しかし家族療法では，変化を求める気持ちがもっとも強い人が要となり，他者に働きかける役を担ってくれたり，変化の原動力になってくれると考える。
・何といっても家族に対する理解を蓄積してきた：単なる人間関係だけでなく，家族や親・夫婦という特別に強いつながりについて，長期にわたり知見を集めてきた。子どもがストレスを抱えた時の親の反応や，家族に負担がかかった場合はどんな心理的問題や不調が顕れやすいか，部外者が家族システムに参入する際に必要な特別な配慮等を理解するために，家族療法が蓄積してきた概念や技法に力を借りることができるだろう。

Ⅲ　カウンセリングに対する能動性の程度でクライアントを分類する

誰かに働きかけるにあたっては，働きかけの根拠や必要性についての意見，つまりアセスメントを持つことが必要である。保護者とどう付き合うかを考えるにあたっても同様で，どんなパーソナリティの保護者か，価値観はどのようなものか，心理的問題を持つか持たないか等々の個人心理学的アセスメントに加えて，あるいはそれ以上に，相談に対する意欲を理解することが重要となる。学校における保護者相談は，利害関係のない相談機関を自ら訪れる場合以上に意欲や能動性の程度はまちまちである。嫌々相談に来る場合もあり，学校の先生に勧められたので顔を立てるため一度だけ来る場合，あるいは，親の熱意が学校に伝わるとよいと期待して勇んでやって来る場合もある等，広がりを掴んでおきたい。相談に来るという行為そのものが，複数要因が関与して決まるものだとカウンセラーはすぐに気がつくことだろう。

解決志向アプローチ（ソリューション・フォーカスト・アプローチ）ではこの点に注目して，クライアントとセラピストの関係を，ビジター・タイプ，コンプレインナント・タイプ，カスタマー・タイプの３種類に分類している。まずビジター・タイプは，強制的に連れてこられたようなクライアントで，相談意欲はすぐにはその人の中から出てこない。来談の労をねぎらうなど，関係づくりを優先させる必要がある。来談への期待がその人のうちにごくわずかでも存在しないかどうか，探してみることが必要な段階である。コンプレインナント・タイプは，自発的に相談にやってきたものの不平不満を言い募る気持ちが強く，他者に変化してほしいとは望んでも自分が変化することは考えていない人との関係である。クライアントの変わる気がないという意向に乗りながらも，問題の形成や維持にその人自身が関わっていて，問題解決に向かってその人に貢献できることがあると焦らず伝えてゆくことが推奨される。第３が，相談意欲があって問題解決のために一肌脱ごうと自らを変化させる意思のあるクライアントとの関係で，彼らは，問題や解決と自分のつながりをはっきりと意識している。カウンセリングへの意欲が高く，すぐに問題解決のためにどうすればよいかの話し合いに移ってゆくことができる。これはカスタマー・タイプと呼ぶ関係である。３タイプのどれにあたるか見分けることで，効果的働きかけを見誤らず選ぶことができる。

Ⅳ 保護者の状態のアセスメント：能動性，変化への準備性，教師との葛藤の程度

それでは，学校でお会いする保護者をどのようにアセスメントするのがよいだろう。ビジター，コンプレインナント，カスタマーに分けて捉えることももちろん役に立つ。ここではクライアント（保護者）とセラピスト（スクールカウンセラー）の関係理解に，保護者自身の相談意欲高低，自分が変わることへの準備性に加えて，学校における主要登場人物である教師との関係，葛藤の有無／程度を加えてアセスメントすることを提案したい。

例えばビジター・タイプの保護者を迎える場合，来談を勧め促したのは，教師である場合が少なくない。管理職が高圧的に来談を依頼したのかもしれず，あるいは，何度電話をかけても繋がらず，家庭に足を運んでとにかく一度相談にいってみてくださいと熱心に説いた担任教師の姿がスクールカウンセラーに見えているということもあるだろう。コンプレインナント・タイプに目を向けても，自分を変える気がない保護者が変えたいと願っているのは，（保護者自身の子どもや，他の保護者，その子どもたちという場合もあるが）多くの場合は教師や学校であるため，スクールカウンセラーは，保護者と教師・学校の関係の問題に目を向けずにいられない。

保護者を，自身の困り度（相談意欲），自分が変わる準備性，教師や学校との葛藤の程度から捉えた際に浮かび上がる典型的な保護者の姿を３例挙げてみよう。

第１例は，相談意欲，問題解決のために自分を変える準備ともにあり，学校や教師との関係の問題を持たない保護者である。スクールカウンセラーにとって，最もジョイニングしやすい保護者である。さまざまな援助の理論や技法がそれなりに役立つ。自分の内面に目を向ける，子育てを振り返って子ども理解を深めるという，伝統的な内省的親カウンセリングの枠組みに早い段階から最もよく乗ってくれるありがたい人々である。

第２例は，相談意欲があるが問題解決のために自分を変える準備はなく，学校との葛藤が強い保護者である。しばしば学校からは他罰的で要求過多と見えている。保護者本人が学校との葛藤に気づいて，怒ったり困ったりしている場合もあれば，本人は無自覚，当然の要求をしていると考えていて，学校や教師が密かに困っている場合がある。最近よく報告されるタイプであり，問題形成と維持のか

らくりに保護者がどのように関与しているか捉えられる援助を心がけたい。問題解決・解消のために保護者は，何をして何をしないのがよさそうかという行動処方として援助の道筋を合意できるとよいだろう。学校・保護者関係の問題については次項で触れるが，問題解決・解消に臨むチームを保護者，教師，スクールカウンセラーで構成すると捉えるなら，問題は，援助チームの人間関係上の調整となる。学校と保護者の間に立ち，両者を繋ぐ，そしてチームづくりを推進する者としてスクールカウンセラーが機能できるとよいが，なかなかどうして難しい仕事である。

第３が，相談意欲がなく，問題解決のために自分を変える用意もないタイプの保護者である。相談意欲がなくても問題がない場合はもちろんそのままで全くかまわない。が，保護者は相談意欲・変化への準備ともに持たないが，客観的には問題が満載で，解決のためには保護者の尽力が必要だ，必要という以上に，あって当然ではないかと教師・学校側が考えている場合がある。例えば，いくら子どもに言い聞かせても家庭に持ち帰ったプリントを提出しようとしない，連絡を取ろうにも電話にも出てくれないし，いつ家にいるかがよくわからず，呼び出しに応じてすっと学校に出てきてくれない親の態度に教師達は困り，当惑が嵩じて，苛立っている場合が少なくない。ようやく来談した後も，頑張ってきた教師への感謝の言葉は得られず，下手をすると呼び出されたことへの不快感がすっと表明されたりする。先のソリューション・フォーカストの理解に則れば，このビジター・タイプにカウンセラーが取るべき姿勢は，まずはねぎらい，関係づくりの優先となるが，学校の期待をよく感じ取っているスクールカウンセラーだとその働きかけは若干学校側に偏りかねず，保護者の反発を買い易い。逆に，ねぎらい，関係づくりにあっさり徹するスクールカウンセラーの姿勢は，学校教育をぎりぎりのところで担う教師達の目には，実に手緩く学校側の意向を汲んでいないと捉えられる可能性がある。その結果，カウンセラーと教師・学校の関係に齟齬が生じる例も見聞きする。再び，葛藤的関係にある両者に関与しつつ保護者の相談に乗ることの難しさが浮かび上がる。教師と保護者の間に立ち，どちらの必要性にも波長を合わせて細やかに対応できる心理援助者であること，強い葛藤にいきなり押し流されないために，感情や信頼の次元でなくむしろ行動の次元で，協力体制づくりを進められる援助者であることがスクールカウンセラーに求められよう。

V　ぶつかり合う関係の援助とは

ぶつかりあう人間関係の狭間に立つ経験を，スクールカウンセラーになって初めて経験するという臨床心理士は少なくないのではないか。面接室の中にいて，ただ一人のクライアントに会っている限りはあまり遭遇することのない事態だったろう。面接室を出てコラボレーションに努める，システムの一員となって仕事することで生起するようになった問題だといえるだろう。

この問題の説き方だが，３通りに分けることができる。１つは，一人のクライアントだけに注目するスタンスに戻るやりかたである。カウンセラーである限り，徹底的にクライアントの側に立つ，クライアントの視点を取り続けようとする。個人心理療法的には賛同が得られやすい解法である。家族療法的解法としては，次のような２つのやり方がしばしば推奨される。１つが，ぶつかり合うどちらの側にも巻き込まれないように「中立性」を保つというもので，もう１つが，ぶつかり合う両者に肩入れして，どちらの言い分も一理あるというスタンスで耳を傾ける，つまり葛藤の中に入ってきちんと引き裂かれようとするやり方である。後者は，「多方向への肩入れ」（Boszormenyi-Nagy, et al., 1991; 中釜，2003）と呼ばれる技法で，カウンセラーが間に入って共感的理解を示すことで葛藤が膨らむより小さくなってゆくことをねらってゆく。八方美人になるだけでは困るし，引き裂かれたまま真っ二つに裂けてしまうのでも元も子もないので，カウンセラーは，言動に働きかける，文脈に働きかける，意味づけに働きかけるなど，関係援助の技法（中釜，2008）を駆使しながら，共通理解を確認したり，他者の視点を承認できるかどうか面接の中で丁寧に尋ねたりしてゆく。多方向への肩入れ技法については他書で論じてきたのでここでこれ以上は取り上げないが，異種のオリエンテーションに拠って立つ専門家の協働が上手くゆくために何より必要なスキルである（Hanna, 2006）ことに言及しておこう。頂点に至るのに複数の道があるという考えを持ち出せば，３つの解法のいずれを用いてもかまわないという理解がここで再び登場する。だがしかし，学校に存在するさまざまな人，資源をフルに，かつ最も有効に活用するやり方という意味で，第３の解法のよさを評価しておきたい。

いずれにせよ，ぶつかりあう関係に入ってゆくための第一歩は，関係を取り巻く不安に目を向けて，その低減を図ってゆくことである。低い不安状態では多くの人が穏やかな表情でいられる。不安が高まると，すっと表情が険しくなり，穏やかな面を出せていたその人が，どちらが悪い，あなたが問題だ式の単純な理解に容易に陥ってゆく。原因をはっきりさせたいと願い，科学性が低い理解であっても少しでも何かをはっきりさせたいとわらをも掴む気持ちになり，犯人探しを始める。さまざまな不安に煽られピンチ状態の保護者が，「学校の初期対応が悪かった」「友達関係への配慮が足りなかった」「手をこまねいてきた怠慢がある」と感じたままに述べながら，熱心に問題解決の道を模索しているのだろう。

Ⅵ　事例から

本章のまとめの意味もかねて，事例を１つ簡潔に紹介しよう。

中３の夏休み明けに，Ｃ男の事例が約２年ぶりにあがってきた。長期不登校生徒の一人で，不登校は小学４年生に遡る。小学校からの申し送りを受けて，中１時代に担任教師と養護教諭が協力して熱心に登校を促そうと試みたことがあった。母親を呼び出して面接し，担任も家庭訪問してＣ男との関係づくりをこころがけ，Ｃ男が保健室登校した一時期もあった。が，どこでボタンが掛け違ったか，家庭の教育方針を疑う威圧的な態度と保護者に誤解され，親にも子にも，誠意を持って関わった教師にも，傷つきだけが残り，その後は学校からお知らせだけを届けるという関わりになってしまった残念な事例だった。

さすがに中学卒業後の進路を考える時期だと担任教師が考えたのが，新たな働きかけの出発点だった。通常の保護者面接の呼びかけには相変わらず返事がなく，長い髪をして暗い顔でひきこもっている状態は今も変わらないようだと，幼なじみだった同級生から様子が伝わってきた。前回の失敗を繰り返さないようにと，話し合ったのは，以前関わった担任教師は援助チームに加わるもののしばらく後ろに控えること，今回は，新しく人が入れ替わった養護教諭と学年主任とでまずは親対応にあたろうという方針だった。養護教諭がまずは呼びかける人になり，可能ならスクールカウンセラーに繋いでそこから学外の相談機関を紹介することが現時点で一番現実的な援助目標だろうという話になった。

誰がどんな役割を担い，どのような点に留意するかを引き続き話し合ったが，参考になったのは前回の失敗からの経験である。子どもと保護者を直接知る担任教師の意見は説得力があり，どんな言葉に反応したか，傷ついたかを共有し，思い起こせば学校の働きかけは，荒れて取り付く島がない子どもの横でなすすべない気持ちの母親を追い詰めるだけだったのだろうと振り返った。それなら今回は，「状況を知る，中学生活の締めくくりとして学校にできることは何か聞かせてもらうために，一度呼び出し面接をしてはどうだろう」と意見がまとまった。呼びかけのねらいを低めに設定できたこと，協力して問題解決にあたった経験が他にもある学年との取り組みだったという好条件も役立った。担任のアドヴァイスを受けながら，養護教諭が短文だが丁寧な手紙を書き上げてくれた。

時間がかかって面談の日取りが設定された。母親は約束の時間に遅れてやってきたが，予想していたこともあり，仕事の忙しさの実態を聞くことから話を始めることができた。このままではまずい，何とかしなければと治療機関に足を運んでも，忙しさもあり，胡散臭さを感じることもあっていずれも継続していないことがわかった。２年前と違って学校にもスクールカウンセラーがいること，利用しない手はないと学年主任が説いてくれた。

母親の勤務とスクールカウンセラーの出向日との兼ね合いで，相談に来ようと決めてから卒業まで，計５回の面接が持たれた。２回目の後半には，母親の了承を得て担任教師に同席してもらい，Ｃ男の様子を共有することができた。相談室までついて歩いてくれた教師が「お疲れ様」と声をかけてくれたこと，生徒達の声が聞こえてきて，わが子は３年間，ああいう声を出せずじまいだったと涙する一幕があった。

結局最後まで，Ｃ男は学校に来ることができなかった。卒業式終了後に母親相手に卒業証書授与の会がささやかに持たれたこと，次の相談機関に親面接を無事バトンタッチできたことが小さいながら何よりの成果である。嫌がるＣ男を引っ張って通った２年前，学校は本当に恐いところだったという母親の言葉に，関係者一同が耳を傾ける時間になった。

文　献

Boszormenyi-Nagy, I., Grunebaum, J., & Ulrich, D. (1991) Contextual therapy. In: Gurman, A. & Kniskern, D. P. (Eds.): *Handbook of Family Therapy*. Brunner/Mazel.

Hanna, S. M. (2006) *The Practice of Family Therapy*. Thomson Brooks/Cole.

Carr, A. (2000) *Family Therapy: Concepts, Process and Practice*. John Wiley & Sons.

保坂亨（2009）“学校を休む”児童生徒の欠席と教員の休職．学事出版．

黒沢幸子（2004）学校臨床活動における保護者援助．In：倉光修編：臨床心理学全書 12．学校臨床心理学．誠信書房，pp.258-295.

宮田敬一（2002）保護者と対面するときの心構え．In：村山正治・鵜養美昭編：実践！　スクールカウンセリング．金剛出版，pp.36-48.

中釜洋子（2003）文脈療法の現代的意味．In：日本家族心理学会編：家族心理学年報 21　家族カウンセリングの新展開．金子書房，pp.64-79.

中釜洋子（2004）援助資源としての親と手をつなぐ．In：倉光修編：臨床心理学全書 12　学校臨床心理学．誠信書房，pp.295-323.

中釜洋子（2008）家族のための心理援助．金剛出版．

中島一憲（2003）先生が壊れていく―精神科医のみた教育の危機．弘文堂．
小野田正利（2008）親はモンスターじゃない！―いちゃもんはつながるチャンスだ．学事出版．

第11章　家族の視点からとらえた主体の危機と臨床

Ⅰ　発達の問題をかかえた主体とそれを取り巻く家族

本章の主題は，人が知的発達の遅れを伴わない発達障害，すなわち「気になる発達」や「発達の偏り」と呼ばれる問題をかかえるとはどういうことかについて，とりわけ「家族の視点」から熟考することである。発達とは，個々の主体が時熟（じじゅく）のプロセスでさまざまな事態に遭遇し，それをどう乗り越えたり，未解決の問題としていかにかかえつづけていくか，という問題と理解することができる。彼や彼女を取り巻く周囲の人々が主体の営みをどのように受けとめ，そのあり方を支えたりあるいは妨害するかによって，うまく消化されて日々の暮らしのひとコマになったり，あるいは問題が増幅したりすることを，多くの人々は経験から知っていよう。本章では改めて，主体と最も身近な他者である家族との相互関係に焦点を当てて，関係のなかで展開する発達とその危機，支援のあり方について検討する。

まずはブレインストーミングふうに，３つの例の提示をしてみたいと思う。

１．具体例にみる主体と家族の相互影響関係：その１【Ａさんの場合】

体調不良と不眠，抑うつ感を訴えてＢ心療内科を受診したＡさん（30代女性）が，心理相談にリファーされてきた。Ａさんは数々の不調を訴えていたが，思いあたる原因として，夫からのことばの暴力があると語った。夫はもともと短気でかんしゃくもち，自分の意に染まないことがあると隠しておけず，何でもすぐ顔に出る人だったが，最近になってその傾向がひどくなり，家庭のなかでもいらだちをストレートに表現することが多くなった。自分も，夫の口の悪さに慣れるどころかますます敏感になり，一挙手一投足が癇に障ったりビクついたりするようになってしまったと語る。

夫婦関係の変化をたどっていくと，どうやら長男のことが火種らしいとわかってきた。小学校に上がった長男のしつけと勉強を夫に見てもらっているが，彼が思うようには子どもは理解しないし，静かに座ってもいられない。ほとんど毎回，夫が怒鳴り声をあげて勉強時間が終わると言う。「私へのことばの暴力はまだ我慢できるが，『馬鹿だ，クズだ』『フザケンじぇねえ』と，子どもにもひどいことばをぶつけている」。長男のやる気を奮い立たせるためにわざと厳しく接していると夫は説明するが，Ａさんとしては，侮蔑的なことばを聞くだけで心臓がどきどきバクバクし始めてしまうということだった。

怒鳴られてばかりいるのは息子さんにもマイナスだろう，お父さんに勉強を見てもらうのをしばらくストップさせてみてはと，素朴な意見を伝え返すと，「でも，誰かが見てやらないとどんどんわからなくなる」「学校の先生の手前，親も一生懸命な姿を見せないといけない」「自分が間に入っても，言うことを聞かずかえって事態がややこしくなるだけ」など，なんだかあまり煮え切らない。Ａさんにとっては，長男の話に実のところあまり触れてほしくない，それだけに，相当微妙で重要な問題なんだろうと気づかされることになった。長男の具体的な様子について，時間をかけて慎重に尋ねていく面接となった。

次のようなことがわかってきた。長男は２人同胞の下の子で，夫と夫方祖父母にとっては待ち望んだ男の子，つまり，特別な子だった。生まれてすぐから寝つきが悪く食べ物の好き嫌いも激しい，姉のときとは比べものにならないほど育てにくい子どもとＡさんには感じられた。が，男の子はこんなものだと言い聞かされ，Ａさんが格闘する横から祖父母が望むものをほとんどすべて買い与えたので，型にはまらず，わがままなまま育ってしまったとの由。幼稚園時代が最初の難関だった。集団の動きについていけなかったり，友だちを小突いてしまったり，問題が頻繁に起こった。ベテランのやさしい先生に恵まれて，その先生が付き添って指示してくれれば友だちに混ざって遊ぶことができるようになったが，小学校に入ってからは特別扱いが期待できず，繰り返し先生から叱られ，友だちに注意される存在になってしまった。母親であるＡさんは，学校に呼び出されたり，息子が引き起こした事後処理に謝ってまわったりで精神的にほとほと参ってしまったということだった。母親には叱られ慣れてしまったのか，息子はＡさんの言うことはほとんど意に止めない。ずっと遠巻きにしてきた夫だったが，ここに至って，では自分が勉強を見ようと言い出してくれた。ありがたいことと最初は歓迎したが，すぐ怒り出すし，夫から話を聞いて祖父母も口を挟むようになり，役立つどころかかえって問題がこじれたという事情がみえてきた。

夫からのことばの暴力が問題だといってカウンセリングを求めてきたAさんだったが，話を聞くうち，長男の学校不適応に苦しむ家族であり，全般的な発達の状況，知的能力や偏りの評価も含めて問題を包括的にとらえていく必要があるとわかってきた。次の回には父親と長男にも来談を求めた。小さい頃から環境変化を何より苦手とする子どもだったが，幼稚園では周囲のきめ細やかな配慮に助けられ，拘束の少ない日々を送ることができていたこと，例外を認めずルールに従うことを厳格に求める担任教師がついたことも災いして，小学校生活への適応に苦労している真っ最中という理解を両親と共有する時間をもった。いま家庭でも厳しく接するのは得策でないだろう，できることを大いに評価し得意な面を伸ばしていく方針で両親が力を合わせて対応していただきたいとお願いした。長男の特徴を周囲が理解して学校にも協力を仰ぐ方向で，この後の心理支援は進めていった。

2．具体例にみる主体と家族の相互影響関係：その２【B子さんの場合】

心理学専攻の大学生，B子さんの語ってくれたストーリーである。なぜ心理学を学ぼうと思ったかというテーマでレポート提出を求めたところ，B子さんのなかでは弟の存在と結びついた進路選択であると記してくれた。B子さんのレポートから，一部を抜粋して紹介する。

…（前略）私が心理学を学びたいと考えるようになった経緯には，私の弟のことが何らかの意味でかかわっていると思う。どのようにかかわっているかは，自分としてまだわかっていない点も多い。本当はほとんど関係ないのに，つまり弟をめぐる自分の体験なんて，全然大したものでないのに，自分が勝手にこだわり続け，関係あると思い込んでいるだけなのかもと思うときもある。私にとっては，考えれば考えるほどよけいわからなくなる問題であり続けている。

弟とは年が３歳離れている。３歳というのは微妙な年齢差で，弟が小学校に入学したときに私は４年生，弟や私の家族についていろいろ噂されていることがもうよくわかる年頃だった。弟の中学をどうするかについて両親がいろいろ気をもんでいたときは自分も高校受験勉強の真っ最中，私の大学入試が弟の高校受験の年に重なるというように，私と弟の区切りとなる出来事が全部ぶつかる年齢差になってしまっていた。

もしわが家がごくふつうの家族だったら，それはそれで何の問題もなかったろう。だが私の家族の最大の問題は，弟がアスペルガー障害と診断されていることで，弟が喜ぶからこれを計画しようとか，嫌がるからそういう場所には行けないとか，静かな所はなるべく避けたほうがいいといった具合に，家族の行事はすべて弟を中心に回っていた。進学問題はいつも一大事だった。弟にとって一番いい進学先を探すことが至上命令となり，私の受験はいつも２番目に回るというのが，わが家の常だった。両親は，二人とも教師だったから仕事も忙しく，弟のことでも毎日の暮らしのことでもずいぶん私を頼りにしてきたと思う。両親にこれ以上よけいな負担をかけたくないと思った私はずっといい子で，小学生の頃から，自分のことは自分で判断して両親に迷惑をかけないように気をつけてきた。一人で決められる子ども，お姉ちゃんは放っておいても安心と，まわりからずっと見られてきたんだと思う。弟がパニックを起こして私が大事にしていた人形を壊したときも，お気に入りの本をぐちゃぐちゃにしたときも，「悪気はないのよ」「あの子を許してあげてね」と母に言われて，何で私が我慢しなくちゃいけないの，冗談じゃないと一度は思っても，すぐに考え直して「これはしかたのないことだ，私が怒っても弟には正確には伝わらないし，両親を悲しませるだけだから」と自分に言い聞かせ，怒り狂う気持ちをぐっと呑み込んだことを今でもとてもよく覚えている。

しかたないと頭で理解していても，とくに自分がまだ小学生や中学生だったときは，弟は何をしても許されるのにどうして自分はそうではないんだろう，友人の家と比べて何かが違う，変だ，と疑問に思うことがあった。腹が立つこともたくさんあった。こんなふうに書くと，私が弟や家族を嫌っていると誤解する人がいるかもしれないが，そういう単純な気持ちではないと思う。私は自分の家族がかなり気に入っている。両親が大好きだし，弟のことも，母の次に，父と同じ程度にはよく理解していると思う。そして私たち３人で協力して，弟が自分の障害のせいで被る不利益ができるだけ少なくてすむように弟を守っていくという考え方がとてもいいと思っている。ただ，今でも時々，自分の調子が悪かったりするときには，私が弟に協力するのであってその逆ではないし，この先も逆になることはありえないだろうという考えが浮かんで悲しくなる。両親が苦しむから，こんな考えはいつもは自分の胸のうちにしまっている。が，そういう気持ちになることを，自分には認めてもいいのではないかと思うようになった。そうするほうが不思議と苦しい気持ちは早く消えていく。

そんなことをいろいろ考えているうちにしだいに固まってきたのが，障害についてもっと勉強したい，自分なりに心理学をもっと勉強してみようという気持ちだった。将来どんな進路に進むかはまだ決めていない。けれどもこの数年間は，障害や家族の支援についてできるだけ多くのことを勉強してみたいと考えている。

3．具体例にみる主体と家族の相互影響関係：その３【C恵さんの場合】

20代の女性，C恵さんのカウンセリングには，ここ最近，C恵さん本人のほかに60代の母親と年の離れた兄，C恵さんが籍をおく職場のスタッフ３名を含む６名に集まってもらい，ネットワーク療法さながら，大人数での話し合いを重ねている。同僚の一人が働きかけ，就職後すぐ男性社員との間でトラブルが起きてしまったC恵さんとその家族を外部のカウンセリング・センターに繋いだのがことの発端だった。上司の指示に従えず，その後，指導にあたった数歳年上の男性社員の助言や注意をまったく聞くことができないでいて，指導中にどんどん混乱して自分の頭を壁にうちつけ始めた。そんなことはやめなさいといわれると，今度は，数名が見ている前で女子トイレに閉じこもったまま何時間も出てこなくなってしまったそうだ。いい大人がいったいこれは何だ，どう対処したらいいのかという話になって，心理学の知識をもっていた社員の尽力で，カウンセリングに繋がったケースだった。

関係者の話から，Ｃ恵さんにはプライドの高さと知的優秀さ，その反面で対人関係能力に極端な未熟さが認められることがわかった。心理検査の結果もふまえＣ恵さんのかかえる発達障害が明らかになると，このような心理的問題に手厚い理解を示そうという事業主の特別な計らいで面接を１か月に１回の頻度で重ねることが決まった。周囲の従業員の協力を得て必要な便宜を図るため，問題が大きくならないように，まだ萌芽のうちに対策が取れるようにというねらいで，経過をフォローし生じる問題を話し合うことができた。Ｃ恵さんとその家族の面接へと移していくことを当初は想定していたが，ほどなくまた別の問題が職場で起こり，時間さえ調整できれば関係者も集まってくれることが続いた。人間関係を介さずにできる細かい商品管理がＣ恵さんの仕事として振られたが，必要な電話のやりとりもなるべくしないですませようとする，些細な苦言にさらされただけでずいぶん以前の叱られ体験が強烈によみがえるようで，強い不安に襲われたり，ロッカーに隠れるなどして，他の従業員を不思議がらせたりいらだたせるなど，問題が尽きず，話し合いも多岐にわたって尽きない。面接は，Ｃ恵さんの言い分を聞いて周囲が納得する場，独りよがりな考えにすぐ発展しがちなＣ恵さんの判断や人物評価，状況理解を定期的にチェックすることで他者がかかわれるものへと若干でも変化する場として役立つようになった。

さてＤさん，Ｅ男さんは，貴重な面接参加者である。Ｃ恵さんの働く部署の直接の上司で，初めのうちは，事業主の依頼を受けてしぶしぶ面接に参加していたことが明らかだった。が，問題が一段落して以降，とくに最近では，自分の時間も使いボランティア精神を発揮して面接に参加することもあるらしいとわかってきた。１時間半の面接時間をＣ恵さん１人や家族３人と話す時間にもあてるため，せっかく来ていただいても 20，30 分程度しか一緒に話せないこともある。申しわけないとも思い，来談のモチベーションがよく続くものだと感心もして，Ｃ恵さんの心理支援に一役買ってくれる理由についてＤさん，Ｅ男さんにストレートに尋ねてみた。２人はそれぞれ，次のような答えを返してくれた。

Dさん（40代女性）：さあ，どうなんでしょう。改めて理由といわれると，自分でもよくわかっていませんかねえ。乗りかかった船なので続けて来てみているといったらいいのか。E男が一緒なので続いてきたと思います。私ひとりだったら，きっと続かなかったでしょう。…（中略）…C恵さんは正直で憎めない人だし，お母さまのご心配は痛いほどよくわかるので，少しでも力になれればと思っています。考え方しだいで自分で自分を苦しめたり楽にしたりできるものなんですね。ここでお話しさせていただいて，そんなことをよく考えるようになりました。どこかで私の勉強にもなっている気がします。

E男さん（50代終盤の男性）：自分はあともう少しで退職になる。こんなふうにいうとC恵さんやC恵さんのご家族には悪いが，この小さな会社だから周囲が理解してくれるし，周囲が理解してくれてはじめてC恵さんは勤まると思います。ほかの会社ではこういう特別扱いはまず望めないだろうし，最初はよくても長続きはしないでしょう。自分は短気だから，融通のきかないC恵さんに，こんなことでいいのかと内心イライラはらはらすることが多かったんですよ。長いこと会社勤めしてきた立場からいわせてもらえば，そんな頑固な考え方をしていたら，まず組織で使えない。みんなの足を引っ張るし，真っ先にはじかれる。自分もそんな気持ちでずっとやってきたわけですよ。下の者にもだからずいぶんきついことを言ったし，多少の無理を突きつけられても，会社の方針だから逆らえないということで。長年のサラリーマン生活で堅くなった頭がここに来て話をしたり聞いたりしてだいぶ柔らかくなったみたいですよ。家では娘が時々言っているらしい，お父さん変わったよねって。すぐカッとしなくなった。病気についてわからないことはまだまだたくさん山のようにありますが，自分の価値観で決めつけてはいけないということが少しはわかってきたといいますかね（文章はこの後も続くが後略とする）…。

4．3つの例に共通すること

さてここまで，3つの例の概要というかたちで，知的遅れのない発達障害について，つまり一見したところでは周囲に気づかれにくい発達の問題をかかえた主体と，その周囲の人々が経験する葛藤状況について報告した。夢中になれるものももっていてその領域ではきらめく才能を示すこともあるが，興味関心が限られていて，集中が長く続かない人が多い。先を予測したり他の人の気持ちを想像したりするのが不得手である，語彙は豊富にもっているのに，複雑な内容を重ねて説かれると，途端に混乱して理解できなくなってしまうなどの特徴が本人を苦しめ，人間関係上の不具合となって，ともに暮らす家族，ともに働く人々にさまざまなレベルで影響する様子を３例それぞれに読み取ることができるだろう。もちろん，対人的なすれ違いや誤解は誰でも経験することでもある。だが，発達の偏りをかかえた子どもの場合は，とりわけＡさんの例が伝えてくれるように，主たる養育者である母親一人に頼った支援はしばしば手詰まりと感じられやすく，Ｂ子さんの語りにあるように，父親・母親にとどまらず，きょうだいにもプラス・マイナス両面の影響が深く及んでいく。家族の視点として，第１には，人間関係を通してさまざまな影響が及んでいくことをおさえておきたい。

２つ目としては，発達がまさに生涯にわたり展開するプロセスであるということである。こだわりやある種の感覚的な過敏さなど，しだいに減ってうまく対処できるようになる問題もある。その一方で，幼少期や児童期にはあまり目立たず，思春期・青年期になって精神科的症状を併発したり就労がうまくいかないことで，はじめてかかえてきた発達の問題が気づかれ，手立てが取られるようになる例も少なくない。状態がわかってほっとする本人と家族もいれば，混乱する本人と家族もいる。家族が味わうストレスやいらだちがまた，主体の情動の安定・不安定へと深く影響していく。

３つ目は，発達の偏りの様態が一人ひとりユニークであるため，すべての人に当てはまる典型例が存在しないことである。偏りの程度や，苦手な領域がどこにどのように広がっているかという主体側の特徴と，子どもの個性を受けとめる周囲の大人たちの耐性によって，どのように問題が顕在化するか，いつの時点で周囲の大人たちに気がつかれ必要なケアが提供されるようになるかが異なり，予後の良好さもまた違ったものとなる。知的な能力と社会的に被る不利益や負担は，必ずしも単純な相関を示さない。問題が顕らかになる以前から，また，障害の診断基準を完全に満たさない場合であっても，主体と家族双方が被ってきたストレスを侮ることはできない。

アメリカの場合だが，自閉性障害と診断された子どもをかかえる夫婦のストレスは非常に高く，離婚率が 80％に及ぶ（Bolman, 2006）というデータが示されている。彼らのユニークな発達を受けとめそれを支援していくのは容易なことでなく，個人の問題にとどまらず，まさに家族全員が一丸となって格闘する“わが家の問題”としてとらえる必要がある（Sicile-Kira, 2006, 2008）。

日本では，離婚という現象以上に虐待の生じやすさという指摘に，発達障害をもった子どもたちを育てる苦悩を読み取ることができるだろう。杉山(2007)は，あいち小児保健医療総合センターを開設後５年間に子ども虐待センターを受診した被虐待児575名のうち，広範性発達障害が24％，ADHDが20％という高率を示したこと，しかもそのうちの85％がIQ 70以上の子どもたちだったと報告し，知的発達の遅れを伴わない発達障害が虐待の危険因子になるのではないかと警鐘を鳴らしている。親や家族による子ども支援，専門家による親や家族支援が求められるのはいうまでもなく，可能なら親や家族を超え，C恵さんの例が示すように，ネットワークを活用した支援を実現したい。

Ⅱ　心理支援における家族の視点

“わが家の問題”を支援するために，主体である子どもの努力に頼るだけでなく，また主たる養育者の手に一任するのでもなく，子どもを取り巻く家族や関係者が集まり，力を貸し合って行う心理支援が推奨されると述べてきた。ところがこの種の心理支援であるが，100余年に及ぶ心理療法・心理支援の歴史のなかで誕生してからいまだ日が浅く，現在進行形で発展中の支援パラダイムである。

２つ以上の理論アプローチを組み合わせたり，他のアプローチから生まれた技法や臨床概念を取り入れて，より実効性の高い支援システムを構築しようというねらいで行われる「統合的心理療法」（村瀬，2001, 2003；平木，1996, 2003），異種の専門家が複数人集まって協働の姿勢で展開する「多面領域的心理療法」，家族や親密な人々が構成する関係系に焦点を当てた「関係系志向の心理臨床」（中釜・髙田・斎藤，2008）など，この新しい支援パラダイムは，いくつか異なる名前で論じられている。関係者を複数巻き込んで行う心理支援パラダイムの先駆けは，しかし，何といっても家族療法だろう。Ⅱ節では，家族の視点を積極的に活用して行う心理支援（＝家族療法）について解説する。家族療法が立脚するシステミックな問題理解に言及したうえで，気になる発達を示す子ども理解と支援に役立つ概念を，この領域からいくつか紹介しよう。

1．システム内のミスマッチが心理的問題や症状になるという発想

家族療法以前の心理支援論は，個人心理療法の仮説に則って開発されたものがほとんどである。個人の内側に何らかの問題があって，それを解決するために内界を探求したり，遊びを通じて自己表現したり，認知の癖がどこにあるかを見定めて修正の努力を重ねることで，問題が解決したり問題に振り回されずいられるようになると考えられている。主体が子どもの場合は，主体に対する働きかけを補強するねらいで，親サポート／親カウンセリングを導入することが多い。親サ

ポート／親カウンセリングと記したが，まだまだ大半のものは母親サポート／母親カウンセリングである。これらをまとめて個人心理療法と呼んでいる。

それに比べて家族療法は，システミックな認識論にもとづいた人間理解に則って行われる。家族合同面接を行ったり，あえて個別面接を組んだり，合同面接と個別面接の両方を組み合わせたりする。家族療法の発想の一つに，問題や症状をかかえた人物をIPと呼ぶということがある。IPとはIdentified Patientの頭文字をとった略語である。実際にそうである場合もそうでない場合もあるが，システムの構成員から「問題をもつ人」ととらえられていることを意味する。家族療法では，問題や症状は個人の内側にあるのでなく，むしろ関係のなか，システムのなかに存在すると考えられている。ある人がIPとして選ばれ，システムに何らかの不具合があることを伝えているという理解に立脚したアプローチである。問題や症状が消えずに存続するとは，つまり，システム内にミスマッチや不協和がありそれらをふくむ均衡状態ができあがってしまった状態と理解される。ここから，システムにいったん不均衡をもたらして，問題や症状をふくまない新たな均衡状態を構築し直すことが，家族療法的心理支援のねらいとなる。

さて，このような家族療法の考え方だが，1960年代にアメリカの数カ所でほぼ一斉に始まった家族合同面接の試みに端を発している。1970年代には，当時注目されるようになった一般システム理論（von Bertalanffy, 1968）と結びつき，システム論的家族療法となって発展した。心理療法の主流派だった精神分析療法に取って代わるパラダイムとして，他理論への批判とともに勢いよく登場した後発部隊であることが大きな特徴である。爆発的な勢いで支持層を増やした1970年代，1980年代が過ぎると，セラピスト−家族間の対等性を重視し，家族ごとの自己決定をいっそう尊重する第二次家族療法や第三次家族療法と呼ばれるグループへと成熟した（Hanna, 2007）。現代では，臨床的問題の成り立ちや維持に家族が与える影響に焦点づけて考えたり，家族との協働作業と積極的に位置づけてセラピー過程を構成していくことを方法論的特徴とした臨床実践を総称して，家族療法や家族臨床（＝広義の家族療法）と呼ぶようになった（楢林，1999；中釜，2008）。

日本への導入は，1980年代に入って始まった。導入後しばらくの期間は，家族療法の基本的なものの考え方を咀嚼し，ごく一般の心理支援のなかに組み入れるために時間とエネルギーが費やされた感がある。最近になってシステム論的視点が各臨床領域を率いる専門家に知られるようになり，いよいよ専門性の高い実践が領域ごとや問題ごとに蓄積されるようになった。その筆頭が，思春期やせ症や過食症治療，がんや認知症をはじめとする健康問題をかかえた患者と家族への支援を志向する医療的家族療法などである。それらを皮切りに，非行など，行動型の子どもが起こす問題への対応が続く。

本論が主題とする「ちょっと気になる発達」や「発達の偏り」をかかえた子どもとその家族の心理支援に関しては，長くわが国の伝統的な子育て観を反映して，献身的な母親が支援の大部分をたった一人で，あるいは気の許せるごく少数の女性たちの手を借りて担っていく感が強かった。父親や祖父母らにもっと協力願おうと働きかけると，考え方の不一致や感情的わだかまりが露わになり，ストレスが減るよりかえって高まると語られる場合も少なくなかった。父親も同行していただけないかという勧めに対しては，しばしば母親から「夫も子どもと同じ問題をかかえているので呼んでも無駄だと思う」「父親が自分の意見を言うことはほとんどありません」「実質的に私が何でも決めているから，父親がいてもいなくても同じ」といった返答が戻ってくる。手いっぱいになり疲れきっている母親を前に，右にも左にも動けない閉塞感を支援者自身も感じることが少なくなかった。が，それでも最近になって，子どもがかかえた「問題を直す」のでなく，無理のないかたちで社会経験を積んでコミュニケーション能力を習得すること，ミスマッチをみつけるよう心がけ，周囲の理解を促して早目に手立てを講じることができれば，不登校やうつなどの二次障害を予防することができる，それこそが大切な働きかけだといっそう明確に説かれるようになった。きょうだいが受ける肯定・否定両面にわたる影響も小さくなく，啓発活動や心理教育的働きかけをふくめて行っていくことが欠かせないと理解されたことで，環境調整や関係を扱う家族療法的働きかけの意義が再認識され始めたというのがここ数年の動きである。

発達障害が，遺伝的素因と環境因の複雑な絡まり合いのなかで発症する問題だからだろう。家族全体に視野を広げると，父親か母親のどちらか，つまり親役割を分担するパートナーが類似の発達の偏りをもっていたと気づかれる例も多数報告されるようになった。「職場の人間関係がうまくこなせず問題をかかえることが続いてきたけれど」，あるいは「子育てがとても苦しいと感じてきたのだけれど」，子どもの問題が明らかになるプロセスで自分やつれあいの問題を改めて振り返り，長いこと携えてきた苦しさに「発達の偏り」ということばを当てはめてみてはじめて腑に落ちる気がしたと語られることが少なくない。両親のどちらかが類似の問題をかかえているとわかってさてどうなるかだが，例えば夫が同じような発達の問題をもつとわかった場合，協力を仰ぐことが難しいと考えざるをえないこともあれば，類似の問題をかかえているからこそ当該の子どもの気持ち理解に夫が格別の才能を発揮してくれることもある。夫婦関係への影響が明らかで，協力関係が築けないできている夫婦に対して，カップルセラピーの要素も盛り込んだ親カウンセリングが随所で導入されるなど，多様な実践が蓄積され始めている（Sicile-Kira, 2008）。支援に携わる人が増えれば増えるほど，楽になるより大変になると受けとめる傾向が強いのが，これまでの日本の心理療法の常識だったと思う。が，さまざまなレベルで多種類の支援を必要としているのが家族側の現実である。情報提供や経済支援に始まり，親カウンセリング，親訓練グループ，コンサルテーション，家族療法，カップルセラピー等々，名称はどうあれ，必要な要素をしっかり盛り込んだ支援がテーラーメイドで組まれ，なるべく多くの人々がその恩恵に与れるようになることを望んでいきたい。

2．システミックな問題理解の鍵

システミックな問題理解を試みる際のキーワードとして，ここでは「円環的因果律」と「悪循環」，「三角関係」の３語をあげることにしよう。それぞれにごく簡単な説明を加える。

まず円環的因果律は，家族システムや学校システムなど，生体システム内で生じた物事の流れを説明する法則である。私たちはしばしば，原因Ａが起きたから結果Ｂが生じたというように，単純化した直線的因果律の枠組みで物事をとらえようとする。けれども複雑な現実のなかでは，原因Ａによって引き起こされた結果Ｂが新たな原因となって，改めてＡをふくむ周囲全体に影響を与え返していくなど，もっとずっとたくさんの方向の因果の流れが生じている。生体システムは外界に開かれた開放システムであるため，原因を人工的に統制することができない。また因果の流れをもれなくたどることも不可能である。できるのはせいぜい，かかわりをもつ諸要因が互いに影響し合い次の動きが決まっていく様子の一部を円環的・循環的に後追うことくらいだ。因果に対するこのようなとらえ方を円環的因果律と呼ぶ。

例えば担任教師は，Ｆ君が理由もなく友だちを叩いてしまうから，クラスの友だちがＦ君から離れていくとＦ君の両親に説明するかもしれない。が，よくみればＦ君が興奮するのは，ルールを守りにくいＦ君が全身全霊をかけて一途に遵守してきた約束事が前ぶれなく悪気もなく，わずかに変更されてしまったからにほかならない。ルール変更を受け入れられず混乱するＦ君の様子を「変だ」と感じるクラスメイトがひそひそ話を始めるせいで，Ｆ君はさらにイライラ感をつのらせてひとつところにじっと座っていられなくなるなどが一例である。

第2のキーワードを悪循環とした。悪循環は，誰にとってもいいことは何もないのに，懲りずに同じことを何度も繰り返されてしまう事態を意味する。システミックな心理支援では，支援の出発点として，この悪循環を見つけることが欠かせない。先ほどのＦ君の例では，例えば次のような悪循環が見つかるだろう。クラスメイトはＦ君に働きかけようとするが，Ｆ君としてはクラスメイトが近づくことを嫌がってどんどん離れようとする悪循環。もう一つは教師が家族に状況をしっかり伝えようとすればするほど，家族は耳を塞いで聞きたがらなくなり，そうなればなるほど，教師は家族の理解を促そうと躍起になるなど。当事者にとっては，悪循環は解決のための努力という意味をもっている。けれども十分に効果を上げないばかりか，反対に問題の増悪や維持に貢献してしまっている。

第３のキーワードである三角関係は，読んで字のごとく，関係が近づいたり離れたり，２人が手を組んでもう１人と向かい合うなどの動きをいろいろにとる３人組を意味する。二者間に生じるストレスを第三の人を巻き込んで解消する手立てとして，家族は本来，いくつもの３人組を備えている。機能的な家族の場合，例えば長男のＦ君，妹と父母の４人家族であれば，父母とＦ君，父母と妹，父と兄妹，母と兄妹という４通りの３人組が考えられ，それぞれの３人組が組まれたり解消したり，組み合わせは自由に変わることができる。家族に問題が生じるのは，一つの三角関係が解消されずに四六時中存在し，しかもそれが２対１に分かれた硬直した関係になったときである。例えば父母が，発達の問題をかかえるＦ君の様子を大いに気にとめて，他の組み合わせ以上に頻繁に父母とＦ君の３人組を形成したとしよう。しだいに教育方針をめぐって両親の間で意見が合わなくなり，それが両親にとってあまりに心痛いため，母親とＦ君が連合して父親が簡単にことばを挟めないような状況をつくっていったとする。父親は母－息子連合に刺激され，批判的な気持ちを強めてさらに極端な意見を口にしたり，仕事に精を出し家族とのやりとりを自分からも避けるようになったりする。結果として，母－息子対父の２対１関係が固定化するといった具合である。

３．家族療法が依拠するシステミックな人間理解

ここでは，家族療法のなかでしばしば用いられるシステミックな人間理解の構図を紹介しよう。多世代家族療法家のカーターとマクゴールドリック（Carter & McGoldrick, 2005）は，家族と個人に降りかかるストレスを，垂直的ストレスと水平的ストレスの２種類に分けてとらえることを提案した（図１）。少々長くなるが，家族の視点として大事な構図なので言及したい。

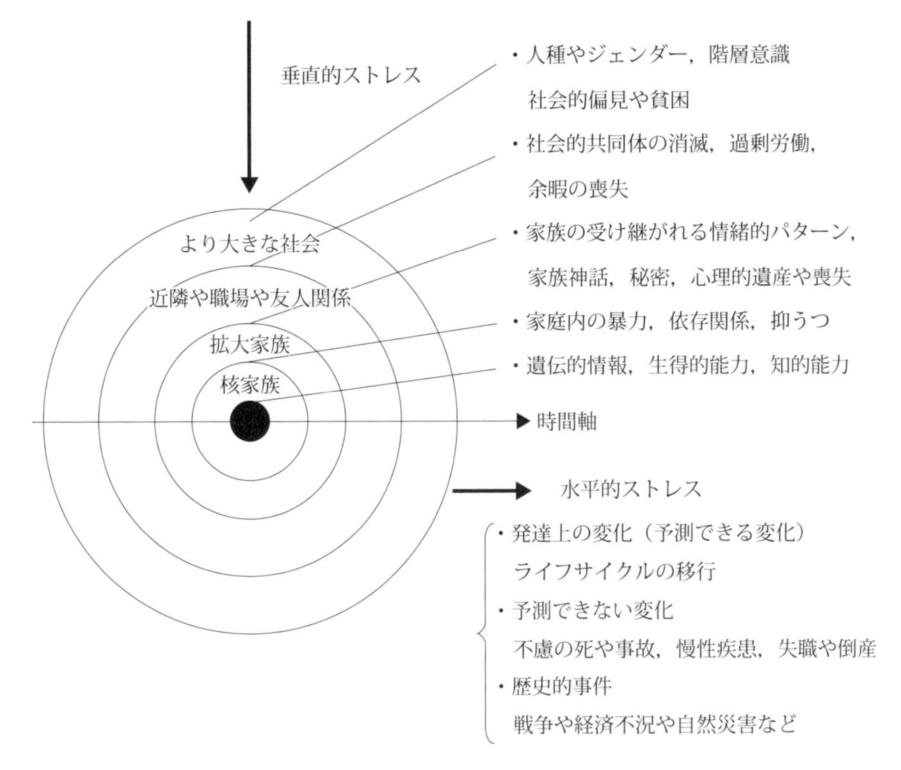

図1　個人と家族に降りかかるストレスの流れ図（Carter & McGoldrick, 2005 より作成）

まず，図1の中央に描かれた一番小さな円が一人の人間（＝主体）を表している。主体が横一本に引かれた線上（＝時間軸上）を左から右へ，つまり過去から未来へと動いていく様子が示されている。個人療法の視点からは，幼少期の他者に依存した状態から，歴年齢を経るに従い，一人で何でもできるようになる流れが想定されていよう。家族療法の視点は若干それと異なり，上位システムが常に主体を取り巻いて，大人も子どもも老若男女も誰もが周囲の関係ごと携えて生活し続けるととらえられている。周囲が不用となるのでなく，取り巻く上位システムとの間の相互影響関係が強すぎずまた弱すぎもせず常にあることが成長促進的と前提している。主体を取り巻くシステムとしては，ともに暮らす核家族を第2の円として描き，第3の円としては親族や祖父母家族をふくむ拡大家族を，4番目には近隣コミュニティや職場の友人たち，学校関係者が構成する地域社会を想定している。さらに大きな主体を取り巻く円が，文化や政治・経済といった上位の社会システムにあたる。

各レベルのシステムに内在し，そこから個人や家族に降りかかるのが垂直的ストレスである。図中には，遺伝的情報や家族内の暴力的関係／依存関係の有無，家族神話や秘密など，ごく一般的なストレス要因がシステムの階層別に記されている。該当する要因が多ければ多いほど，一般に強いストレスがかかることはいうまでもない。ただしこの図を発達障害という今回のテーマに当てはめるなら，主体がかかえる気になる発達，つまり情動コントロールの悪さや生得的なデコボコ状況，得手・不得手のバランスの悪さ等々が，主体に内在し，主体自身にも上位システムである家族や学級，学校にも大きく降りかかる第一級のストレス源だということがわかってくるだろう。

もしかすると私たちは，個人システムにこれほどの個人差があり多様であることに比較的最近まで十分注目しないできていたのかもしれない。実際 19，20 世紀を，ますます多様な一般市民が文化の恩恵に与るようになった時代とまとめることができるだろう。心理学においてもこの時期には，人間一般の機能や特徴が解明され，人々の潜在的能力や成長力，無限の可能性などが盛んに説かれた。20 世紀終盤に入って，一見同じに見える表現形の背後に存在する遺伝的情報や能力的な差異が，これまで想定してきたよりはるかに大きく深いものだったと遅ればせながら気がつき始めたのではないだろうか。

ミシュナ（Mishna, 2003）は，障害や違いをもった子どもやその親が理解されないことで味わう失望やフラストレーションに対して，インフォームド・エンパシーによる教育や支援の道を探る重要性を指摘している。ミシュナは，触れ合うなかで自然に生じる共感では及ばず，個人的・専門的な情報を共有することによって培われる共感をインフォームド・エンパシーと命名した。そして，とりわけわかりづらい違いの理解に対しては正確な知識や情報の伝授が不可欠なこと，相手を自分の枠組みに引き寄せてとらえるのでなく，相手の立場に身をおく努力を通して得られた共感こそが，これらの子どもや家族理解の出発点に欠かせないことを強調して説いている。

さて，図に戻ろう。家族システムから主体に降りかかるストレスだが，暴力関係や依存，うつ，無知等々がその他の問題同様，ストレス源になることはもちろんである。加えて，発達の偏りという問題がなければ家族の個性の範囲として見過ごされたであろう決まりごとや規範を守ることへの厳格さ，例外を認めるゆとりや臨機応変さ，柔軟さ等々の要因も，主体のユニークな個性とぶつかって，ストレスを上げたり下げたりする分岐点となることを覚えておく必要がある。

家族の情緒的パターンや神話，家族遺産についても，主体の個性との交互作用を想定する必要がある。賛辞や好意を容易に表現せず，欠点修正的なやりとりを家族内で多く交わしながら，高い目標を掲げて努力したり，叱咤激励という方法で子どもたちのやる気を鼓舞し，真面目な努力家をたくさん生み出してきた家族があったとしよう。一族が共有する家族文化は，発達の偏りをかかえる子どもにとって決して望ましい環境ということはできず，彼らの能力を最大限に活かすためには，家族文化がより柔軟なものに，苦手を克服するより，よさを見つけて伸ばしていくことで，自信を育んでいくスタンスへと変わることが求められるだろう。子どもが備える個性ゆえ，それをかかえてなお安定感を提供できるシステムであるために，レジリアントな家族文化を備え，情緒的交流パターンを形成するように努める必要が出てくるだろう。

さらに上位のシステムにも，同じことが求められる。学校文化も，職場環境としても，さらには労働観や教育観についても，いっそうの柔軟性が求められることが間違いない。上位システムが備える鋳型を受け入れそこに自分をあてはめていくという面が，社会適応には必ずふくまれている。しかし発達の偏りをかかえる子どもたちの問題は，努力や心がけによる変化を期待できない個性というものがあり，それもかかえて社会の一員となっていくには，社会の枠組みや鋳型をますます柔軟なものに，拘束の少ないものに変えていく必要があると気づかされる機会となる。私たちの社会は，違いを違いのまま，良し悪しをつけず共存させることができるだろうか。成熟した社会だからこそ乗り出すことができるし，乗り出していかなければならない試みと思わずにいられない。

主体が受けるストレスの総量は，垂直的ストレッサーと水平的ストレッサーの加算によって決まってくる。水平的ストレスには，誰もが経験し予測可能な発達変化によってもたらされるストレス，不慮の死を経験したり慢性病に家族の誰かが罹患したりする，事故に遭う，失職するなど，予測しなかった事態がもたらすストレス，戦争やセンセーショナルな出来事や事故などの歴史的事件がもたらすストレスの３種類が想定されている。発達変化については，Ⅲ１．であらためてとりあげることにしよう。

Ⅲ　家族ライフサイクルのなかで展開する主体の生の営み

発達の問題をかかえた子どもたちであっても，時の経過とともに発達・変化していくことが明らかである。最終節では，時熟や経験の蓄積など，縦断的視点に立つことでいっそうクローズアップされる主体とそれを取り巻く家族の問題に目を向けておこう。

1．家族の発達・個人の発達

すでに何度も繰り返してきた本章の主張だが，主体の発達もまた取り巻く周囲との相互影響関係のなかで展開する事実を強調するため，表１として「家族と個人のライフサイクル」を示そう。

子どもの発達支援として，当該の子どもの精神発達や社会性の発達状況を詳細に検討して，無理がなく時機を逃さない発達促進的働きかけを行うのが重要なことはいうまでもない。その一方で家族の視点に拠って立つとき，その子どもだけでなく子どもを取り巻く大人たち，きょうだいたちもまた成長すること，そして家族システムそのものも，家族のライフサイクルを一段，また一段と上っていくという理解が必要になるだろう。個々のメンバーの発達と，器部分にあたる家族全体の発達という二重構造で進むこと，そしてあるメンバーのクライシスと別のメンバーのクライシスが重なったりずれたりしながら相互に刺激し合うことが，家族ライフサイクルの大きな特徴である。

家族の発達段階としては，６つもしくは７つのステージを想定することが一般的である。表１には７つのステージのものを掲載した。結婚前に当該の子どもの両親が実家から独立することを課題とする一時期をステージ１として設けていること，子育て期を２つのステージに分け，子育てに相当量のエネルギーが投入され，子どもから目が離せない時期と，末っ子が小学校に入学してほっと一息がつける時期の２つのステージに区別していることが特徴である。ステージ１～２が家族の土台形成期にあたり，子どもが生まれて活動範囲がぐんぐん広がっていくステージ３～５が家族の拡大発展期，子どもの実家離れが始まり高齢の夫婦家族に戻るステージ６～７が家族の収束期に相当する。それぞれのステージに固有の発達課題が個人と家族双方に課せられること，発達課題のそこそこの達成が次のステージへの順調な移行に欠かせないこと，発達段階の移行期は心理的問題や症状が生じるクライシスになりやすいことが指摘されている。

気がかりな発達を示す子どもをかかえた家族の発達だが，７つのステージを移行するという大枠にその他の家族との差異は認められない。むしろ各ステージの発達課題を達成する大変さに，つまり，降りかかる負荷量に相当の違いが認められる。

例えば，親子の特別な絆づくりが進むステージ３の時期に，それらの家族の大

表1　家族と個人のライフサイクル（Carter & McGoldrick, 2005 より作成）

ステージ	家族システムの発達課題	個人の発達課題：第一世代の発達課題，□内には第二世代の発達課題を示す。（　）内には，“かかわり合いのなかの自己”の発達課題を記す。
1. 家族からの巣立ち（独身の若い成人期）	・原家族からの自己分化	親密性 vs 孤立
2. 結婚による両家族の結合（新婚期・家族の成立期）	・夫婦システムの形成・実家の親とのつきあい・子どもをもつ決心	親密性 vs 孤立
3. 子の出生から末子の小学校入学まで	・親役割への適応・養育のためのシステムづくり・実家との新しい関係	世代性 vs 停滞 第二世代：基本的信頼 vs 不信（情動調律能力と他者への共感性発達）自律性 vs 恥・疑惑　自主性 vs 罪悪感（関係の相互依存性の理解の高まり）
4. 子どもが小学校に通う時期	・親役割の変化への適応・子どもを包んだシステムの再調整・成員の個性化	世代性 vs 停滞 第二世代：勤勉性 vs 劣等感（道徳性の発達）
5. 思春期・青年期の子どものいる時期	・柔軟な家族境界・中年期の課題達成・祖父母世代の世話	世代性 vs 停滞 第二世代：同一性確立 vs 拡散（自身の声の発見・他者配慮と自己配慮の均衡；社会や親やピアからの期待・圧力という文脈のなかで，自分に対して誠実な意見や気持ちを発し続けること）
6. 子どもの巣立ちとその後の時期（家族の回帰期）	・夫婦システムの再編成・成人した子どもとの関係・祖父母世代の老化・死への対応	世代性 vs 停滞 第二世代：親密性 vs 孤立（強烈な関係にコミットする能力の発達；家族のケアとキャリア発展の均衡に関与すること）
7. 老年期の家族の時期（家族の交替期）	・第二世代に中心的役割を譲る・老年の知恵と経験を包含	統合 vs 絶望（互恵的英知の開発；喪・喪失・リジリエンス・回顧と成長） 第二世代　世代性 vs 停滞（他者の問題に対するアウェネスの高まり）

半は最初のクライシスを迎えるだろう。愛着関係形成は総じて遅れるか弱めで，多動で何をしでかすかわからない状態が他の家族よりずっと長く激しく続き，特定の食べ物しか受けつけず睡眠リズムも一定でない等の感覚過敏の問題をかかえる場合も多いので，養育のためのシステムづくりが難航し悲鳴をあげる可能性が高い。片時も子どもから目を離せず，「体当たりの子育てだった」「何が起きているのかわけがわからず，追いかけて止めて叱って，診断がつくまでほとんど虐待すれすれの毎日だった」と述懐する母親に，よくぞ無事に乗り越えてきたということばが，思わず支援者の口を突いて出ることもある。

幼稚園生活が始まるとすぐ，集団生活の不得手さを痛感するエピソードが続くことになる。他の親たちが自分の時間を取り戻しほっと一息つくステージ４の時期に，本書がテーマとする子どもたちの親は，先生の指示に従わないと苦言を呈され，友だちを小突いてしまったといっては連絡ノートに書かれて，先生ともども，どうしたものかと頭をかかえる機会が増える。叱責や説得を繰り返した挙句，親子関係に悪循環が生じないようぜひ気をつけたいところである。知的に高く，ここまで問題が気づかれなかった子どもにとっては，わがままやしつけの問題と誤解されず，もっと根本的な問題があると気づく契機にできるといいだろう。

子ども本人の問題意識や苦悩は，ステージ５に入り，思春期の到来とともに強まる場合が多い。彼らは，“ちょっと変わっているから”，“冗談が通じないし”，“相手が傷つくようなことを平気で言うし”，“いくら言っても少しも言うことを聞かない”といった理由でからかいやいじめの対象になりやすい子どもたちである。低学年のうちは周囲からどう思われているかにあまり関心がない場合が多く，思春期の兆しがほの見える時期に入って，「自分だけどうして外れるのか」「ふつうでないのか」という疑問をかかえるようになる。実存的ともいえる深く苦しい問いで，私たちは想像することしかできなかったが，最近当事者が綴った書籍（Williams, 1994（河野訳，2000）ほか）が複数出版されて，追体験することがいくらかできるようになった。人と違っているための不安や恐怖心，孤独感を非常によく伝えてくれる。

学校教育の終了とともに，社会のどこにどのようなかたちで定位するか，居場所を見つけられるかという課題に直面することになる。可能なら，職業というかたちで家庭外に活躍の場を見つけてくれるとよいと多くの家族が望んでいるが，残念ながらそう簡単に解決できる問題ではない。安定した職業生活には，コツコツやり続ける実直さか，あるいは臨機応変さやソーシャルスキルの能力が必要なことはいうまでもなく，これまでにどんな体験を重ねて，他者がどれほど好意的な存在として眼前に現れるか，自尊心がどう損なわれ，あるいは守られたかが総合的に問われることになる。私たちの社会が，彼らをめぐる長期的な問題にやっと気づき始めたというのが正直なところだろう。

2．公平感／不公平感をめぐる体験の蓄積

Ⅲ 1．の議論を発展すべく，多世代家族療法が提唱した概念からもう一つ，破壊的権利付与について紹介しよう。これは，正当性もなければ，きわめて主観的で自分勝手な考えである。文脈療法の祖であるボスゾルメニ・ナージ（以下，ナージと記す）（Boszormenyi-Nagy, I.）は，周囲の人々に対して自分が破壊的にふるまっていいし，自分にはそうする権利があると思ってしまう状態について記述して，そのような誤った権利意識をもつことを破壊的権利付与と名づけた。

ナージによると破壊的権利付与は，現実に生じた不公平な経験や不当に扱われた体験の蓄積から生じる否定的な権利意識として説明される。私たち人間は，そもそも公平性や対等性への希求を強くもつ存在であるが，自分が他者のためを思い支払ってきた代償と他者から受け取ったケアの総計がそこそこ釣り合った状況や，投入したものが見て取られたりさほどの時間差なく返礼とともに戻ってくる集団や他者に対して，この場や人々は信頼に値すると感じるようになるという。かたや収支が釣り合わず，戻ってくるものが少ない環境や慢性のケアの赤字状態では，周囲は信頼に値しないし，このような状態は不当だという思いを強めていかざるをえない。誰もが当然のこととして手にしているもの，享受している何かが与えられない状況で，公平さが踏みにじられたという思いが蓄積し，その思いは，自分がそうであったように他者もケアに恵まれなくて当然という思いへと発展しがちと述べられている。

多くの人々に与えられている恵まれた環境の一例として，ナージからは，最低限の経済的な安定や心身の安全が最小限守られた経験，ケアテイカーがいることなどがあげられている。悲しんでいる状況や何かを我慢し断念した状態でそれに気づき，努力をくみ取ってもらえる体験が極端に少ない状況で，自分も他者からのケアなくやってきたという事実を理由に，だから他者に対して破壊的にふるまってもいいんだ，そうするいわれが自分にあると思いがちになる。この思いが解消されるためには，どれほど遅ればせであっても破壊的権利付与が生じる契機となったその人にとっての不当な経験が汲み取られ，他者によって聴き取られなければならないと説明される。

この概念は，家族支援の現場では一般に，わが子や年少者の脆弱性や心の傷に

目を向けることができない大人たち，子どもをかわいがることができない親の心情を汲み取る際に力を発揮してくれる。ナージがこの概念を提唱した時代に，発達の偏りや知的発達の遅れを伴わない発達障害の問題を想定したとはとうてい考えられないが，これらの障害はまさに障害の特性から，破壊的権利付与という状況に陥りやすい要件を備えている。

例えば衝動性の強い子どもたちが，こみあげる欲求を堪え，繰り返し何かを我慢しなければならない状態であることに思いを馳せておこう。彼らの個性は，社会システムのルールを容易に乗り越えてしまい，注意や叱責を受ける回数が必然的に増えることにも，目を向けておきたい。自分のやりたいことが次から次へと出てくる子どもにとって，みんなと同じように動く場，スケジュールがあらかじめ決まっている場にいることは，まったくうれしくない時間帯だろう。良かれと思ってだろうが,「勝手なことをしてはダメよ」「わかっているわね」「いつも気をつけていなさい」という大人たちの忠告や命令が追い打ちをかける可能性が高い。そんなことばは，子どもを思う純粋な気持ちから出てくることが多いが，意図を汲むのは苦手な子どもたちであり，拘束を受けることを嫌というほど重ねて，ずたずたに傷つきや自尊心の低下を起こしている可能性が高い。客観的数値で表すことはできないが，決められたカリキュラムをこなし与えられた教育制度のなかに収まるために，複雑な人間関係を理解しようと努めたり，言外に込められた意味やニュアンスを読み取ろうと想像力を総動員し続けるため，彼らが投入したエネルギーは相当量に膨れ上がっていることが多い。他者のため，また集団の一員でいるために費やしたケアのエネルギーが与え返されたものをはるかに凌駕すると感じている子どもたちが少なからず存在する。類似の経験が蓄積し，破壊的権利付与の近くにいることになった子どもたち，青年たちと考えることができるだろう。

一例をあげよう。ある女児はみんなが笑うタイミングがとらえられず，なぜか集団の一員でなくなっているというたび重なる発見に深く傷ついていた。本人にしてみるとまったく真面目にふるまったことに対して，周囲から笑い声が寄せられる。いつのまにか自分の存在がないものになっている経験も多く，かくれんぼうで忘れられ,みんなが先に帰ってしまったことも一度でなかった。「まわりの人の真似をして，隣りの人を愛称で呼んでみたら怪訝な顔をされた。なぜだか理由もわからないし，どうしてそういうことになるんだか，からくりもまったくわからないのだけれど，仲のいい友だちができないし，ちょっと仲良くなったはずの人も最後には自分の悪口を言うようになる。集団に入れないって何度も注意された。そのことを直そうと自分でもすごく努力して，４年生のときには入れてくれるグループだってできた。班分けで最後の一人に残ったのは私じゃなかった。それなのに，そのときだってみんなに合わせるようにってまた怒られた。これ以上どうすればいいのか，私にはもう全然わけわかんない」

悔しさをこれでもかとぶつけるように機関銃のような勢いで話しまくったが，その一方で時折見せる悲しげな表情から，さまざまな努力の果てに精根尽きた様子が伝わってきた。

また別の高機能自閉性障害の青年は，日頃は物静かで抑制的な印象だったが，タバコのポイ捨てをしたスポーツカーを追いかけて罵声を浴びせかけ，後ろから大きな石を投げつけようとして通行人に取り押さえられた。事情を尋ねられた青年は，自分がどんなに吸いたくても禁煙を守り，多大な犠牲を払って公共の場のマナーを守っていることをたどたどしい口調で説明した。「我慢してない奴は絶対許せない」と一言，吐き捨てるように語った。

知的発達の遅れが目立たない発達障害の子どもとその家族がたどる経験について，支援という観点から，いくらかの問題提起とともに論じてきた。“一斉に”ということばがふさわしいほど，教育界，産業界，福祉領域や矯正領域の支援者たちが，彼らの問題と自分たちが格闘してきた子どもや働かない青年の問題，虐待，反社会的問題行動の一部が交錯していると気づき始めた。解決の手がかりが見えない問題も山積状態だが，問題意識が高まったのは確かな事実である。懲罰的対応は問題解決に役立たず，違いを共感的に汲む大切さが説かれるようになった。子どもたちと家族の相互影響関係，彼らと社会の相互影響関係がますます総合的・包括的に解明され，他職種の人々の協働により取り組まれることを願わずにいられない。

文　献

Bolman, W.（2006）*The autistic family life cycle: Family stress and divorce*. New York: Perigee.

Boszormenyi-Nagy, I., Grunebaum, J., & Ulrich, D.（1991）Contextual therapy. In: Gurman, A., & Kniskern, D. P. (Eds.): *Handbook of family therapy*. Brunner/Mazel, pp.200-238.

Boszormenyi-Nagy, I., & Krasner, B.（1986）*Between give and take: A clinical guide to contextual therapy*. New York: Harper & Row.

Boszormenyi-Nagy, I., & Spark, G. M.（1973）*Invisible loyalties*. New York: Harper & Row.

Carter, B., & McGoldrick, M.（2005）*The expanded family life cycle: Individual, family, and social perspective (3rd ed.)*. Boston: Allyn & Bacon.

Hanna, S. M.（2007）*The practice of family therapy: Key elements across models (4th ed.)*. Belmont: Thomson Brooks/Cole.

平木典子(1996)個人カウンセリングと家族カウンセリングの統合．カウンセリング研究, 29(1); 68-76.
平木典子（2003）カウンセリング・スキルを学ぶ．金剛出版.
平木典子ほか（2006）子育て期の夫婦を支援するための心理教育プログラムの開発とその効果測定　平成15～17年度科学研究費補助金（基盤研究（B）（2））研究成果報告書
平木典子・中釜洋子（2006）家族の心理―家族への理解を深めるために．サイエンス社.
Mishna, F.（2003）Learning disabilities and bullying: Double jeopardy. *Journal of Learing Disabilities*, 36(4); 336-347.
村瀬嘉代子（2001）子どもと家族への統合的心理療法．金剛出版.
村瀬嘉代子（2003）統合的心理療法の考え方．金剛出版.
中釜洋子（2001）いま家族援助が求められるとき．垣内出版.
中釜洋子（2008）家族のための心理援助．金剛出版.
中釜洋子・髙田治・斎藤憲司（2008）心理援助のネットワークづくり―〈関係系〉の心理臨床．東京大学出版会.
楢林理一郎（1999）家族療法の現在．こころの科学，85; 78-83.
Sicile-Kira, C.（2006）*Adolescents on the autistic spectrum: A parent's guide to the cognitive, social, physical and transition needs of teenagers with autism spectrum disorders*. New York: Perigee.
Sicile-Kira, C.（2008）The affects of autism in families and partner relationships. *Family Therapy Magazine*, May/June, 18-22.
杉山登志郎（2000）発達障害の豊かな世界．日本評論社.
杉山登志郎（2007）子ども虐待という第四の発達障害．学研.
内山登紀夫監修（2006）発達と障害を考える本②　アスペルガー症候群〔高機能自閉症〕のおともだち．ミネルヴァ書房.
von Bertalanffy, L.（1968）*General system therapy: Foundations, development, applications*. New York: Braziller.（長野敬・太田邦昌訳（1973）一般システム理論．みすず書房.）
Williams, D.（1994）*Nobody nowhere: The extraordinary autobiography of an autistic*. New York: Harper Collins Publishers.（河野万里子訳（2000）自閉症だったわたしへ．新潮文庫.）

第12章　臨床実践のなかで家族はどのように扱われるか
――家族療法を謳うカウンセリングルームからの発信

I　はじめに

家族療法とは，「臨床場面におけるクライアントを含めた家族との関わりを，家族との協働作業あるいは家族援助として積極的に位置付け，援助過程を構成してゆくことをその方法論的特徴とした臨床的アプローチ」（樽林（1998）を修正）の総称であり，問題の成り立ちと維持に関する理解に家族を絡ませたり，問題解決・解消の過程を創出するにあたり，家族との関わりを積極的に組み入れて臨床活動を展開することだとその方針をまとめることができる。いきおい家族との関わりが実際上も関心としても仕事の中心という例がかなりの割合を占めることになる。

そんな立場から記しておきたいこと，伝えたいことはいくつかあり，ひとつには，家族療法（や家族へのカウンセリング）を標榜する臨床の場でいったい何が起きているのかを淡々と事実報告するのがよいと思う。もうひとつは，家族臨床の実践に際して抱く期待や願いについて，自戒を込めて述べてみることも必要と思う。後者は実践家の価値観や実践哲学と呼ぶテーマにあたり，そこへの眼差しが肥大化するとそれはそれで批判の的になりかねないが，割愛しすぎたり関心を払わないのは問題だろう。実践家個人が頭で考え意識として表明することと，実践の中に映し出される価値観は必ずしも重ならないことが研究の中で明らかになっている（Hollanders, 2003）。機会を捉えては一定量を言語化し，他者からの客観的批判に曝してゆく必要があるところだろう。これら２つのことを念頭に置き，以下では４つの小見出しのもとに，思うところを順番に述べていってみたい。

II　家族のことを理解できるようになりたいという願い

まずは思いきり主観的な回想から始めさせていただく。

家族のことをさらに学びたいというモチベーションの源泉は，私の場合，専門家集団はなんと家族に（さらに端的に言えば，なんと母親に）厳しいのだろうという驚きであり，辟易感だった。四半世紀ほど前の事例検討の場で，しばしば味わった思いである。“母ないし父という役割を担うと多くの人に似たような変化が生じる。職場や学校で個人としてそれなりに高い機能レベルを保つ人であっても，家族のケア役割を一手に引き受け，どうしたらよいかすぐに方針を決めかねる立場に置かれると，誰かと誰かの関係に挟まれておろおろ動けなくなるし，掴みたいし知っておきたいと必要以上に侵入的になるみたい”――こんな考えが最初からあった。だから，親の不適切な行動がなぜそれほど悪いのか，そもそも責められなければならないことか「不思議」と感じることが多かった。自分にとって自然に湧き出す考えだったため，はじめのうちは，そこそこ多くの人の賛同が得られると勝手に理解していた。しかし，どうやらそうではないらしい。マジョリティは未熟な父母に違和感を抱いたり業を煮やしたりして，侵入的な母に否定的な感情を抱くなど，芳しくない親子関係をもう少し厳しい目で受け取るらしいと気づくに至った。この違いはどのように生じたかと問いを立ててみると，個人的経験へ通じる糸があると分かっていった。見よう見まねで親役割を取って試行錯誤した時期の違和感が自分には大きかった。ジェンダーを引き受ける悪戦苦闘はすでに終えたつもりながら，親性を育むことがそのまま自然には進まず，青年期中盤までのアイデンティティ形成とは様相の異なる領域に足を踏み入れて，なけなしの劣性機能を駆使してあがいてみたというのが私の親としての歩み出しだった。そんな経緯から，親への期待を高く掲げることは選択肢にならなかったが，マジョリティを占める人々は，子ども擁護の立場から，親への要求水準を迷わず引き上げるようだと数年を経て気づくようになった。

ずっと後になり，子どもの心理治療に親がどのように登場するか臨床心理学の実情を知りたいと考えて，『心理臨床学研究』15巻から20巻に掲載された57事例を対象に事例のメタ分析を行った（中釜，2008）。だから次にあげるのは，多少は客観的な話である。日本の臨床心理学が扱う親支援について，何らかの特徴が抽出できるのではと考えたからである。結果，①子どもが幼ければ幼いほど子どもの心理治療に親への働きかけが付き物なこと，②実母でも継母でもどちらでもよいが親といっても実は「母親」が参加し母への働きかけが行われるのが常で，父でなく母に期待する傾向は男性セラピストより以上に女性セラピストに強く認められるという結果が得られた。父母の状態や変化についての記述の分析からは，「親としての振る舞いが不適切もしくは放任で子どもとの関わりがほとんどなかった」父親が，治療期間を経て「マイナス的関わりを控える」ようになり，「婚家や夫への遠慮から自分を抑え込み子どもを甘えさせられず，早期母子関係の形成が上手くゆかなかった」母親が，「母としての自信を深めて子どもの甘えを楽しむことができるようになってゆく」（中釜，2003）というドミナントなストーリーが見出された。この結果が子ども治療に同行した父母の実情なのか，それとも事例研究の書き手である臨床家のナラティヴなのか区別することはできなかったが，子どもの心理治療が父親・母親の親としての不適応と強く結びつけられることは明らかで，当時の親カウンセリングは等質の課題を担う働きかけとして設えられていること，つまり，親への働きかけに多様性はほとんどなく，不全感を抱く母の内省に耳を傾ける行為を中心に展開される援助と捉えられた。

Ⅲ　家族の問題は根深く，よほどの覚悟がないと手を出してはいけないという神話

臨床家集団が共有する，暗黙の考えというものがある。

臨床実践に携わり始めてそう遠くない時期に出会うのが，臨床家が語り継ぐ次のような言説だろう。まことしやかに囁かれるが，そうだと断定するには客観的証拠に欠けるという意味で，（“家族神話”ならぬ）“臨床家神話”と呼んでおきたい。「家族の問題は根深く容易に動かない。身の程をわきまえず大がかりなものに手を出すこと勿れ。己の力量を顧みず，また臨床家自身が家族問題を免れないことを考えもせず乗り出す，不遜な行為になってしまう」――。臨床家としての良識と共鳴するメッセージでもあり，神話というタイトルでこの項を書き出したものの，思わず同感したくなる面も含まれている。それだけに，どう向き合ったらよいか，家族のことがよく分かるようになりたいという希求とこの神話との折り合いをどのようにつけることができるか，目指したい臨床実践との僅かだが決定的な違いを見つけ出せるか，しばらく格闘することになる。

この神話を補強するものとして，「仕事の質を高めるために，私たちは，対象を病理や症状を呈する個人，その特定部位や一部の精神機能に限定することが正しい。それらを超えて問題を見たり，環境側の維持要因，社会病理等々を問題にす

るのはむしろ社会学者の仕事だろう。扇動する意図がなく社会情勢を論じたいわけでないなら，それらは対象外と諦めて，焦点をさらに絞り込み，厳密に操作可能な部分に限って実践行為を積み上げるべきだ」という考えがある。この考えとは長く付き合ってきたし，いまもなお個々の事例のセラピー枠組みを選び面接構造を決める時，心の中でよく対話する。家族との面接を加えようか，加えずにゆくか。実効性を高めるために役立つなら，家族への（ないし家族との）心理援助を組み入れ，益がなければ専門家の時間とエネルギーは他に費やすほうがよい。基本方針は，抽象的にこのようにまとめられる。そしてこの基本方針レベルで違いが生じることはあまり多くない。だが実効性のあるなしの程度の判断をめぐっては，否定の極に傾きやすいか，肯定・楽観的評価を下しがちか，実践家ごとにかなりの幅がある。評価がどちらに傾き易いかは，家族への働きかけの実際とそのトレーニングをどのように積んできたかを反映していると受け止めている。

いま展開しているのは，2011年の議論である。昔ながらのディスカッションに現代的視点を織り交ぜておこう。bio-psycho-socialな三次元アセスメントモデルが，そこここで言われるようになった。それに則れば，social面への働きかけが一応の市民権を獲得したと捉えられるだろう。研究にさらに細かく目を向ければ，統合失調症の家族を皮切りに始まったEE研究（McFarlane et al., 1995）が，うつ患者家族の研究へ，摂食障害患者家族の研究へと裾野を広げる（Eisler, 2005）など，うつ患者の再発防止の研究からは，パートナーが患者に批判的に接するか否かが患者の再発をもっともよく予測する因子であることがわかってきた（O'Leary et al., 1994）。さらには，抑うつ患者その人に認知療法を行った場合とパートナーを含めて行動療法的夫婦療法を実施した場合，抑うつ症状の改善については有意差がなかったが，後者で夫婦関係にかなりの改善が認められ，1年後のフォローアップ時にも肯定的変化が続いていた（下坂，1998）。効果が実証された心理療法として，ほかには摂食障害者への家族療法，児童・青年の反社会的行動に対するMST（マルチシステミックセラピー），アルコール依存への対応などを挙げることができる。これらのデータから，家族への働きかけに実証的根拠があるとわかってきており今後も効果研究の成果にいっそう期待できると考えるか，エビデンスとしては全く不十分と捉えるかの判断は二分されるところだろう。しかし，各疾病別，障害別に家族の特徴が次第に捉えられてきており，的を外した方向に働きかけることがないよう，間違っても家族のせいで目下の心理的問題が引き起こされたなど言わないように専門家として努め，家族を原因扱いする臨床家が減れば減るほど，支援を求めている家族は多いこと，ニーズに比べて提供される家族支援は明らかに不足している現状が専門家の目にまっすぐ映るようになるだろうというのが，神話にとって代わるべく差し出したい私自身の仮説である。もちろん，なお仮説レベルの考えであり，できるところから確かめてゆく必要がある。

Ⅳ　家族療法は家族が抱える問題を解決するアプローチだという誤解

家族療法とは，患者を取り巻く家族の誰か，ないしは関係に，治療が必要な問題があるためその問題を取り除く目的で家族メンバーが呼び集められ，専門家が介入するものだという理解がまだまだ広く浸透している。そんな理解に対しては，（例え部分的にあてはまる事例がいくらかあったとしても）家族の不安を喚起しがちで，メリットよりデメリットがはるかに大きいというのが，家族援助実践家サイドの意見である。

それでは改めて，家族療法，家族のための心理援助とは何だろうか。どのように紹介されるとよいのだろう。1960年代の創成期から現在まで，家族療法家たちはこの問いをめぐって探究し続けてきたと言っても過言でない。暫定的結論に至っては壊し，至ってはまた壊しした末，辿りついた一つの答えが，先述した「臨床場面におけるクライアントを含めた家族との関わりを，家族との協働作業あるいは家族援助として積極的に位置付け，援助過程を構成してゆくことをその方法論的特徴とした臨床的アプローチ」という捉え方である。さらに考えを進めて生体システムという視点に大がかりに立脚すれば，伝統的な診断体系とは位相の異なる第２の問題理解が立ち現れてくる。要素に分割して捉えるのとは異なる理解，細分化するとかえって見えなくなってしまう“連動”や“相互影響関係”に焦点化した理解であり，複雑系の科学が求められるところで，一つの事象をそれが生じた文脈ごと，上位システムも含めて丸ごとセットで見ることで私たちはようやくこの生きる現実に近づくことができる。大事なのは，この認識論が問うのがひたすら組み合わせであることだろう。相乗効果・相殺効果であって，文脈を離れて良し悪しを判断するのはナンセンスとなり，道徳的判断を下すことにもおのずとストップがかかる。例えば，受容的な人との触れ合いは多くの場合に望ましいが，何でも受け入れてくれる人だらけの環境下では，拒否的な大人に触れる方がそこで育つ子どもの発達に好ましい影響がもたらされる場合さえあるだろう（等結果性という概念で説明される）。また，厳格な教育スタイルは一部の子どもの可能性を潰す一方で，他の性質を備えた子どもにとっては，向上心を高める格好の機会となるなどが，文脈ごとの理解が不可欠な一例である（等能性によって説明される)。

文脈ごとセットで捉えることによって，善し悪しが単純には決まらない世界に足を踏み入れてゆく。単純な善悪でなく，適否でもなく，多様な意味を持ちうるAとBの組み合わせ（マッチング）が問題なのであり，マッチングが少しでもいい結果を引き出すよう，両者が備える多面性のどの面で繋がり合う文脈を整えるか，結びつく接点を変えるための働きかけをどんなふうに施すかが家族の支援者の仕事になる。「犯人捜しをしない」「解決を構築する」と表現されるところでもあり，これら2つを単なるスローガンで終わらせず，具体的言動や手立てで示すことが家族のための心理援助となるわけである。

もう1つ，諸外国で最近よく説かれるのが，家族療法＝家族に対するセラピーという理解には修正が必要だという意見である。環境への働きかけを家族システムに限定するような名称はいかがなものか，システミックな仕事が全部，家族療法と呼ばれてしまうのは問題だという，1980年代からすでに存在した議論が改めて言われるようになった。英国を筆頭とする欧米圏では，じわじわと進む家族の変貌という事態を受けて，システムの視点を大いに取り入れたセラピーという理解を前面に出すために，「システミック（家族）療法」と呼ぼう，その方が現状を正確に映し出しているだろうという意見が強く聞かれるようになってきている（藤田ら，2011）。

例えば，親元を遠く離れて学生生活や職業生活を送る青年期後期のクライアントの場合，本人の暮らしについて，親が知る以上によく知る友人や恋人，担当教員に働きかけ集まってもらったほうが問題解決に有用な情報や助力が得られると考え，ネットワークセラピーを実施する，高齢者の支援においても，“あなたが力を借りたい人や借りられそうな人は誰か，日常に重要な意味で関わり，今後も関わり続けてほしい人として誰を面接に招き入れるか”を話し合うところからセラピーを始めるなどの意見に，上述の考え方の変遷が映し出されている。そもそも家族とは何ぞやという議論が再び浮上するが，泣く泣く家族を諦めるのでなく，見込みがない人たちだと言って排斥・排除するのでもなく，より実効性の高い方法で生きる場づくりを推し進めること，そしてそのためのチーム作りという家族観の捉え直しが現代においていっそう強く求められているということだろう。

もっともわが国は，変化したとはいえ，多くの場で家族関係がいまなお一つの有効な括りとして存在する社会である。家族への支援・家族との問題解決という捉え方をそうすぐに手離す必要はないだろうという意見を述べて次の項へと進もう。つまり，家族だからという理由で集まってもらうことがいまもなお可能であり，せっかく集まってくれたのだから負担感を高め過ぎないよう，また集められた不名誉感を強めないように，家族の支援の中身として何ができるとよいか，家族療法の内側にさらに踏み込んで考えておきたい。

V　それでは，家族との面接で何が起こればよいのだろう？

50 余年の間に家族療法界に生じた変化を辿るなら，最大は，この領域が初期から携えてきた対決促進のムードを改め，必要な知識とスキルが上手く提供されれば，これまで以上に適切な関わりが持てるようになる，そのことを応援・促進する心理教育的家族療法こそ実現しようと専門家が自分たちの姿勢を大いに変化させたことである。変化の一端は，統合失調症の家族のコミュニケーション研究の遷り変りに認められる。かつては“犠牲の山羊”や“誰かが症状を抱えることを必要としている家族システム”などといった表現をまことしやかに囁くことがあった。普段は抑圧してしまう不満や怒りの感情表出をよしとし，対決を促そうとするセラピストが輩出された。システムの安定が崩れて改善が導かれる例もないわけでなかったが，とりわけ統合失調症患者にとってこの方向は，傷つきこそあれ大きく益のないことが次第に分かっていった。取って替わったのが，EE（表出された感情）を低く抑えよう，そうすることが統合失調症の再発防止に良いという方向性であり，また，メッセージに込められた怒りや疑いに過度に敏感になる代わりに，気遣いや心配をしっかり汲み取ること，よかれと思い無駄に繰り返してしまう悪循環を止める害のない方法が見出せるとよい効果が得られるという気づきだった。問題や状況への理解が適切な方向で促されれば，また，誤解が解ければ，家族はこれまで以上に相互支持的な資源として存在し合えるらしかった。無理がかからない程度に，問題や状況にとって良い環境づくりへの協力を依頼することであり，最も効率のよい方法を考案することだった。下坂（1998, 2007）は「常識的家族療法」という言葉で，医師としてこのことが通常診療の枠組みでいつだって導入可能であり役立つことを謳ったが，それは，家族支援が伴うことで，専門家の時間とエネルギーを大きく節約できることが下坂に明白だからだった。

専門家が気づき大いに考え改めたことの２つ目は，専門家も悪循環を維持する力のひとつになり得るという気づきだった。あたりを見まわしてみるとそのような例は少なくなかった。自らもシステムの一要素になる位置を甘んじて受けようという話になり，専門家が入ることで治療システムとしての機能にアクセルがかかるか，むしろ問題システムが一層堅固になり，悪化に与することになるか，両方の可能性がいつだって開かれていること，自戒策は複数の目で事態を見てゆくことであり，ここまで議論が交わされてようやく家族療法は家族の権利や至福という視点を備えたアプローチになった。

その後の発展もあり，Carr（2003；中釜，2008）が挙げるように言動，文脈，意味への介入など実際の働きかけは多岐に広がっているが，本章では大枠を抑えるに留め，個々具体的工夫を辿るのは他論に譲りたい。

まとめ

家族療法と呼ばれる理論アプローチの中に，家族がどのように導入され，どう扱われるかについて，これまでの歴史的変遷という視点から論じた。家族との心理臨床実践においては，ひとつには，子ども養育を担う大人として親に高い要求水準を課しがちな傾向があること，と同時に，家族問題は決して変わることがないから実践家は介入の矛先を個人や症状に限るべきだという暗黙の考え方が根強くあることを指摘した後，家族を支援する臨床的意義がいくつかの効果研究によって示されていることを述べた。そのうえで，家族療法がたどった経路を，①葛藤喚起的介入をよしとする挑戦的アプローチから，問題や状況の理解を高め，対処法を伝授する心理教育的働きかけへと指針を移していった流れと，②セラピストその人もまたシステムの一要素であり，変化を阻み悪循環を持続させる原動力になりかねない危険性への気づきを紹介した。家族を対象とする心理支援の多様性が，わが国においても認められるようになってきている。

文　献

Carr, A. (2003) *Family Therapy: Concepts, Process and Practice.* John Wiley & Sons, New York.

Eisler, I. (2005) The empirical and thepretical base of family therapy and multiple family day therapy for adolescent anorexia nervosa. *Journal of family Therapy*, 27; 104-131.

藤田博康・田附あえか・大塚斉・中釜洋子・平木典子（2011）イギリスの家族／システミック療法家教育・訓練システムに学ぶ．In：日本家族心理学会編：家族心理学年報 29．金子書房．

Hollanders, H. (2003) Eclecticism/Integration: Historical developments. In: Palmer & Woolfe (Eds.): *Integrative and Eclectic Counselling and Psychotherapy.* Sage Publisher. New York.

McFarlane, W. R., Link, B., Dushay, R., Marchall, J., & Crill, J. (1995) Psychoeducational multiple family groups: Four year relapse outcome in schizophrenia, *Family Process*, 34; 127-144.

中釜洋子（2003）子どもの心理治療に登場する親についての研究．In：柏木惠子・高橋惠子編：心理学とジェンダー．有斐閣，pp.183-189.

中釜洋子（2008）家族のための心理援助．金剛出版．

楢林理一郎（1998）家族療法の現在．こころの科学，85; 78-83.

O'Leary, K. D., & Beach, S. (1990) Marital Therapy: A viable treatment for depression and marital discord. *American Journal of Psychiatry*, 147; 183-186.
O'Leary, K. D., Christianm J. L,. & Mendell, N. R. (1994) A Closer look at the link between marital discord and depressive symptomatology. *Journal of Social and Clinical Psychology*, 13; 33-41.
下坂幸三（1998）心理療法の常識．金剛出版.
下坂幸三（2007）心理療法のひろがり．金剛出版.

第４部

実際の事例をめぐって

第4部　解　　説

野末武義

中釜さんとは，IPI 統合的心理療法研究所で一緒に家族療法を学ぶ仲間として，また日本家族心理学会の常任理事としての付き合いが 17 年ほどあった。亡くなる 1 年ほど前だったか，当時 IPI 所長だった平木先生と 3 人での話し合いで，数年後に所長を引き継ぐのは中釜さんだと決まった。また，いずれは日本家族心理学会理事長になることも多くの学会員が期待していたが，それも実現しないままになってしまった。中釜さんがいなくなってしまったことによって，日本の家族心理学，家族療法の世界は最も大きな支柱を失ってしまったと言っても過言ではない。しかし，ここに紹介する DVD は，その喪失の大きさを埋めることはできないものの，家族援助に関心を持つ心理臨床家にとって多くの学びをもたらしてくれる，中釜さんが私たちに遺してくれた貴重な遺産である。家族療法の初回面接に関するビデオ教材は他にもあるが，家族一人ひとりに細やかに働きかけつつ関係性の問題を扱っていく統合的なアプローチを知る上で，またセラピストが個人や家族にどのような言葉をかけていくかという治療的コミュニケーションを知る上でも，多くの心理臨床家に観ていただきたいと思う。

このDVD から，家族療法家としての中釜さんの基盤とも言えるナージ（Boszormenyi-Nagy, I.）の文脈療法の考え方と方法を学ぶことができる。IP は不登校の女子中学生であり，不登校の原因らしきものはよく分からないものの，家族のありようが何か関係しているらしいという中で両親と IP の 3 人が来談するが，家族にはもう一人，ADHD の診断を受けている弟がいる。セラピストは一人ひとりと丁寧に関係を築きながら，IP の不登校について具体的に尋ねつつ，家族内で誰と誰がどのような関係なのかも探っていく。その中で，子どもの成長に伴って母親が仕事を始めたことによる母親自身のストレスと IP への影響，父親が多忙になったことによる母親の孤独感とストレスなどが明らかになる。そうした変化の中で IP は，ADHD の弟と時に衝突しながらも，両親を支える姉として頑張って面倒を見てきたが，その努力や貢献（give）は両親に十分認めてもらえてこなかった（take）のであり，give & take のアンバランスの問題の一つである親役割代行（parentification）が明らかになっていく。

文脈療法におけるセラピストの基本的態度かつ技法として重視されているのが，多方向への肩入れ（multidirected partiality）である。partiality とは，「ひいき」や「偏愛」を意味する言葉であり，セラピストは葛藤状態にある家族メンバー全員をひいきするのである。異なる考え，気持ち，価値観，問題への対処法をしている家族メンバーに対して，受容的，共感的かつ積極的能動的に関わっていく。そして，最終的には家族がお互いを理解し大切にし合える関係を目指す。しかし，セラピーを求めてくる段階の家族には，何らかの不公平が生じており，弱い立場にあるメンバーや家族への貢献や努力や犠牲が受け取られていないメンバーには，より多くの肩入れをしていく。このケースでは，不登校のIPの思いが両親（とりわけ母親）にはなかなか届いていなかったが，セラピストはより積極的にIPに肩入れをし，IPの気持ちや期待が明確に言語化されるように働きかけている。そして，それまでは見えていなかったIPの家族に対する努力や貢献が，両親にもはっきりと見えるように（Make invisible visible），具体的な出来事やそれに伴うIPの気持ちや考えを引き出し，両親が共有できるように働きかけている。

また，家族療法における最も有名な技法にリフレーミング（reframing）があるが，否定的なことを肯定的に言い換えるとかプラス思考といった，単純な技法だと誤解している人が少なくない。しかし，この家族合同面接で中釜さんは，家族の気持ちや考えや見方をそのまま受け止めて受容しつつ微妙に言い換えたり，言語化されている否定的な気持ちや考え（例えば，不満）の裏にあって，本人も意識していない肯定的な気持ちや考え（例えば，期待）に言及するなど，共感的な応答を基盤にしながら細やかなリフレーミングを随所で行っている。リフレーミングは単なる言葉の技術ではなく，受容と共感に裏打ちされたクライアント家族との信頼関係によって，初めて有効に働く技法であることが理解できるであろう。

さて，このような家族合同面接は，家族にとってはどのような体験なのであろうか。セラピストの多方向への肩入れによって，家族はセラピストが安易に誰かを責めたり問題視したりしないで，一人ひとりの気持ちや考えや見方が尊重され，自分なりに話しても大丈夫だという安心感が得られる。そして，セラピストは受け身的に話を聴くのでなく，積極的にさまざまな質問を投げかけたりコメントをすることによって，家族はそれまでは意識していなかった自分の気持ちや考えに気づいたり，自分の行動をふりかえったりすることで，自己理解が深まっていく。同時に，ふだんの家族同士の会話の中ではなかなか言語化されない気持ちや考えや葛藤がしばしば語られ，「え？そんなこと思ってたの？」「そんな気持ちだったなんて知らなかった」といった発見があり，家族メンバーへの理解が深まる。そして，セラピストが家族メンバー間の関係について尋ねたりコメントすることで，自分たちの中で何が起こっていたのかという関係理解も深まっていく。また，セラピストが一人ひとりに対して共感的応答を返していくことで，次第に家族同士が共感的に理解し合うことを可能にし，対立や衝突や回避ではない対話（dialogue）が可能になっていく。

それでは，心理臨床家がこのように一人ひとりを大切にしながら家族の関係性を扱い家族合同面接をできるようになるためには，何が必要なのであろうか。もちろん，個人心理療法や家族療法の理論や技法を学ぶことの重要性は言うまでもない。しかし，その理論や技法を吸収し活用するのはセラピスト自身であり，セラピストの自己分化

(differentiation of self) が問われる。自己分化とは，ナージと同じく多世代家族療法のパイオニアであり家族システム理論 (Family Systems Theory) を提唱したボーエン (Bowen, M.) の概念で，我々の精神機能が情緒システム (emotional system) と知性システム (intellectual system) から成り立っているという。そして，2つのシステムが分化していて両方がうまく機能する自己分化度の高い人は，ストレス耐性が高く，自分らしさを失うことなく，自分とは異なる他者と親密な関係を構築できる能力がある。

セラピストとしての中釜さんは，家族一人ひとりの感情や思いを細やかに聴き受容しながら，理解したことを整理しまとめて家族が納得できる形で分かり易くフィードバックするという，極めて知的な作業も並行して行っている。また，面接途中で生じた夫婦間の衝突に臆することなく冷静に対処したり，必要に応じて面接の方向性をリードする積極的な関わりもしている。こうした関わりは，中釜さんの自己分化度が非常に高いことの証明とも言える。仮にセラピストの自己分化度が低いと，情緒システムが過度に優位で知性システムが十分機能しないセラピストは，家族の誰かに過度に感情移入してしまい，容易に巻き込まれたりバランスを欠いた関わりになりやすい。一方，知性システムが優位で情緒システムが十分機能しないセラピストは，家族一人ひとりの感情的側面を理解し受容し働きかけることが困難で，独りよがりな知的理解にとどまったり，家族と安定した情緒的な信頼関係を築くのが難しい。逐語の内容だけでは分かりにくいかもしれないが，こんな事も気に留めながら逐語を読んでいただけると良いと思う。

もう一つ指摘しておきたいのは，父親への関わり方である。一般的に子どもの問題を主訴として家族療法に来るケースでは，家事や子育てに消極的な父親に対して母親が不満を抱いているということが珍しくない。このような場合，セラピストがもっぱら母親に共感的に関わり，父親が疎外されて来談意欲を失ってしまうことは決して珍しくない。しかし，中釜さんは父親に強い不満を抱いている母親に対して，共感的に関わっているものの巻き込まれることはなく，父親の思いや言い分にしっかり耳を傾け，一見主訴とは関係が無いように思われる父親の仕事にも関心を持って関わっている。家族療法やカップル・セラピーにおいて，その成否を左右する要因はさまざまであるが，実は父親や夫をセラピストがどのように理解し適切に関わることができるかが非常に重要である。中釜さんがジェンダー・センシティブなセラピストであったことが，こんな形で表れている。

さて，この逐語録を読んだ人は，恐らくDVDで実際の家族合同面接を観てみたいと思うに違いない。しかし，正直なところ個人で購入するには少々高いと感じるかもしれない。。そうした人たちには，是非臨床の仲間を3～5人集めてこの逐語録を用いたシナリオロールプレイをやってみることをオススメしたい。つまり，このDVDと同じ設定でやるとすれば合計４人，多方向への肩入れは来談していない家族メンバーにも配慮するので，ADHDの弟を入れれば合計５人，さらに全体をオブザーブする人を含めれば合計６人でできる。そして，全員が役割交替して全員の役割を演じるのである。シナリオを読んでいくロールプレイとはいえ，自分なりにそれぞれの役を演じながら声に出してやってみると，家族が他のメンバーに対して何を思いどのように感じるか，セラピストのことをどのように見て何を感じるか，時間の経過と共に気持ちがどのように変化していくのかを体験することができ，また，セラピストとして自分がふだんやっている面接と何がどう違うのかも実感することができ，スキルアップにつながるであろう。そして，臨床現場で出会う家族との関わりが少し楽になったり，自信をもって臨めるようになるだろう。

第13章　説き明かし・私の家族面接
初回面接の実際
（オリエンテーション～面接）

Ⅰ　オリエンテーション

1．はじめに

（電話の着信音）

（ナレーター）

この大学の臨床心理教育相談室では，一般からの心の悩みや発達に関わる相談を受け付けています。学校や，医療，福祉などの専門機関からの紹介を受けて，父母や教師などが，電話で相談の申込みをします。最近は，やはり不登校や，発達，非行などの問題行動の悩みを訴える家族からの相談が多いと，受付担当者の大学院生は言います。

この電話も，娘の不登校で悩む母親からの電話です。現在は，中学２年生の長女が，中学に入り，最初は頑張っていた部活を冬休み明けから休み始めました。そのうち学校にも行かなくなり，２年生になっても改善しません。理由ははっきりせず，親がいろいろ言っても話そうとせず，夏休み明けとなっても同じ状態が続くので相談したい，という申し入れでした。

では，電話で大学院生が聞きとった不登校に至るまでの，この中学生の問題歴，現病歴を整理してみましょう。

2．問題歴・現病歴

小学校の低学年の頃は，友達は多い方ではなかったが，特に大きな問題はなかった。3，4年生になると，鼓笛隊の練習で疲れたのか，集中して勉強をすることもできなくなり，欠席も多くなった。

しかし，5，6年生のときは勉強はもともとできるほうではなかったが，鼓笛隊として学校の行事でがんばっていたようにみえた。中学に入り，当初はテニス部で基礎的な練習に地道に取り組んでいたが，小学校でテニスをやっていなかった本人は，だんだんとほかの生徒と力の差がつくのか，意欲をなくして，冬休みを境に，部活動には全く参加しなくなってしまった。

学校へも，最初は頭が痛いといっては休むようになり，次第に行かなくなってしまった。理由を尋ねると，小学校とは違って友人関係も複雑なようで，学校内のことをあれこれ言うが，親としては学校へ行かない理由としてはとても考えられないものだ。母親としては，障害のある弟のこともあり，長女である本人にはしっかりしてもらいたいのに,「お母さんは弟のことばっかり」と反発して最後にはけんかになってしまう。

すぐに教室に入れなくても保健室や相談室登校もできる，と担任から言われているが，本人が渋って不登校状態が長引いているように見える。母親は,「両親の仲が良かったらこんな風にならなかったかも」という思いも強く，混乱して寂しい気持ちになってしまうのかもしれない。母親は，以前は専業主婦で家にいたが，本人が中学に入ると介護ヘルパーの仕事を始めた。父親は仕事中心で，家のことは母親任せらしい。特に暴力を振るうなどの問題もなく，生活費もきちんと入れてくれるが，最近は中間管理職となり帰宅も遅く，子どもたちのことに関わってくれない。

本人の問題のほかに，弟はAD/HDの診断を受けており，世話も大変で精神的な気苦労も多いと，母親は話す。本人は，小さな子どもが好きで，将来は保育士になりたいと言っている。反抗期ではあるが家でもよく話す。母親は，勉強はできなくても良いが，部活にはしっかり出て目標を持って頑張ってくれたら，と願っている。

長女の担任から，不登校が長引き，不安が高まっている母親に，家族で相談できる専門機関に行くように勧められた。母親も，親子の問題が大きいと感じていたので，家族関係を相談する専門家がいると新聞で読んだ地元大学の相談室へ電話をした。そこで家族で来談するよう要請されて，今回の初回面接となったものである。

この家の家族構成は，図1の通りである。同居家族は4名。父親は48歳，技術系の公務員。母親は45歳。専業主婦だったが，今は介護ヘルパーの仕事をしている。本人は中学2年生。長女である。弟は小学校4年生。AD/HDの診断を受けている。その他，拡大家族などに関する情報は，電話では聞いていない。

以上の情報が，初回面接前にまとめられて，面接者に伝えられている。

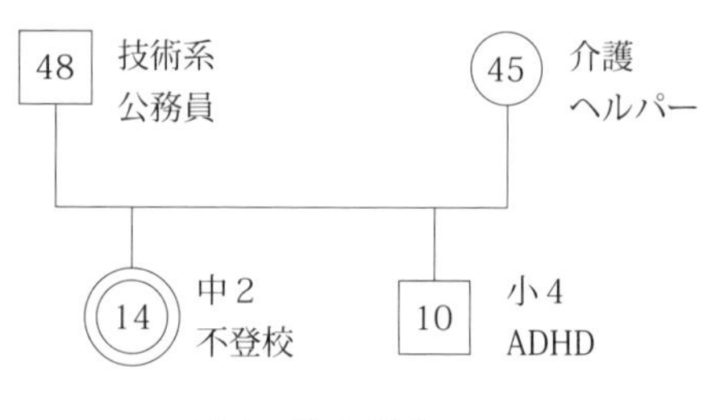

図1　家族構成

II　面　　接

家族との出会い

（ノックをする音……コンコン）

中釜　はい，どうぞ。お入りください。

（ドアが開く音……ギィィィー）

中釜　こんにちは。

長女　こんにちは。

中釜　山本さん，ですか？

長女　はい。

中釜　はい。

母親　どうもお世話になります。よろしくお願いします。

中釜　こちらこそ，よろしくお願いします。どうぞ，どこでも結構ですので，お座りください。

〈イスに座る〉

母親　失礼します。

父親　よろしくお願いします。

中釜　はい。

母親　よろしくお願いします。

中釜　場所はすぐわかりました？

父親　あの，ネットで調べてきましたので。

中釜　ああ，そうですか。ちょっとね，早くおいでいただいたということなので，お待たせしちゃったかもしれませんが，改めて自己紹介させていただきますと，ここの相談員の中釜といいます。よろしくお願いします。

全員　よろしくお願いします。

中釜　ちょっとなんか，変わった名前なんですけど，真ん中の中に，お釜の釜って書くので，一度覚えていただいたら，それはすぐ覚えられると思うんですが。はい。

えっと，お電話いただいたのが先週ってことで，今日，だいたい１時間ちょっとですね，皆さんからいろいろお話を伺って，ここでどんなことができるのか，一緒に考えてみられるといいのかななんていう風に思っていたんですが，まあお三方来ていただいたので，ちょっとご家族のご紹介をどなたかからしていただければ。[※1]

母親　お父さんしてください。

父親　家内と，それから娘……

中釜　お母様と

母親　はい。

中釜　で，お嬢さんが，中学……

父親　２年になります。

中釜　２年生。

長女　はい。

中釜　はい。２年生だと，13歳，14歳？

長女　14です。

中釜　14歳になられたのですね，はい。お名前，お電話の時に伺ったのが「カズミさん」とありますが，

長女　はい。

中釜　カズミさんと呼びかけてよろしいですか？[※2]

長女（以下，カズミ）　はい。

中釜　はい。で，お父様と。

父親　はい。

中釜　はい。今日，土曜日なので，お仕事は土曜日は…

※１：基本的なことだが，“この場所がすぐにわかりましたか？”というような当たり障りのない話題で会話を始める。時間設定についても伝えている。時間設定を伝えないと，話が切れなくなったり，Clにも「十分に聞いてもらえなかった」「迷惑だっただろうか」などさまざまな想像をさせることになるので，基本的なことだが，重要なやり取り。

※２：中学生の子どもに対しても，名前の呼び方を確認している。尊重された場であることを伝えるやりとり。

父親　えぇ，今日は休みでしたので。
中釜　そうですか。じゃぁ時間は問題はなかったですかね。
父親　はい。

主訴を聞く

中釜　はい。どうしましょう。どんなところからでもいいんですが，ここに来てみようかなと思われたあたりを，もうどなたからでもいいんですが，ちょっとお話いただければ。※3
父親　じゃぁお母さんから。
（※以後，母親等が話している間，中釜は「うん，うん」と相槌をうっている）
母親　あの，夏休みが明けてから，一度もまだ学校に行けてないんですね。それで，担任の先生とか，養護の先生とも相談しまして，こちらにいい先生がいらっしゃるっていう，中釜先生……
中釜　この相談室に？
母親　えぇ，いい先生がいらっしゃるから，相談してみたらっていう風に，先生からも勧められまして，電話してみたのです。
中釜　あぁそうですか。じゃぁ最初にお母様，えっとカズミさんの，その学校に行く行かないっていうところでご心配になって，で，学校の先生にご相談になったって思えばよろしいですか？※4
母親　そうなんです。何か……学校で何かあったんじゃないかなぁなんていう風に，ちょっと思いまして，でも本人に聞いても，そんな原因になるようなことなの？っていうような話ばかりなので，直接先生のほうに伺ってみて相談したんですけど。
中釜　うんうん，カズミさんとも，お話しになったっていうことでしょうかね。どんなことがあるの？みたいなこともお母様はお聞きになって？※5
母親　はい。
中釜　で，カズミさんもじゃぁいくつかのことをお話しになって。うん。でもな

※3：話し始めは，家族に任せている。誰がどのように話し始めるかにも，その家族のあり様が見て取れる。家族合同面接では，家族メンバー各々で相談ニーズもモチベーションもバラバラである。相談ニーズの高い人から話し始めることが多い。同時に，相談ニーズの低い人が「また来ても良いかな」と思えるよう，Th は働きかける必要がある。初回面接で Th がやるべき仕事の一つである。
※4：家族がこれまでしてきた解決努力を，誰がどのようにしてきたのかを明確化している。

んかそれだと……。[※6]

母親　うーん，なんか，そんなことって言っちゃ悪いんですけど，「部活の友達と合わない」とか。まぁ部活自体も，もう中１の冬からずっと行ってはいないんですけれども，まぁそういうことは行ってないんだからいいんじゃないの？　って思うんだけれど,「お友達とのそりが合わない」なんていうことばかり言って。

中釜　うんでも，お母さんが話しかけると，カズミさんはお答えになるっていうか。

母親　そうです。ただちょっと時々怒ってこう，プイっていっちゃうんですけど（笑）

中釜　まぁ中学生ですもんね。それが仕事っていうか,「うるさいな」とかってそれは，なくはないのかもしれないんだけど，いくつかのことはカズミさんがお話しくださって。一番は，お母さんが聞いたのは何だろう，クラブのこと？[※7]

母親　部活のことと，あとお友達の中でちょっと何かいろいろあったのかな？　友達とね？（カズミさんの方を見る）それで……。ただなんか本当にそれだけなの？　そんなことでそんな風に毎日学校に行かないなんていう気持ちになるのかしら？　なんて思ってしまって。

中釜　なるほどね。うんうん。

父親　最初，１学期は頑張って行ってたんですよ。いろいろあってもね。で，２学期始まったらもうずっと休んじゃってね。

母親　お父さん知ってたんだ？　いない，行ってないってね。

父親　知ってるよ。知ってるよ。

母親　そう？　お父さんね。

※５：母は「そんな原因になるようなことなの？」とネガティブな表明をしているが，Th は「カズミさんともお話になったということでしょうかね」と関係のポジティブな面を伝え返している。個人療法であれば「お母さんからしてみれば，そんなことで？　というか……」など，母の不満を伝え返すかもしれないが，合同面接では不満を言われている人もその場にいるので，まず関係の良いところを押さえて，そこを足場として，より話しづらい話題，難しい話題へと進んでいく。誰かが責められるような場にすれば，責められた人がドロップアウトするだろう。

※６：良い面だけだと，母の不満は聞き取られないことになってしまう。「でもなんかそれだと……」と母の言い分にも水を向けている。

※７：母への反抗を「中学生ですもんね。それが仕事っていうか」と発達的にノーマルなこととリフレーミングしている。

父親に話を聞く

中釜　ちょっとじゃぁ，お父さんがいろいろお考えになったこと？　こんな場所に来てみるのもいいかなぁって思われたあたりを少し聞かせていただいてもいいですか？※8

父親　とにかくずっと休んでいるのでね，もう１カ月になりますし，１カ月も経っちゃったし。

中釜　やっぱりお父さんがご心配になっているのは，じゃぁカズミさんのことでって思えばいいですか？

父親　私あの，県の公務員なんですけども。

中釜　へーぇ。

父親　児童相談所にいた職員とかも知り合いがいて，いろいろ聞いてみたんですよ。そしたら学校にもスクールカウンセラーとか他の先生とかもいらっしゃるんですけども，どこが一番いいって言ったら，何てったって，中釜先生に相談してみるのが一番だって言われて。

中釜　いえいえいえ。

父親　それで，あの……。

母親　そんなこと言われてたの？

父親　うん，聞いてみたんだ。それで，あの……ぜひ，なんとかってことで。

中釜　お母さんにしてみるとちょっと意外っていうか？

母親　意外ー！　ですねぇ。あんまりなんか家のこと関心ないのかと思ってたので。

中釜　じゃぁ今回ここに来るにあたって，お父さんはじゃあ，お仕事の関係の人にね。

父親　ちょっとたまたま職場にね，知り合いがいたものですから，聞いてみたんですよ。

中釜　あーそうですか。ふーん。どんな場所がいいのかなっていうかね。せっかく相談に行くんだったらたしかにね，いい場所がいいですよね。で，ここがそうなればいいんですけど。

※８：お父さんが会話に参加してきたことを受けて，Th はお父さんも話したいのだろうと感じている。また母から父へ不満がありそうな発言があったが，そこはすぐには話題にせず，父の発言機会を保障している。

父親　よろしくお願いします。
中釜　いえいえいえ。で，そしたら，いくつかの意見が聞かれて？
父親　いろいろ，スクールカウンセラーもいるし，クリニックとか相談所とかね，今はいろいろあるようなんですけど，何しろここがお勧めだって。
中釜　そうですか。それは何でしょうかね。ちょっとじゃぁ，あれかもしれません。頑張んないといけないかもしれませんけど（笑），うーん，お父さんのお仕事は，相談関係ではない？
父親　いえ，全然違います。
中釜　どんなことをなさっているんですか？
父親　私はあの，農業関係の技師なんですけど，技師……技術関係。農業試験場っていうところで，稲の品種改良とか，そういうことをずっとやっています。
中釜　あぁそうですか。ふーん。じゃぁもう本当に農場に出られて？
父親　まぁ農場も出ますけど，試験場の中にいろいろありますので，
中釜　その中でいろいろ実験みたいなことも？
父親　そうですね，はい。
中釜　ふーん。今の時期なんてね，あ，ごめんなさい，今何かおっしゃりたいことありました？
母親　そっちがメインよねって。試験場のほうがね。
中釜　農場に出るのではなくてね。
母親　屋内，インドア派だよね。
父親　うん。まぁ……ね。
中釜　お忙しくていらっしゃる。
父親　そうですね。
中釜　今の時期なんてやっぱり。
父親　時期に関係なく年中。年中ですね。
中釜　もう，実験室でやってるぶんにはいつもそうっていうことですね。
父親　作物相手ですので，時間関係ありません。
中釜　うんうん。わかりました。うん。[※9]

カズミが語る「主訴」

中釜　カズミさんに話しかけてもいいですか？
カズミ　はい。
中釜　ちょっとなんかこういう場合，居心地悪いかなぁとか，なんかそれも気に

なっているんですけど。どうですか，今日。来るにあたって。何だろうな，考えたことでもいいし，あるいは誰にどう言われたとか，そのへんから聞かせてもらえると。それから，今の話を聞いててね，お父さんとお母さんの話を聞いてて，もし何か言いたいことがあれば，そこから聞かせてもらえるといいかなと思うんですが。

カズミ　いやなんか，学校の話はするんですけど，なんかお母さん全然わかってくれないから，もういっかなっていう気になっちゃうし。

中釜　うんうん。お母さんに聞かれて，まぁ学校の話はなさるんだよね？　すごくね？

カズミ　はい。

中釜　一番何かこう，話したいなってとこでいうと，お友達のこととか思えばいいんですか？

カズミ　はい。

中釜　ふーん。うん。それをこれまでも聞かれて，お母さんには話すんだけど……。

カズミ　いまいち上手く伝わらないから，とりあえずお母さんがなんか，こういう所とりあえずあるから行ってみる？　なんて言われたんで。なんか，それで上手く伝わるんならいいのかなぁなんて思って。

中釜　ふーん。ふーん。自分で伝えたところが，どうもあんまり上手く伝わらない？

カズミ　うん。

母親　そんなに中身の濃い話ってしてたっけ？

カズミ　お母さん途中から聞かなくなるじゃん。

母親　え！　聞いてるじゃん！

カズミ　聞いてないよ……。

母親　聞いてない？　聞いてると思ってたんですけどねぇ（笑）

※9：父の仕事の状況へ関心を向けて，丁寧に聞き取っている。家族メンバーは，家庭生活だけで生きているわけではなく，それぞれに事情を抱えており，そのことが家庭生活にも影響を与えている。男性は感情を話すのが苦手な場合が多く，事実や状況の説明の方が話しやすい。また父親は，家庭のこと，子どものことを母親ほど知らないことも多いので，いきなり家族のことを聞かれても，答えられないことも多い。したがって，仕事の状況や何時頃に家に帰ってくるのか等を尋ねた方が父親は話しやすい。また家族に関われる現実的な時間が少ないこと等の事情も家族メンバーで確認できる。

父親　あの，家内はよく聞くんですけれどもね，本人が言う以上にこうなんか，いろいろ責め立てちゃうという感じが……。

母親　あー，しゃべっちゃうのはあるかもしんないわねぇ。

中釜　うんうん。今，お父さんがなんかね，お父さんが考えていらっしゃることぽろっとおっしゃってくださったけど，そんな感じで思えばいいの？　聞いてくれなくなっちゃう感じっていうのは。ちょっと途中から責められちゃう？※10

カズミ　責めるっていうかなんか，別にそれ違うんじゃないの？　っていう感じかな，なんか。

母親　うん，言っちゃうもんね。お母さんね。「そんなの気にしなくていいんじゃないの」とかね。

カズミ　お母さんにとっては気にならないことでも，こっちにとってはけっこう重要なことだし。

母親　うん。

中釜　うーん，なるほどね。

父親　でも２人でけっこういろいろ話はしてるよね。

母親　お父さんにわかるの？（笑）あはは！

父親　少しはわかる……。

母親　あぁ本当？　してはいるよ？

中釜　私もなんかそんな印象はすごく持ちますね。お母さんに聞いてほしいみたいなのもあるって今おっしゃってるし，ただ，お母さんも，どうなのかな？　ってまずはお嬢さんの意見を聞いてみたってことですよね？　で，ただあれかな？　こう，お母さんにしてみると，「そんなことあんまり気にしないでよ」っていうか※11

母親　心配なんですよね，やっぱりね。早く，どうやったら行けるようになるのかしら，とも思うし，ね？　来年はもうね，受験もあるしねぇー。

※10：父親から見えているものに対して，娘に「そんな感じで思えばいいの？」と確認している。家族合同面接では，同じ話を聞いていても，どう受け取ったかはそれぞれ違うので，各々がどう受け取ったかを確かめるやり取りを細かくする必要がある。

※11：母と娘のやり取りに，父が口をはさみ，母から父への不満へと話題が移るパターンがみられる。Th は母から父への不満がありそうだと感じつつ，それはどこかできちんと聞いた方が良いが，今ではないだろうと判断している。娘→母，母→娘で話ができていることを改めて伝えたうえで，「お母さんからしてみると」と伝えている。それぞれの立場によって見えているものが異なり，抱えている事情も違うという前提に立ち，その人の言い分とその背景にある想いを聞き取っていく。「多方面への肩入れ」と言われる姿勢（技法）である。

中釜　公立高……公立中学って思えばいいですね？　そうするとね？

母親　そうですねぇ。

中釜　うんうんうん。じゃぁちょうど中学２年生の，そろそろ将来のこととかっていうのもお母さんとしては気になるし，

母親　気になりますね。

中釜　学校に，早く行けるようになってほしいな，みたいなところからじゃぁ…ちょっとまぁ心配なことはわかるんだけど，それよりも，気にしないで行ったら？っていうのがお母さんは言いたくなっちゃうしね。

母親　はい。

中釜　でもカズミさんにしてみると，なんかそれ言われちゃうとあれかな。本当に大事なことっていうのが，聞いてもらえなかったって，そんな感じで残っちゃうってことかな？

カズミ　はい。

母親　本当に大事なことって……何？　ははは（笑）[※12]

夫婦間のすれちがい

父親　でも，お母さんも最近忙しいよね。

母親　うん……そうだけど……でもほら，ここに来てほら，しゃべる気になってくれるんだったら私もねぇ，あんまり聞いてなかったし。

父親　仕事もしてるし，実はカズミの下にですね，手のかかる弟がいるんですよ。その子のことでもお母さんはけっこう大変だしね。

母親　そうだねぇー。

中釜　そうですか。お父さんからご覧になってて，じゃぁお母さんにかかってる負担って，けっこう多いなぁって思う？[※13]

父親　そうですね，えぇ。そんなにじっくり本人に付きっきりっていう余裕もね，最近はないのかなぁなんて。

※12：「お母さんの立場からすれば，心配もあるし，言いたくなるし」「カズミさんからしてみると」とそれぞれの意見を守り，尊重している。それぞれの意見が尊重され，家族内に相互尊重が広がることを期待している。Th は，とりわけ弱い立場の人，言い訳のしづらい人，不満を言いづらい人の発言を保障していき，公平さを担保するのが大きな役割となる。

※13：父親の気持ちを確認することで，父親が母親を労わり，気にかけている思いを母親に伝えることができる。また母親と長女との関わりの問題点を指摘する前に，母親の努力にまず目を向けている。

中釜　どうですか？　お父さんからご覧になって，カズミさんがさっきおっしゃってたね，一生懸命話してるしわかってほしいんだけど，なんか聞いてもらえないみたいなことっていうのは，なんとなく想像がつくような感じ？

父親　話はしてるんでしょうけどもね，まぁ私から見ると，家の家内はなんか言われたら言い返しちゃうっていうか，説教しちゃうっていうかね，そういう感じでなんか，聞いてもらえてないっていう感じが本人にあるのかなぁなんて思いますけど。

中釜　そうですか。

母親　でもお父さんなんか，そもそも家にいないじゃない。

父親　うーん……。

母親　ほんっとうにいないんです，この人。普通の日も11時くらいだし，帰ってくるの。私もう寝ちゃってるのね，もう。次の日の仕事にも差し支えるから。土日もほとんどいないし。

父親　仕事も……あれだしな……。

母親　いても寝てるし。起きたかと思うとぷらーってどっか行っちゃうもんねぇ？

弟をめぐって

中釜　ちょっと現実的なところを伺ってもいいですか？　そうすると。※14

母親　はい。

中釜　毎日は，お父さんは朝早く仕事に行くし，それで帰ってらっしゃるのがだいたい11時くらい。

父親　11時くらいですね。

中釜　で，お家にいらっしゃるのが，今はそうすると，カズミさんとお母さんと，今……。

母親　弟の……。

中釜　ご家族がもう1人いらっしゃるんですね。

母親　はい。カズナリ。

中釜　カズナリさん。カズナリさんは何歳？

母親　10歳。

※14：母親から父親への不満へとまた話題が移っていくが，「現実的なことをうかがっても良いですか？」と夫婦のエスカレーションを止めている。

中釜　10歳。そうすると，４つ違いっていうと小学校の？
母親　４年生。
中釜　４年生ですね。うんうん。カズナリさんね。はい。
父親　この子もちょっと，元気な子で大変なんですよ。動きが多いといいますか。
中釜　はいはいはい。すごく動く。そんな感じですか？　元気っていうのは。
母親　うん，ね。
父親　多動っていうか，AD/HDと言われていて。
母親　そうなんだよね。
中釜　ふーん。それはどこかで診断をされてっていうのがあります？
母親　病院にも連れて行かなくてはいけないので，
中釜　通院をしてらっしゃるって思えばいいんですね？
母親　そうですね。
父親　前と比べるとちょっと，ちょっとだけ落ち着いたかなと思うけどまだ，
母親　そーでもない……。
父親　でも，去年とか一昨年とかと比べたら少しは……。
母親　いや，一昨年まではよかったのよ。
父親　そっか……。
母親　先生がよく面倒見てくださったから。
父親　それはそうだね……。
中釜　なるほどね。
母親　３年生になってから何だかね。ちょうど３年生になってから，私も働き出したのでぇ。
父親　そう，そう，そうですね。
中釜　３年生になってから？
母親　うん。
中釜　てことは，カズミさんが中学に入ってから？
父親　そうですね。
中釜　中学に入ってからは，お母さんはお仕事に出るっていう感じになって？
母親　はい。中学になって，カズナリも中学年なので，そろそろねぇ，働いて学費っていうかね，高校，大学とお金がかかるかなって思ってお仕事に出たんですけど。そしたら何か本当にカズミも大変になるし，カズナリはカズナリで学校でいろいろと先生から言われることが多くて。
中釜　ふーん。そうなんですか。

父親　下の子は前と比べると幾分落ち着いたかなと思ったんですけども，なんかやっぱちょっと学校の先生との関係が悪くなっちゃったのかなぁ。

中釜　うん，で，その頃から，そうするとカズミさんがお家に……学校に行かなくなったって思えばいいですか？

母親　なんかね，トラブルがいろいろあって，いろいろ話もしてくれるんだけど，ちょうどその時にはカズナリが本っ当に学校でね，トラブルが多くって，まぁパパに話してもしょうがないかな。お父さんに，へっへっへっへ（笑）

父親　少しは知ってるよ。

母親　へっへっへ（笑）

父親　少しは知ってるよ。俺だって。

母親　それでもぅ，本当に大変で。

中釜　ちょっとじゃぁお父さんに話したいこともあるんだけど，まぁ忙しそうなので？

母親　うん。お父さん本当にこう，話を聞いてって言って話をしてても，「疲れてるから」とか言ってテレビつけて，全然話を聞かないよね。

父親　いやぁ，私も聞こうとは思うんだけど，とにかくお母さんはね，一方的にわぁーーっとこう話されちゃうから，私だって疲れてるしね。なんかもぅ，たくさんだねっていう感じ。

中釜　まぁね，今伺ってるだけでも，いろんなことが起こるわけですね。学校で起こることとか，弟さんのことだけじゃなくて，ちょっとカズミさんのこともどうしたらいいかなぁみたいに思うことがあって……。

父親　そうですね。なんかいろいろ，そういえばいっぱいあるね。

母親　あるよぉー。※15

カズミの伝えたいこと

中釜　でね，もう1回，カズミさんに話しかけてもいい？

カズミ　はい。

中釜　うん，今そうすると，お父さんとお母さんからね，こうお話を伺って，お仕事をお母さんが始めて，で，弟さんのことは前より落ち着いてきたかもしれなくて。で，お母さんがお仕事に出るっていうのは，けっこうな変化だよね？

※15：主訴の不登校が始まる前に家族に起きた変化，状況，それぞれの負担感を聞き取っている。

きっと子どもとしてはね？

カズミ　うん。

中釜　で，そのあたりの頃に，さっき言ってた，ここでもしかして伝えられたらいいなぁって言ってたお友達関係のことっていうのが，私はまだどんなことだかわかんないんだけれども，いろいろ起こってきた？

カズミ　はい。

中釜　気になることが起こってきたってことなの？

カズミ　はい。

中釜　うーん。どうだろう，少し，少し聞かせてくれるかなぁ？　お話しになりたかったこと。きっと，すごく，何だろうな，「ここ伝えたい。聞いてほしいなぁ」って思ってたところではあるんでしょう？

カズミ　えっと，友達と上手くいかないっていっても，何だろう，小学校から同級の子もいて，その子の名前とか出すと，「あの子いい子じゃない」みたいな感じですぐ否定されるし。

中釜　うーん，なるほどね。

カズミ　こっちはこっちでいろいろ変わっているのに，全然お母さんはわかってくれないから。

中釜　うんうん。カズミさんだって昔の姿は知ってて，昔からでも，中学生って一番関係が変わるところだよね。で，変わってきて，それを一生懸命言うんだけど，でもそうすると，お母さんにはお母さんのイメージがあるっていうか。[※16]

カズミ　はい。

中釜　そんなところが，なんか「あーせっかく言ったのになぁ」みたいにちょっと思っちゃうっていうか？

カズミ　うん。

中釜　なんかあれかな。困ったときとか，言いたいなぁって思う時って，一番最初にしゃべりたくなるのってお母さんなの？

カズミ　うん，まぁ。

中釜　へぇぇぇー。ふーん。

中釜　今までじゃぁ，「聞いてくれないなぁ」って思うこともあったけど，「なんかお母さんに話すと楽になるなぁ」みたいな，そんなのもあった？[※17]

カズミ　なんか一番身近で，とりあえずよく話を聞いてくれたから，一番話しや

※16：カズミさんに肩入れしながら，さらに親にもカズミさんの思いを伝えることになる。

すいのはあるんですよ。
中釜　へーえへーえ。これまでじゃぁ一番身近にいてね，近くにいて，
カズミ　でもお母さん仕事始めて忙しいなっていうのは目にもわかるんで，まぁいっかなって思って流してたらなんか，そのままずるずるきちゃったんで。
中釜　ふーん。そうなんだ。
父親　忙しいっていっても昼間だけだよねぇ。昼間だけって言っちゃなんだけど。
母親　いや，いろいろあるのよぉ。働き始めるとぉー。
中釜　うーん。じゃぁちょっとあれかな。お父さんが全部，リアルに見てるよりも，お母さんにしてみると，自分の忙しさってこう，なんだろうな。お父さんに伝わってるより，カズミさんのほうがよく見えてる。
母親　そうですよね。だって，それまでは家にいてやっていた家事を，帰ってきてからまとめてブワー！！ってやんなくちゃいけないんだよぉ？　お父さん。
父親　そっか。
母親　そうだよ。そしたら，ねぇ？　一緒におやつ食べたりもできないしね。はははっ（笑）
中釜　昼間……，まぁ働いている時間は昼間の時間なんだけど，帰って来た後はわぁっと。※18
母親　そうですね。
中釜　家事なんかは同じ量をお母さん担っててね，お仕事に行って。
父親　部活までやって帰ってくればね，帰り遅いんだけど，部活やらないで去年から帰ってきてるからね。
母親　そうねぇー。
父親　けっこうあれだよね，重なっちゃうよね。
母親　部活を……。
中釜　もうちょっとカズミさんに聞いてもいいですか？
母親　どうぞどうぞ。

※17：関係の良いところは，なるべく家族メンバーの言葉で具体的に話してもらう。家族から感謝や信頼が表明されると，それを聞いたメンバーからさらなるポジティブな反応，良い循環が広がることが期待できる。思い出される場面やエピソードを尋ねて，家族が「確かにそうだったなあ」「良い関係の時代があった」と共通して思い出すことが変化へのエネルギーとなる。
※18：母の負担感も具体的に聞き取っていく。具体的に聞くことで，同席している父やカズミにもその負担感（母の事情）が共有されていく。

中釜　さっきの続きなんだけど，何だろうな……お父さんにお話しするとか，あと弟くんに話すっていうのはあれかな？　あんまり現実的ではない？
カズミ　あーないですね。
中釜　ほとんどない？
カズミ　うん。
中釜　ふーんふーん。
父親　私にはほとんど何も話ししてくれない。
母親　お父さん，今カズミとしゃべってるんだからっ。
中釜　それはあれですか？　やっぱりいらっしゃらないことがとても大きい？
カズミ　あんまりいないから，どう話を切り出すのかなって。
中釜　きっかけみたいな？
カズミ　うん。
中釜　うんうん，なるほどね。うん。そしたら，言いたくないっていうのとはちょっと違うって思えばいいのかな？
カズミ　でもなんか，あんまり伝わらなそう。
中釜　伝わらなそうな感じがする？　うんうんうん。何かちょっと違うんだね。お母さんに話したいっていう気持ちが出てくるのと，まぁこれまでもお父さんにはあんまり話をしないで来てるっていうのと，今からちょっとなんかピンとくるとすればお母さんかなって思ってて，そうするととってもこう，期待があるのね？　すごく，ね？[※19]
カズミ　はい。
中釜　弟さんに話すっていうのもあれかな？　4つ下の男の子だから，
母親　わかんないよねぇ？
中釜　ちょっと考えられない？
カズミ　うん。
中釜　うんうん。弟さんの相談に乗ることはある？
カズミ　「見てて」って言われて見てたりとか，一緒に遊んだりすることはあるけど，あんまりそんな会話とまではいかない。
母親　なんかずっと長くいるとケンカするよね。ふふふ(笑)。弟のほうがもう気

※19：父親へは「あまり伝わらなそう」と言う言葉に対して，「お父さんに対するのとお母さんに対するのとちょっと違うんだね，お母さんには（話を聞いてほしいっていう）期待があるのね」と関係のリフレーミングをしている。

が強いのでぇ，ねぇ，最後はケンカだよね。

父親　話してるっていうより手が出てるって感じかな。

母親　ちょっとね。その仲裁も大変なのよ？

父親　うん……。

中釜　お姉さんだから，弟くんの面倒見たりとかね，様子を見てたりとか，ちょっとでもなんか我慢できないことがあってぶつかったりとか。

母親　でも助かってるけどね。

中釜　助かってるって感じはあるんですか？[※20]

母親　うん。助かりますぅー。目離せない子なのでぇー。

父親　本当，よく見ててくれるよね。

母親　うん，えっ，お父さんなんでわかるの？（笑）

父親　だってそうだったじゃない。

母親　そぉ？

中釜　でもお父さんもそんな風には思う？

父親　うん。そうですね。

母親　お姉ちゃんしっかりしてるもんね。

カズミ　……。

母親　それも嫌なの？　ははは（笑），そんなことない？

「弟に甘いよね」

中釜　どうですか？　二人共，よく見ててくれるっていうコメントは二人一致して出てきたんだけど，そう言われると。[※21]

カズミ　いや，ただお母さんから「見てて」とかって声かけられるから，その時に見てる。

中釜　うんうんうん。なるほどね。うん。ふーん。

母親　いろいろやってくれるじゃない。遊んだりとか。

父親　まぁ最後ケンカするけど，けっこうかわいがってくれて本当に面倒見がよくね，お姉ちゃんのあれだったよね。

※20：カズミさんの貢献，親からのポジティブな評価は，そのまま流さず，言葉を拾い，光を当てている。

※21：親から子どもへのポジティブな評価，期待が，子どもの力となる場合もあれば，逆に重荷や家族の関係に縛ることになることもあることをThは良く知っている。そのバランスをカズミさんに尋ねている。

母親　そういうところあるよね。

父親　でも最後にやっぱりね，弟が手出しちゃうっていうような感じかな？

母親　んーけっこうカズミも言うから。

父親　そうだね。

母親　うん。

中釜　うんうーん。あんまりちょっとうれしくない感じ？「お姉ちゃん」って言われるの。

カズミ　なんか……なんか，弟っていうだけで弟に甘いよね。※22

母親　そんなことないよぉー（笑）。そう？

カズミ　うん。

母親　そう？

カズミ　うん。

母親　そうかな？

中釜　そんな感じがちょっとする？

カズミ　うん。

中釜　うん。それは何？　お母さんが？　お父さんが？

カズミ　お母さん。

中釜　お母さんが。ふーん。お母さんの，じゃぁちょっとこう，自分に対する対応と，弟くんに対する対応と，ちょっと違うかな，みたいな感じもあるの？

カズミ　はい。

中釜　うんうん。ふーん。

母親　でも，年が下だったらしょうがないじゃない。

カズミ　え，でも，なんでもかんでもけっこうカズナリ優先じゃん。

母親　え，そう？　例えば何？

カズミ　だって話してる時もさ，カズナリが何かあると，「ちょっと待っててね」のその「ちょっと待っててね」がすごい長かったりとかさ。

母親　だってカズナリは言わないと忘れちゃうんだもん。その場で言わないと。

中釜　お母さんにしてみれば，無理はないっていうかね，そうするとね。今は，

※22：こういう言葉が，家族の不公平さを扱う入口となる。

弟さんの状態のことも理由になってって思えばいいんですかね？　今を逃しちゃうと，カズナリくんには，何ていうかな，タイミングを逃しちゃう？　後から言うってなると難しくなっちゃうから。※23

母親　待ってるのもけっこう難しい子なんで，癇癪を起しちゃうこともあるし。あと,「忘れちゃうんだよ」って言われると，そうよね，忘れるわよねって思うから,「ちょっと待ってね」ってカズミちゃんの方に待っててもらって，カズナリの話聞くってことはあるわね。

中釜　うんうん，なるほどね。

父親　あれだよね，弟はAD/HDで普通の子よりも丁寧にね，丁寧にやらなきゃならないって言われて，そういう風にやってるってところもあるよね？

母親　そうだね。親の会に入ってるので，そこで「褒めてください」って言われるから，一生懸命。

父親　普通だったら怒るようなところも，怒らないみたいな。褒めたりって。

母親　褒めてるよねぇ。

父親　それがちょっと本人からみると。

母親　カズミちゃんもそのへんはわかってると思ってたけどぉー。そういうので褒めてるんだよって。言ったよね？

カズミ　うん……。※24

母親にかかる子育て負担

中釜　カズミさんは，弟さんの話とかっていうのは，いつぐらいに聞いたっていうか，あるいはなんか，どんな風にご両親から説明をされたっていうか。

カズミ　あんまりちゃんと，説明はされたけど，あんまりなんか，いつ頃からっていうのは覚えてないんですけど，とりあえずなんか，普通とは違うんだなっていうのはなんとなくわかってたんです。ずっと近くにいるから。だからなんか，とりあえず生活しているうちに順々に説明されて，あぁこうなんだなって

※23：アンバランスがあったとしたら，その事情を明らかにする。その事情は家族メンバーが共有できるように，できるだけ具体的に聞き取るのが良い。

※24：事情があるからとはいえ，個人がほかの人のために犠牲となることが正当化されると，やや横暴に言葉を奪うことになる。事情が分かり，自ら家族のために力を尽くすことと紙一重のバランスがある。最初は，自らの意思で始めたことが，いつの間にか家族内の当然の義務として期待され，負担になることも家族内ではよく起こる。家族のそれぞれの肩にどのようにかかり，積み重なってきたのかをなるべく家族みんなが共有できる事実に基づき確かめていくやり取りが以下に続く。

覚えてった感じ。
中釜　ふーん。うんうん。
母親　お父さんは何にも言ってないよね？　カズミには。
父親　でもあれだよ，多動の子どものさ，親の会の集まりとかみんなで行ったこともあったよね？
母親　えーお父さんいなかったじゃない。あの時。
父親　え，俺だって何回か行ったよ？
母親　うっそぉー。行ってないよね？
父親　一緒に行ったよね？
中釜　なんかあれですよね。お父さんが「やったぞ」って思ってるよりも，お母さんの中に残ってるのってのはちょっと少ないっていうかね，お父さんは，「ここ頑張ったぞ」って言いたい気がするし，でもお母さんからしてみると，もっともっといろんなことがあるので，お父さんの頑張ったのは……。
母親　そういえば１回ぐらいは来たような気がします（笑）
父親　ほらー。
母親　なんかでも，みんなと一緒にいないで，稲とか眺めてるから存在感が薄いのよ。
父親　でも前はけっこうよく行ってたと思うんです。最近はちょっとね，離れちゃってというか。忙しいし。
中釜　うんうん，そうですか。うん。ふーん。
母親　１回来たよね？　カズミが５年生くらいまでは，けっこう家族で。その転勤しちゃったし。
父親　そのちょっと，反抗期っていうかね，女の子なので。５年生くらいまではけっこういろいろお話ししてくれたんだけど，私のとこはちょっと距離置いてるかなっていう感じがするんだけど。
中釜　実際にじゃぁ，５年生くらいまでは，ご家族でいろいろ，みんなで動くことも多くって？
父親　そうですね。
中釜　それは，どうだろう，さっきあがってきたのは，カズナリくんのための時間っていうのは変な言い方かもしれないけど，カズナリくんを中心とするキャンプとかって。
母親　その頃はまだわからなかった。ただ，本当にスーパーに買い物に行くとどっかに迷子になっていなくなっちゃったりとか，ちょっと他の子より落ち着かない子だなって思ってはいたんですけど，幼稚園の時とかね。でも小学校の１年２年もそんなに先生から特に言われたりとか，そういうこともなかったんですけど，やっぱり授業参観とかに行けばね，他の子よりはね，やっぱりちょっと落ち着かない感じはしてたけど。小学校３年生になった途端になんかもう本っ当に，大変なことになってしまい……。

中釜　その時はやっぱ大変だったんですよね，きっとね。

母親　うーん，大変でしたねぇー。

中釜　状態が，どうしちゃったんだろうとか，そんな時期がじゃぁ小学校３年生の時にはあって。

母親　そうですねぇ。そう，それがやっとおさまったかなぁっと思ったら，今度はカズミがもう，ぐずぐずぐずぐずしちゃって。ね？

父親　去年が弟で今年があれだよね，本人だよね。

母親　去年の暮の頃からね。

中釜　去年の暮ぐらいから，カズミさんが今度はじゃあ。

母親　そう。かわりばーんこ。

父親　そういえばそうだね。

中釜　「ちゃんと見てよ」っていう，そんな番でもあるわけですね，そうするとね。なんか，今の話を伺っていると，まぁ弟くんの問題がはっきりしてきたのは３年生ぐらいからね？

母親　５月ぐらいからですかねー。

中釜　５月ぐらいから。じゃぁその時はお父さんも一緒になって？

父親　そうですね。

母親　１回は来てくれたけどぉー。

父親　１回かなぁ？　３回くらい行かなかったっけ？　２回行ったよね。

母親　（首をひねりながら）えっへっへ（笑）

中釜　２回は確実？

父親　うん。

母親　そうなんだ。そうだったっけ？　いや，学校には私がほとんど行ってるわよ？　そして親の会に１回行ってくれて，あと病院に行く時に１回行ってくれただけで。学校にはお父さん行ってくれないじゃない。

父親　いや学校は，だって，仕事があるもの。父親が行ったら変じゃない。

母親　そんなことないよぉ。お父さんって大事だって，親の会でも言ってるよ？

父親　学校に父親が行ったらおおごとになっちゃうよ。そりゃ。

母親　そんなことないよ。私本当に大変だったんだから。
父親　まぁまぁまぁ，今日はいいよ。
母親　うーん……。※25

カズミが入る「隙間」

中釜　ちょっとあれかな？　お家でもこういうこと多い？
カズミ　たまに。
中釜　たまに？　うーん。ちょっとあれだよね。カズミさんとしてはどう関わったらいいかっていうか。
カズミ　なんかあまり聞きたくないから，すぐ部屋に帰るんですよ。こうなると。
中釜　ふーん。そうなんだ。まぁうれしいっていうよりは，逆っていうか。
カズミ　うん。
中釜　ちょっとお父さんとお母さんと，まぁあんな感じのやりとりが始まると，上に行きたくなっちゃう？
カズミ　うん。
中釜　うーん。なるほどね。もう少し何か言葉になることある？　その時に関しての何か気持ちっていうか。もし，もしね，何でも言っていいって，お父さんとお母さんが言ってくれたら，どんな感じのこと言いたいとかってありますか？
カズミ　よくわかんない。
中釜　わかんない？　うん。そっかそっか。うんうんうん。
母親　私たちがケンカしてるからなんですかねぇ？※26
中釜　なんか受けた印象としてはね，カズミさんの話をこう，なんかとても聞きたい，中心にしたいって感じがするんだけど，お父さんもお母さんも，本当にいろんなことがいっぱいなんだなぁっていうか。お仕事のことだったり，それから，これはもう当然なんだと思うんですけど，弟くんのこととか，それからそれぞれの思い，ですよね。これをこれだけ一生懸命やっただとか，お母さんにしてみると，今はお仕事を始められて，始めたばっかりってただでさえ大変

※25：面接の初めの方から繰り返し出てきた，子どもの話から次第に母親から父親への不満へと話が移るパターン。面接室で起こることは，家ではもっと激しく起きている可能性がある。

※26：今まで「カズミちゃんだってこうだったじゃない」「お父さんにわかるの？」とやや他責的な発言をしていた母親が「私たちがケンカしているからなんですかねえ？」とやや自分を振り返り，内省的になっている。このようなタイミングは，Th の言葉が入りやすい。

なんだろうと思うんだけど，それに加えて家事を全部やんなきゃいけないって，なんでって，なんかそれでいっぱいで。カズミさんのことが一番今大事にされて，入んなきゃいけないんだと思うんだけど，そこが入る隙間がみつかりにくいなっていうかね，そんな感じがすごくしながら聞いてたところがありますけど。ちょっとなんか，そんな感じが私はしたかな。

「聞いてほしいのね」

母親　そう？（カズミさんに向かって）

カズミ　……。

父親　たしかにお母さんはね，仕事のことも弟のことも本人のこともね，いろいろ大変だよね。弟は弟でいっぱいだし。

母親　うん。

父親　私だってやっぱり，仕事とかね，けっこう大変なんですよ（笑）

中釜　うん。なるほどね。お父さんからご覧になっても，お母さんの肩にいっぱいこう……。[※27]

父親　今，先生から言われたこと考えると，本当に4人ともね，なんかいろいろ余裕がなくなってるかなって感じは……その通りだなって思ったんですけどね。

中釜　なるほどね。うん。それはご自分のことについてもわかる感じがするし，奥様がすごく忙しいなっていうのもわかる感じがする，なるほどね。うんうん。それがすべてね，いいように，なんかいい感じになるといいなっていうところでの，本当に努力だからね。なんかそれ自体が本当に大事なことをなさってるんだろうと思うんですけど，それでかなりエネルギーが取られちゃうっていう感じでしょうかね。そうするとね。[※28]

父親　でもそれにしても，お母さんちょっとさ，やっぱ言いすぎのところあるんじゃないかな。

※27：父親の「たしかにお母さんはね，大変だよね」という他者への労いの言葉が出てきた。他者への共感性が出てきたところは，なるべくクライアントの言葉でいっぱい話してもらうようにしている。家族はThの言葉より，家族メンバーからの言葉の方が強い影響を受けるからである。

※28：父の「私だって大変」という自分の言い分の表明と，「お母さんも大変」という他者への労いの両方に共感している。それぞれの言い分が十分に聞き取られれば，他者への共感性が高まってくる。

母親　ははは（笑）そんな家にいない人に言われたくないでしょ。※29
父親　普段はいないけどさ，休みの日とかさ。ちょっと，いろいろ言われると私だって家にいたくなくなっちゃうよね。
母親　そうねぇ。
中釜　少しやめてほしいって，お父さんは思うことがある？
父親　そうですねぇ。
中釜　うん。
母親　いろいろこう，聞いてほしいんですよね。カズミのことも，カズナリでこんな大変だったんだよっていうこととかも，やっぱ仕事に出ると仕事の職場のね，人間関係もあるしぃ，そういうのもねぇ。
父親　そりゃ大変なのはわかるけど，そりゃ大変なのはお互い様で，休みの日にね，そんなことまで聞きたくないなっていうのもあって。
母親　えーでも，昔は聞いてくれたじゃない。
中釜　そうなんだ。お母さんの中でも，お母さんの中にある思いをひとつ出すと，昔は聞いてくれたんだけど，今はなんかこういっぱいになっちゃって，聞いてくれないみたいな？　そんな感じ？
母親　うん。
中釜　なるほど。お母さんはじゃぁ，お父さんに聞いてほしいって思うし，
母親　うんうん。
中釜　そっか。※30
母親　そっか。カズミはお母さんに聞いてほしいのね。
中釜　で，今まで，聞いてもらえてるなぁって感じもあったんだよね，きっとね。
カズミ　はい。
中釜　何か思い出すことってあります？　お母さんに聞いてもらって，「あぁすごいよかったなぁ」みたいな。今のことじゃないかもしれないけど。※31
カズミ　昔はなんか，逐一，どうでもいいことでもけっこう聞いてくれて，なんかいろいろ話もしたんですよ。
中釜　しゃべる人だったんだ？

※29：関係性は，馴染みのパターンに戻りやすい。
※30：夫が話を聞いてくれない，かかわってくれないという不満が，「聞いてほしい」という期待として受け取られ，膨らんでいく。
※31：良かった関係性は，具体的に，映像的に思い浮かぶように，みんなが同じ思い出を思い出せるように聞き取る。

カズミ　はい。

中釜　ふーん。なるほどね。お母さんが聞いてくれると，ちょっとそれでスッキリとか，元気になるとか。

カズミ　うん。

中釜　ふーん。何かちょっと，思い出す感じもあります？

母親　そうですね。カズミちゃんもあの頃はほら何か，イキイキと，ははは っ(笑)，してたじゃない。鼓笛のほら，やったりとかさ，ね？　学校で何かけっこういろいろね，頑張ってたんだよね。

カズミ　（うなずく）

母親　そういう話も多かったから聞きやすかったのかな（笑）

中釜　楽しかった話とか？　頑張ってる話とか？　うんうん。

母親　悩みも聞かないわけじゃないけど，なんか，私が「こういう風に考えてみたらいいんじゃない」って言うと,「うん，じゃぁそうしてみようかな」って言ってたもんねぇ？　カズミちゃんね？　小学生の頃まではね。

父親　でも最近の話はね，学校に行けないって話だからね。だから学校に行きなさいってことになっちゃいますよね。どうしてもね。

母親　うーん。なんか中学校の女の子のなんか，そういうのってちょっとわかんないわねぇー。

父親　学校に行ってほしいんだけど。行ってほしいと思うんですけど。

母親　え，いやいやそんなことが，そんな風に心に響いちゃうの？　とか思う時もあるよね？

父親　うん。

家族の「悪循環」をめぐって

中釜　今カズミさんにとっては一番大事なのっていうのは，人間関係とか複雑になって変化してきて，前の友達ともちょっと違うとか。うーん。たぶんあれだよね，中学生になったってことだから，楽しいことばかりじゃなくって，まぁ悩むのが仕事っていうか，いろいろきっと考えることはあるよね？

カズミ　うん。

中釜　で，うーーん。さっきのお母さんの言葉なんかも，すごくこう残る感じがするんですけどね，それぞれ，家族に聞いてもらうと，あぁこの人に聞いてもらうと元気になる，とか，この人に聞いてもらうとすごくいいことが起こる，自分にとっていい感じになるって，この体験は持ってらっしゃるんだなって。

すごーく今，感じながら聞かせていただいて。そういうことは知ってらっしゃるご家族だなっていえばいいですか？

父親　ですかね。

母親　そうですねぇ。

中釜　昔，お母さんが。

父親　そうですね。

中釜　お父さんに話を聞いてもらえてたっていう感じも，なんかそんなことを想像しますし。

父親　たしかに2年くらい前まではね，いろいろあったけど。

母親　本当にね。最初のそのね，

父親　去年あたりからだよね？　本当ね。

中釜　去年あたりから？

母親　去年かなぁ？

中釜　もうちょっと前ですか？

母親　そうですね。今の職場に行って，稲と戦うようになってから。あはははははっ（笑）

父親　そっか……。

中釜　そうするとね，最初の出発点。お母さんにとっても最初の出発点は，じゃぁお父さんが忙しくなってから。仕事が移って，

母親　そうですね。本当に家にいなくなって，

中釜　随分，仕事の時間が長くなったんですか？

母親　まだ……まだいたか？

父親　仕事は嫌いじゃないんですけどもね，とにかくけっこう大変なんですよ。中間管理職になったので。上がちっともわかんないし，部下っていうか係の者がね，なかなか動かないから，結局自分で全部やることになっちゃうんですよね。

中釜　お仕事変わられたのは，ご自分の意志で？

父親　まぁあの，そうですね。

中釜　じゃぁちょっとこう，チャレンジっていうかね。

父親　えぇ，年齢的にどうしてもそういうとこに行かなきゃなんないっていうこともあるんですけど。

中釜　なるほど。じゃぁ研究者っていうか，研究員みたいなところから，ちょっとこう次のステップっていうか。

父親　うーん，まぁ……研究所は研究所なんですけど，ちょっと全体の仕事をまとめるとか。

中釜　オーガナイズしていく，みたいなね。そんなほうに。

父親　そういうことですね。

中釜　当然やりがいがあったりとかね。

父親　やりがいはあるし，好き……嫌いじゃないんですけども，でもやっぱりいろいろね，うまくいかないこと多いし，本当にね，けっこう全部自分でかぶっちゃうっていう感じですよね。

中釜　なるほどね。なるほどね。それでちょっとこう，お忙しくなってきて，少ーし余裕がなくなってきたかなっていうのも……。

父親　そうですね。体もなんかガタがきた感じが……。

母親　ふふふ（笑）。腰も痛いって言ってるもんね。ふっふっふっふっ（笑）

父親　腰も痛いし（笑）

母親　なるほど。

中釜　カズミさんにとってみると，何年前？　３年前？

父親　そうですね。

中釜　じゃぁ小学校の，６年生ぐらい？　何か覚えてる？　お父さんが仕事が変わってっていう。まだカズミさんの中では小学生だから，今とは違う状態でいた感じかなぁ？

カズミ　そうですね。あんまりしゃべらないし，家にいないイメージが多かったし。

母親　でもその時はほら，お祝いしたじゃない。「お父さん頑張ってねー」って。

カズミ　あぁ。

母親　ねぇ？

中釜　あんまりじゃぁ，その前から，お父さんとのやりとりっていうのは多くはなかったんだ？

カズミ　うん。

中釜　うーん。そうすると，お母さんにとってはとっても大きいわけですね。お父さんのお仕事の転職っていうのは。

母親　そうですねぇー。でも，はじめは応援するつもりでもいたんだけれどね，ただなんか本当にその後大変になっちゃって。

父親　大変だったね。あとやっぱりあの，ちょうど５年生か６年生になったので，年頃っていうかね，なかなかどうしても，なんかちょっとうまく話できないかなっていう感じにはなってきたんですけど。

中釜　そうなんだ。うんうん。お父さんはそんな思いがあるみたいだけども，そう思えばいいんですか？　男の人だし。

カズミ　なんか話すタイミングがつかめないし，何しゃべっていいかよくわかんないし。

中釜　ふーんふーん。

母親　お父さん忙しくて家にいないんだもんね（笑）

父親　お母さんとは平気に見えるんですけどね。私とはちょっとあれかな，なんて感じかな。ちょうどそれも５年か６年の頃……。

母親　接点が少なすぎるんだって，お父さん。

中釜　まぁ，とてもあり得ることですよね。お忙しくなって，しかもこう，異性のお子さんってね。まぁちょっと話のきっかけつかむのも，お父さんにとっては苦手っていうのがあって，

父親　ちょっと中学生の女の子のこと，私もよくわからないし，ちょっと話もね，

中釜　なるほどね。そしたらね，カズミさんにとってのお父さんの変化ってのは，そう大きく起こったわけじゃないって，そうなんだろうと思うんだけど，カズミさんから見てお母さんの変化とか，あるいは自分の……うーん，自分じゃないかな……弟くんの変化とか，そんなのは何かありました？

カズミ　お母さんは…。お父さんは仕事変わって，なんか前よりなんかバタバタバタバタちょっとしたかな。でも，そんなに生活の流れが変わったわけじゃないから，「お父さん帰り遅いなぁ」ぐらいな感じだったけど，なんか仕事始めたら余計，自分の流れもバタバタしたから，お母さんバタバタしてるなぁー，なんかイライラしてるなーとか，そういうのはすごい出るようになった。

中釜　なるほどね。カズミさんの目から見たお母さんの変化は２段階なんだ？　そうするとね，ひとつは，お父さんのお仕事が忙しくなって遅くなって，「あぁ遅いなぁ」って思っているお母さんが見えてきたっていうのと，その次は，ご自分がお仕事を始められて，お母さんがお仕事をしたっていうところで，本当に忙しくなったなぁって思ってた？※32

カズミ　うん。

思った以上の変化

中釜　ふーんふーん。改めてっていう感じのあれだけど，お母さんが仕事始められた理由とか，何か思いなんていうのは，どんな風に聞いてらっしゃるの？

カズミ　いや，なんかとりあえず，「そろそろ手がかからなくなってきたし，そろそろお母さんも仕事始めようと思うの」なんていう感じで，日中仕事……仕事じゃない，特に時間があいてるし，何もやることがあるわけでもないから，お母さんちょっと仕事始めてみようと思うの，なんていう感じだったんですけど。なんか，仕事始めたらこんなになんか，なんだろう……流れが変わるんだなぁって。

中釜　ふーん。フタ開けてみてわかったって感じなんだ？　そうするとね。うーんうーん。説明としてはじゃあ，けっこう簡単な説明なんだと思うんだけど，カズミさんは「いいよ」っていうか？

カズミ　うん。

中釜　うん。それは，お母さん……どんな風に思えばいいのかな？　お母さんがやりたいことだから？

カズミ　いや別に，なんか仕事やらないでって，別にずっと家にいてよって理由が別になかったっていうか，別になんか，お母さん仕事行って，日中仕事に行くだけなんだっていうだけだったから，そんなに変わると思ってなかった。日中，私もどうせ学校行ってるから，その時間帯，お母さんも家にいないだけなんだってイメージだった。

中釜　そんなにじゃあ，大きな変化だとも思わなかったしね？　まぁいっか，って。反対する理由もないしっていう感じで。

※32：家族に起こった変化，それぞれに負担が積み重なっていく様子を家族が共有できるように聞き取っていく。家族メンバーそれぞれが，自分の言い分をそれぞれが主張する段階から，次第に他の人の抱えている事情，負担が見えていくプロセス。

カズミ　うん。

中釜　ちょっとフタ開けてみたら，どう言えばいいのかな……思ってた以上にお母さんの様子が変わって見えるようになっちゃった。そう思えばいいですかね？

カズミ　うん。

中釜　うん。それは，残念なことなんだよね？　きっとね？

カズミ　うん。

中釜　そんな感じだろうね。うん。はい。

両親から見たカズミ

中釜　じゃぁお父さんとお母さんにね，今度伺いたいんですけど，カズミさんの変化っていうのをどんな風にご覧になっていらっしゃいますか？　こう，いつからでもいいんですけど，小学校から中学にあがって，お二人の目に，どんな風にこう，大人になってきてるっていうか，こう……，まぁちっちゃなお子さんから，いろいろ物を考えるようになってきて……。※33

父親　小さい頃は，とっても穏やかなね，いいお姉ちゃんでね，弟が産まれるまでは，とってもかわいがったし。弟が産まれたら今度は弟に手がかかるようになってね，で，その後いろいろあったけど，いいお姉ちゃんをやってくれてたんですけど。

中釜　お姉ちゃん。うんうん。「お姉ちゃん」って呼ばれるんですか？

父親　はい。

中釜　あぁそうなんだ。「カズミ」っていうよりは，「お姉ちゃん」っていう。

父親　そうですね。

母親　お父さんそうだよねぇ。

父親　でも，さっき言いましたけど，５年生の頃からちょっと私は話しづらくなって，ちょっと反抗期っていうか，思春期っていうか。どうしてもちょっと距

※33：子どもが家族のためにしてきた貢献，陰に隠れた努力に光を当てようとする質問。ナージ Boszormenyi-Nagy, I. が Acknowledge と呼んだもの。

離があるかなっていうような感じだったですかね。だから，今どういうこと考えてどんなこと思ってるのか，私はよくわからないですけれども，まぁ中学に入ってから，いろいろ大変なこともあったかもしれないけど，去年は頑張ってて，1学期もいろいろあったけど，まぁ頑張って行ってて，でも2学期……。

中釜　そういう風におっしゃってましたよね，さっきもね。

父親　2学期になったらちょっと……行けなくなっちゃったってこと……。

中釜　うーん。何かこう，頑張ってるねって，そこはなんか伝えたいしって，お父さんおっしゃっているのは，なんかそんな感じに聞こえるし。

父親　そうですね，そうですね。まぁ頑張る，頑張り屋でしたね。

中釜　頑張り屋さんだった。うん。よくやってくれたし，頑張り屋さんだし。去年とか，1学期見てとれた頑張るっていうのはどんな姿なんですか？

父親　うーん……私は直接本人には聞いてないので，お母さんからの話ですけどね，やっぱり友達。ずっと仲良しの友達とね，上手くいかなかったり，その……女の子のグループとか，そういうことなんでしょうけどね，なんか上手くいかなくて嫌だ……でも，嫌なことがあっても頑張って行ってるっていうことは，チラッとは聞いてたんですけど。

中釜　学校に行ってる日の報告なんかがじゃぁ，そんな風にこう……。

父親　まぁ時々ね，時々お母さんから聞いて……。

中釜　なるほどね。お母さんからじゃぁ，お友達関係で悩んでるってことはお話聞くし，でも学校行ってるんだなってところが，頑張ってるなぁって強調したいところは今そんな感じでもあるんですね，そうするとね。うん。

中釜　お母さんにも聞いていい？

カズミ　はい。

中釜　どうですか？　お母さんからご覧になって。

母親　お父さんは，おっとりしているって言ってたけど，小さい頃はおっとりしてたけど，学校入ってからはけっこうハキハキしてたよね？　してるように見えましたけどね。お友達とも楽しくやってるようだったし。あと，学級のね，クラスの中での係のところとか，班長さんみたいなのとか，けっこう多かったよねぇ？　係のねぇ？　係の長とか付くの多かったよねぇ？

中釜　ふうん。そうなんだ。

母親　うん，一生懸命やってて，ハキハキものもしゃべる子だしぃ，あんまりおっとりって小さい頃だけだったような気がするけど，お父さんがそういう風に言うのを聞いてみると，頑張っててそうやってたのかしらとも思うけどぉ。私もあの……，そんなにこう，ジメジメしたタイプではないので，こんな風に考えたら？　あんな風に考えたら？　こんな時はこうすればいいじゃなーい，みたいなことを，けっこうカズミちゃんに押しつけていたところとかもあって，そういう風になってたのかもしれないけど。

中釜　お母さんのタイプとしては，もう少しさっぱりというかね，あんまり苦に病むよりは「こう考えればいいじゃない！」ってちょっと言うっていうところが，じゃあ。

母親　私と話してる時には，もっとこう，しっかり者っていうか，あとまぁ，天真爛漫な子だと思ってましたけどぉ，でも，そんな風にねぇ，今こんな感じになってるし。

中釜　うんうん，なるほどね。

母親　本当は違うのかもしれない……かな？

中釜　ちょっとそんな……そんなことが浮かぶ？　そう思えばいいですか？

母親　うーん。

中釜　お母さん的な……お母さん的なっていう言い方がいいかわかんないけど，なんかお母さんと話すときの，あるテンションみたいのがうまくいく時もあるし，ちょっと今見えてる姿はじゃあ違うのかなぁみたいな？

母親　うーん，なんかどっちの見えてるのが本当なんだろうって，なんかちょっと自信がなくなりますね。※34

家族への見えざる貢献

中釜　どっちかだけが本当ってことはないんだろうと思うんですけどね。そういうことではないんだろうと思うんだけど。どうですか？　今，お二人の，カズミさんについてのお話しいただいたので，聞いてるところでの……なんだろう，もぞもぞしてくるのか，あるいは「そこは違う」って言いたい感じなのか，「もうちょっとこんな風に思ってくれるといいんだけど」とかもしあれば，ぜひ教えてくれるといいかなって気がするけど。

カズミ　……。うーん……。小学校……なんだろう……お母さん……なんだろう……いい話の時って盛り上がるじゃないですか。

※34：母は内省し，自身のあり方や今まで見えてた娘の違う面があるのかもしれないと思い始めている。他の家族メンバーの声が入る余地が出てきている。娘の声が，反発され消されてしまうことなく，母に届くかもしれない。

中釜　うんうん。「すごいねー」とかね。うん。「頑張ったねー」とかね。はい。

カズミ　うん，だから友達の話でもいい話だと盛り上がって，そっちのほうは印象に残るけど，だからちょっと本音を話して，ここのこういうところ嫌だよって言うとちょっと否定されるっていうのかな。

中釜　うんうんうん。なるほどね。さっき言ってた，話してて聞いてくれるようでいて，途中から聞いてくれなくなっちゃうんだけどっていうのは，そうするとね，こんな風にも捉えていいの？　カズミさんが話す話の中で，何か聞きとってくれるっていう，そういうこう，半分くらいの，いい話とか明るい話とかがあって，で，もうちょっと何ていうのかな。悩んでるとか，ちょっとどうしていいかわかんないんだぁとかって，この部分に関しての話になっちゃうと……。

カズミ　なんか，あんまり乗り気じゃないみたいだから，とりあえずなんかこっちも「うん，そうだねー」ってとりあえず言っとけばいっかなって。

中釜　うーん，なるほどね。で，あれかな？　こう，そんな姿が見えるっていうか，さっきね伺ってたら，すごくカズミさんは忙しさとか見てるんだなぁ。お母さんの変化とかね。余裕があるかなぁとか，ないのかなぁとかってすごく感じながらいるんだなぁって気がしながら聞いてたけど，それを見てると，じゃぁ，「お母さんの気持ちもそんなに乗り気じゃないし，じゃぁこっから先は言わないどこう」っていうか，こう，自分の中にとっとくっていうかね，うん。「自分で持っとこう」って思うっていうか，うん。それはどうかな？　持ってるとどうなりそう？　その気持ちってどんな感じになってくんだろう？

カズミ　やっぱ聞いてもらいたいんだけど，なんか，なんだろう……なんて言えばいいのかわかんないや。（涙をみせる）

中釜　うん，聞いてもらいたいんだよね，すごくね。それは。聞いてもらいたいんだけど，これは出さないほうが……そうだよね，皆さん，そういう意味ではとっても忙しいっていうのが，あなたの中にはとてもよくわかってるし，それから，できればお母さん，お父さん，さっきお父さんが強調して言ってくださったように，役に立つお嬢さんで，ずっといられた人だもんね。だから協力もしたいんだよね。すごくね。うん。

カズミ　（うなずく）

中釜　そうすると，言わないって感じになっちゃって。言わないっていうことを，むしろ選んでてって言えばいいかな？

カズミ　（うなずく）

中釜　それは溜まってっちゃう？

カズミ （うなずく）

中釜 うーん，なるほどね。

母親 はい，カズミちゃん。（カズミにハンカチを渡す）

中釜 うんうん。なんか大事なこと聞かせてくれたなって気がしますけど，

母親 「聞いてくれない」って，そういうことだったんですね。

中釜 うーんうーん。なんかこう，言葉だけ捉えるとね，不満みたいに聞こえるかもしれないんだけど，こう，カズミさんの，なんていうのかな。お母さんに今，今大きくなった年齢でできるお母さんへのプレゼントって言えばいいのかな。ただでさえ，ここにいっぱい負担がかかっているのがわかるわけですよね，きっとね。そうすると，この話はあんまり盛り上がる話じゃないし，ちょっとこう，なんだろう。楽しくさせるっていうより，できれば肩の荷物を一緒に支えてあげたいわけだから，「それをまた重くしちゃうかな？」って思うと，じゃあ，言わないで。※35

母親 「頑張りなさい」って言い過ぎたかな。ちょっとね。お母さんもね。

カズミ （すすり泣く声）

中釜 うんうん。こんな感じにも聞こえますけどね。「頑張ろうよ，一緒に」っていうかね。お母さん自身がすごく頑張ってらっしゃるわけだから。それはお父さんもそうなんでしょうけどね。お仕事の意味で頑張ってて。だから，カズミさんに言う言葉でもあるんでしょうけど，ご自分にも本当に言ってるっていうか，もしかすると一番のこう，仲間であってやってきてるわけだから。「私も頑張ってるから，あなたも頑張ってね」みたいな，そんなメッセージでもあったかもしれないね。そこの部分がちょっと言えるといい？

カズミ うん。

中釜 うん。そうだよね，きっとね。最初の話に戻っちゃうけど，ここに来てもいいかなぁって思ったのは，そこを言いたいってことよね？

カズミ はい。

※35：家族への見えざる貢献をAcknowledgeする（陽の目を浴びせる）。他のメンバーに知らしめる。

中釜　うん。そこを言って，そこにどんな思いがあるのかとか，どんな理由があるのかっていうのが，ちょっと届くと，きっとあなたにはいいことが起こるんだよね。

カズミ　うん。

私にできることは

中釜　はい。どうですかね？　なんか，感想とか。

父親　すごく深い意味がわかって，私も，何かはっとするものがありました。

母親　そうなの？　お父さん。

中釜　どうですか？　お母さん。お父さんのそんな言葉はどんな風に聞こえます？

母親　お父さんはねぇ，そもそも優しい人ではあるんですけど。

中釜　そうですか。

母親　無関心なんだよね。

父親　無関心ってことはないけど。ちょっと出番がないかなってな感じ。

中釜　でもいろいろ見てらっしゃいましたよね。お母さんは，すごく優しい人だって知ってるし，とても期待があるから，お父さんにいろいろ言いたくなっちゃうんだろうけど，お父さんがさっきからおっしゃってくださったのは，ここも見てるとか，ここもなんかこんな風に思ってるって，なんかそんな意見でもあったかな，みたいな気も。

父親　いや，私は，始まる前はあの，お母さんがね，うちの家内がいっぱい抱えてて余裕がなくてイライラしてるだけなのかなって思ったんですけど，そうじゃなくて，すごく深い意味があったんだなってことが今わかって，本当にあの……。

中釜　いえいえ。うんうん。

母親　今，先生，お父さんがこれから何かちょっと変わってってくれないと，まだこのままな気もするんだけど，私仕事辞めたほうがいいんですかね？

中釜　いやそこはね，今日お話し伺えなかったですけど，お母さんだって，きっとお母さんがいろいろお考えになって決められたお仕事でしょ？

母親　うん。

中釜　なので，そこにはお母さんの，なんでしょう，この先の展望とか，やりたいこととかっていろいろ詰まってらっしゃってるんだろうから，あんまりそんなにすぐに結論は出さない方がいいっていう風に思ってて，今日はもうそろそろね，お時間きちゃったので終わらなきゃいけないんですけど，なんかお話伺うと，お母さんの荷物が減るとよさそうじゃない？

カズミ　はい。

中釜　うん。お母さんの荷物が減るときっと，お母さんにとってもいいし，なにより，ここの盛り上がる楽しい話だけじゃなくて，それだけじゃなくて聞いてもらえるかも，とかね，思えそうなので，そこをなんかやってみたいよね。

父親　カズミのことは無理だけど，弟のことだったらね，私も休みの日とかね，やれるかなぁと思って聞いてたんです。

中釜　うーん！

母親　おぉー！

中釜・母親　ははは！（笑）

中釜　ちょっと何か見込みがあるかもしれませんよ。

父親　少し協力するよ。

母親　本当？　そう。

中釜　ぜひぜひ。異性ではありますけど，「カズミさんのことは無理だけど」って，そこも決めずに，そこもまた考えてみましょうよ。どういうポジションがいいのかね。あんまりこう来られても，お嬢さんとしては難しいかもしれないし，でも，いい，きっとお父さんならではっていう何かがあるかもしれないし。それはまた，もう少しお話伺わないとわかんないですが。

いかがですか？　よければ，今日はここまでにして，せっかく始まった話なのでね，もう少し，もう何回か続けてお話してみたいかなと思いますけど。お嫌ではないですか？※36

カズミ　はい。

父親　お願いします。

中釜　そんな風にしましょうか。はい，じゃぁ今日は，ちょうど1時間ということなんで，これで終わりにさせていただきます。いろいろ聞かせていただきました。

父親・母親　ありがとうございました。

〈初回面接　終了〉

※36：父親が「異性であるから無理」と言ったことに対しても，母親が仕事を辞めた方が良いかと言ったことに対しても，Th はジェンダーセンシティブに反応している。Th が家庭内の性別役割を無自覚に後押ししないようにしている。

編者注記：本章は，DVD『説き明かし・私の家族面接：初回面接の実際』の Disc 3 に所収されている，中釜洋子先生の家族面接の逐語記録である。本面接は，日本家族研究・家族療法学会第 27 回大会の企画として実施された模擬面接である。本書に引用することをご快諾くださった，同大会運営委員長の生島浩先生，一般社団法人日本家族療法学会の渡辺俊之理事長，中村伸一元理事長，中島映像教材出版の中島太一社長，また逐語記録をご作成くださった野末武義先生に心からの謝意を表したい。なお，脚注の解説は編者の一人，大塚斉による。

あとがき

確か2017年に，日本家族療法学会の第34回大会がつくば市で行われた時のことだったと思う。書籍コーナーで，遠見書房の編集者山内さんから声をかけていただいたのか，あるいは私からお声がけをしたのか。そこで中釜洋子先生の論文集を出すことが決まった。山内さんによれば，中釜先生の大学院時代の親しい同輩である，岡村達也先生（文教大学）が論文集を出すように，と山内さんにおっしゃったらしい。そこで世話役を探しておられたところ，教え子グループの私と大塚斉さんにお声かけをいただいたようだ。私の方も，先生がご逝去されてまもなくから，論考をまとめた書物を出して，先生のお考えや実践を世にしっかりと伝えたい，それが遺された者の務めだと考えていた。けれども，先生の言葉に触れるのもいささかつらい時期も続き，とりかかろうと決めるのに没後5年かかり，本格的にまとめるにはさらに3年がかかったというわけだった。

先生の全業績リストは，ずいぶん前に先生の夫君の中釜斉先生からいただいていた。著作の数を示す数字は225で終わっていた。リストには，私が何度も参照したものもあれば，初見のものもあった。リストを見ているだけで，公刊された時の先生の様子が浮かぶものもあった。最初の著作は1996年発行となっていた。亡くなるまでのわずか16年の間にこれだけの数。もちろんこれに加えて，学会等でのご講演や発表などのリストも多数あった。ある時期から「仕事は断らない」と決めたのよ，とおっしゃっていた先生が思い出された。リストの初見時は，「働きすぎだよ，先生」，という言葉が思い浮かんだ。今となっては，先生のお考えや思いのエッセンスが詰まったたくさんの著作を残していただいたことに感謝の念がわいてくる。

編集の会を作ろうと決めて，上智大学時代の教え子の大町知久さん，東京大学時代の教え子の大西真美さんに入ってもらうことにした。東京都立大時代の教え子である大塚斉さんと私を合わせたこの4人は，先生が在籍された3つの大学のそれぞれの教え子であり，先生とともに家族療法の研究を続けた仲間である。メンバーが全業績にすべて目を通し，4等分した著作リストの中から「私のお勧め」を選んでプレゼンし，合議で決めるという方法で選ばれた。原則としてすでに成書となっているものは除外し，なかなかまとめて読む機会が少ない論考を選んだ。いろいろな学会の前後に，ホテルのラウンジだったり，誰かの自宅だったり，何度か検討の機会を経て，全作が選ばれた。このプロセスは楽しかった。先生のお考えを改めて討議したり，事例について検討したり，その著作を書かれた当時の先生とのそれぞれの思い出を披露したり。そして，できたら，先生と一緒にやりたかったな，と思い続けた時間だった。

ぜひ先生の臨床の様子を含めたいというのは，私たちのたっての希望だった。あの DVD の逐語録を載せたいと誰かが言いだした。『説き明かし・私の家族面接―初回面接の実際』（中島映像教材出版，2010）は，私達教え子の間でも，そして家族療法や家族心理学を教えている全国の教員の間でも，家族面接のよいモデルとして，密かに（？）有名だった。日本家族研究・家族療法学会第 27 回学術大会メインシンポジウムの企画作品である。この逐語録は中釜先生の家族面接のエッセンスが詰まっていると私たちは思っている。自然な会話の中で，家族の思いが滲みだす言葉を敏感に感じ取って膨らませ，家族の互いの思いを通わせていくプロセスは，見事というより他ない。本書への所収をご快諾くださった，日本家族療法学会第 27 回学術大会大会長の生島浩先生（福島大学大学院），中島教材出版の中島太一氏，当時の同学会理事長の中村伸一先生（中村心理療法研究室），現在の理事長の渡辺俊之先生（渡辺医院），そして逐語録をご提供くださった野末武義先生（明治学院大学）には，改めて感謝いたします。

本書は，文脈派の家族療法家であるナージ Boszormenyi-Nagy をわが国に紹介した明晰な理論家であり，また家族のための臨床実践をひたむきに続けた誠実な心理臨床家である故中釜洋子先生の遺稿集であるとともに，家族臨床を始めたいと考えている実践家や，家族との心理面接に関心を持っている人たちの，よき入門書としての位置づけとなるようにと願っている。先生は生前，わが国の家族療法は，その魅力的で独特な技法に力点が置かれた導入をされたために，一般の臨床現場に馴染むのに難航した経緯があることを嘆いておられた。だから，これまで個人面接を中心に学び，実践を行ってきた臨床家たちが，現場で家族と出会うことになったときには，ぜひ本書を手に取ってもらいたい。個人療法と家族療法を自然な形でつなぐことができる，最良の手引きとなっている。先生の主著には，教え子界隈では表紙の色から「青本」と呼ばれている『家族のための心理援助』（金剛出版，2008），そして「赤本」と呼ばれている『個人療法と家族療法をつなぐ―関係系志向の実践的統合』（東京大学出版会，2010）がある。本書と合わせてお読みいただけると，家族と出会う際の良き実践的指針を見出せるだろう。

先生からの私たち教え子への最大のプレゼントは，さまざまなご縁をいただいたことにあると思っている。中釜先生の家族療法や心理教育の日本の師である平木典子先生（IPI 統合的心理療法研究所），IPI や日本家族心理学会で一緒に仕事をされた同志であり仲間であった野末武義先生，中釜先生が議論を楽しみ，刺激を受け続けていた後輩の１人である髙田治先生（川崎こども心理ケアセンターかなで）にも執筆に加わっていただき，中釜先生の業績とお人柄を熟知しているメンバーによる編集となったことを先生も喜んでくれていると思う。中釜先生は東京大学の師や仲間が大好きで，いつも楽し気に学生時代の話をしてくださっていた。さらにはアメリカ留学時代の師やお仲間，帰国後の主たる臨床現場であった，IPI 統合的心理療法研究所のお仲間や，日本家族心理学会，日本家族療法学会をはじめとする学会活動を通してのお仲間などなど，先生のことをよくご存じの他の皆様から見れば，こちらの著作もぜひお勧めだとか，こんなお仕事もなさっていたとか，あんなエピソードもあるよなど，本書に掲載できなかった，私達教え子の知らない事柄も多くあると思う。先生をよくご存じの方々が，どこかで出会われた時に，ひとときの語り合う機会を持っていただくことで，どうかご容赦くだされればと思います。

遠見書房の山内俊介氏には本書の刊行にあたってのお心配りをたくさんいただいた。山内氏も中釜先生を生前からよくご存じで，盃を交わしながら，あれやこれやの出版の企画や，心理臨床の世界を世に伝えることについて，お話しをなさっていたと先生から伺っていた。本書の出版をお引き受け下さり，膨大な編集作業の労をお取りくださったことに心から感謝をいたします。

最後になりましたが，本書の出版をご快諾下さり，あたたかく見守ってくださった夫君の中釜斉先生とご家族に本書を捧げます。

2020 年 10 月

中釜洋子先生と出会えたことに心からの感謝を込めて

編集の会を代表して

田附あえか

付　　録

人となり
略　　歴
業績一覧

人となり

白い曼殊沙華を眺めながら——中釜洋子先生を偲んで

大西真美

中釜先生が亡くなって８年が経とうとしています。出会った頃の先生の年齢に自分が近づいていると思うと，先生が若くしてたくさんの偉業をなされたことを再認識します。上智大学にいらしてから東京大学で過ごす 10 年ばかり，先生のもとで学ぶことができたのは幸運でした。この充実した時間を皆さんとともに振り返り，先生のお人柄を，そして先生がなされたこと，大切にされたことをお伝えできればと思います。

私が先生のもとで学びたいと思ったのは，先生が当時よく語られていたこんな言葉に魅了されたからです。「これからは誰か一人が耐え忍んで苦しむ時代から，互いの欲求がぶつかり合う時代になるのではないかしら。だからこそ人との関係を調整したり，つないだり，見直すことがもっと必要になるだろう」。この言葉はまるで未来からのお告げのように，私の中に強く響きました。押し付けすぎず，それでいて時代や世相の本質を貫く言葉。中釜先生の言葉にはそのような魅力がありました。

これまで家族の中でケア役割を担うのは母親が中心でした。しかし時代の変化の中で，母親も一人の女性としての生き方が承認されるようになってきました。だからこそ，一人を支える臨床ではなく，家族やシステム全体につながる支援を模索されていました。これは，おそらく先生が子育てをしながら働く女性の一人として，ご自身の経験に基づいて語られていたのでしょう。女性の社会的自立は，先生の初期の研究テーマでもありました。

先生も子育て中に，仕事先で転び，膝を悪くされた時期があったと聞いています。それは子育てと仕事，どちらにも一生懸命に取り組まれた証。まだまだ子育てと仕事の両立には難しさが伴い，さまざまな工夫と周囲の配慮によって成り立っていたことでしょう。今でも，子育てと仕事の両立は，多くの家族にとって，どちらを優先するべきか，またどのようにやり繰りしていくか，困難を伴う課題だと思います。先生は，そういった状況を見て，「誰がケア役割を担うのだろう」そんな疑問をよく呈しておられ，ジェンダーの問題にも関心を持っておられました。実際に先生はどちらも見事に成し遂げられたのです。

先生の華麗なる経歴と業績は，後述の略歴からも明らかだと思います。しかし，先生の臨床に対する思いはもっと幼少の頃に始まると聞いています。先生は東京の下町でお生まれになりました。小さい頃は，外でよく他の子どもたちと一緒に遊んでいたそうです。そんな想い出の一場面を恥ずかしそうに語られたことがあります。

友だちと一緒に秘密の隠れ家のような場所で遊んでいた時のことです。「これ，美味しいよ」と友だちに渡されたダンボールのような一片を口にしたそうです。もちろん，美味しいはずがありません。それは遊びではあったけれど，先生にとってはほろ苦く心に残る1シーンだったようです。先生はその後，名門私立の女子校に進学されたわけですが，一緒に遊んだ当時のお友だちのことを忘れたことがないと話しておられました。貧しくも，心温まるぬくもりさえを感じられるエピソードです。先生の臨床に対する情熱の原点は，こうした幼少期の体験に基づいたものだと思います。常に弱い立場にある人のことを思い，そうした声なき声に耳を傾ける姿勢，苦しみを抱えた人に寄り添うことを大切にされていました。

そうした思いから，児童養護施設など児童福祉に関わる領域にも関心を持っておられました。児童養護施設で育てられる子どもたちは，多くの大人の手によって支えられ，育てられていきます。まるで大きな家族のように，そこで働く支援者には常に子どもの成長を手助けし，見守る役割が求められます。そういった重責を担う職場では仲間の存在が重要になると常に仰っていました。だからこそ，先生も仲間の一員を支えるような気持ちで携わっていらしたのだと思います。そして，多くの人が協力しながら子どもを育てていく場の大切さについて考えておられました。

それは，先生の初期の臨床現場である学校臨床にも共通するものであり，先生自身が学んだ佐治守夫先生や近藤邦夫先生からの影響も大きかったと思います。「個人の抱える問題を常に彼が生活する場との関連で考える」（近藤，2010）という学びは，その後，家族療法へと先生が関心を向けるきっかけにもなったかもしれません。

先生は，東京大学大学院を出られてから，スクールカウンセラーや学生相談に勤められますが，数年後には医師である夫の海外赴任に伴い，家族とともにボストンでの生活を始めます。この時，ご自分のキャリアを退くことに躊躇いもあり悩まれたそうですが，後にボストンでの生活について先生はよく懐かしんでおり，楽しい時間を過ごされたのだと思います。家族との時間を過ごすことができ，また慣れない英語を駆使しながら文脈派や多世代派の家族療法を学ばれました。初期の家族療法と違い，個人療法との統合を目指した家族療法の学びから，先生は大いに刺激をもらったようでした。

日本に帰国されてからは,渡米前から相談をされていた平木典子先生とともに,平木先生が主催するIPI統合的心理療法研究所のもとで精力的に実践研究を深めていかれました。そして念願であった個人療法と家族療法の統合的アプローチについて，先生はご自分のケースをもとに博士論文を執筆なさいました。博士論文を執筆なさった時には，こっそりと「頑張ったでしょ」と少し誇らしげな笑みを浮かべて私たち学生に報告してくださいました。先生が書かれた論文は『個人療法と家族療法をつなぐ—関係系志向の実践的統合』（2010）として出版され，学生のバイブルとして「赤本」と呼ばれています。実際に本のカバーが赤いので，ぜひ手にとってみてください。

私は東京大学ではゼミリーダーを勤めさせていただきました。こんな風に表現すると怒られてしまうでしょうが，先生は決して優しい先生ではありませんでした。先生の言葉で落ち込む学生を慰めることも何度もありました。先生は指導者としては，厳しい面もあり，私たちの足りない所を容赦なく指摘されました。例えば，日本語の文献だけでなく，きちんと海外の文献にもあたるよう注意され，紹介された仕事を勝手に辞めてしまった時にも「事前に相談や報告をしなさい」と叱られました。今となっては当然のことですが，今だに耳に痛いお言葉です。おかげで，多くの学生がタフネスを身につけました。

一方で,先生は学生のことをよく見ておられました。学生の個性を深く理解し,一人ひとりに合わせて，臨床のことや研究のことを教えてくださいました。先生から指導を受けた学生はこんな風に表現しています。先生の指導は，出来上がった土台を提示するのではなく，経験に根ざして個々の土台をボトムアップしていくような道のりに寄り添ってくれるようなものであったと。先生は，学生一人ひとりが，①自分らしさを活かして臨床実践ができるようになること，②自分の感覚や見立てをもって,専門家としての意見を述べることができるようになること,③自分が面白いと思える現場や研究テーマを見つけていくことを支えてくださいました。

先生が指導する上で重視されていたことは，思いや考えをきちんと言葉で表現することでした。「曖昧なままにするのではなく,一つに決めてそれを表明すること」「批判と疑問を謙虚に受けとめつつ,語尾が消えたり言えなくなったりしないこと」「頑でなく，でも自分の意見を持ち続け，それを擁護できるようになること」などと，おっしゃっていました。

臨床家を育てること，そして家族療法を教えることについて，東京大学に移られてからはさらに熱心に取り組まれておりました。文献や海外のテキストから理論や技法を学ぶこともありましたが，先生はロールプレイを非常に重視していました。私たちは毎年，映画に登場する家族を題材に事例を仕立て，家族療法のロールプレイを実施するのが恒例の行事になっていました。ロールプレイを逐語に起こし，その実践の中で何が起きていたか，何がよかったか，どうしたらさらによかったかについてディスカッションをして，家族と家族療法への理解を体験的に深めました。なかには演技のうまい学生もいて，そんな時には先生を驚かせたものです。ロールプレイでは演技力はそれほど重要ではないのですが，多くの学生は慣れない演技に緊張し，試行錯誤していました。そんな様子をみて，先生は楽しそうに私たちにコメントを下さいました。

家族療法，特に合同面接を学ぶ上では，複数のクライアントを相手に対応することが求められます。人と人との不具合を扱うこと，不公平な関係を公平な関係へと変化をもたらすこと。こうした実践には，家族一人ひとりを理解し，あいだを取り持つセラピストとして，通訳や言葉の補足，異なる可能性を提示し，個人療法よりもより能動的で潤滑油のような役割を担うことが求められます。特に合同面接では，自分の味方をして欲しいとセラピストを取り合い，三角関係に巻き込まれる体験をすることもあります。そういった状況において，どのように対応するか，先生はさまざまなアイディアを提供してくださいました。こうした実践研究は東京大学大学院の紀要論文（2009, 2010）にまとめました。

先生は研究者を育てることにも意欲を持っていらっしゃいました。「研究者の仕事は消え入りそうな声を語り継ぐこと，すぐに埋もれかねない実践家の営みに光をあてること」とおっしゃって，まさにそのような研究者を目指され，育てていらっしゃいました。学生にも1年に1本は論文を書くようにと求められました。

また学生が増えてくると，「かりんとうの会」を立ち上げて，毎月ケースについて検討する機会を持ちました。「かりんとう」を名付けたのは，ともに参加するメンバー（大塚さんだったような）でしたが，「家族臨床＠東大（かぞくりんしょう＠とうだい）」を略してそのように名付けました。最初は，「かりん」にする案も出ましたが，先生は「それではきれいすぎる」とおっしゃって，「かりんとう」になったことに大変満足されていました。噛めば噛むほど味わい深く，風味もあり，どこか素朴で，皆から好かれる，そんなかりんとうの存在に喜んだのでした。最初は数名だったこの会のメンバーも，その後，どんどん膨らみ，最終的には30

人以上の大所帯になっておりました。先輩後輩の区別なく，ケースについて，それぞれが思い思いの持論を語り，自由に議論し合いました。最後には，決まって先生が発言をなさるので，学生たちは先生が最後に何を語るのか，耳を大きくして聞いていました。

家族療法を志向する教員を指導教官に持つことのメリットの一つは，実際に先生と一緒に面接室に入り，先生が臨床に取り組む様子を間近で見られることかもしれません。先生は学生と一緒に面接に取り組むことを厭わず，多くの学生をコ・セラピストとして同席させました。先生のさりげない心遣いや気配り，相手の言葉を一つずつ確認しながら，少しずつ奥に秘めた思いにまで想像を膨らませていくこと，忍耐強く決して諦めずに問題と向き合っていく姿を見せてくださいました。その姿はビデオにも残されており，今回そのビデオが逐語として紹介されています（第 13 章）。このビデオができた時にも，「今回はいい感じでできたと思う」と出来映えに大変満足し嬉しそうにされていました。

先生は臨床が好きでした。先生は，ケースについて語り合う時がもっとも生き生きされていたかもしれません。実際にご自分のケースについて，合宿で報告してくださった時もありました。数年かけてクライアントとの信頼関係を構築し，その上で近づきすぎず，離れすぎずの適切な距離を家族がとれるようにサポートされていました。

先生が臨床実践の中で目指していたことは，個人の内的世界を理解しつつ，その個人が生きる文脈や家族とのつながりを大切にすることでした。個人の内的世界を，家族の歴史という文脈から読み解くためにジェノグラムも使用されていました。また家族一人ひとりとの関係を構築するために，文脈派であるナージ Boszormenyi-Nagy, I. が提唱した多方面への肩入れという技法も重視されていました。これは一人ひとりとつながるとともに，公正さという土壌を作る作業と説明されていました。そして，家族やシステムの中で誰がパワーを持っているのか，公平さを脅かすパワーへの感度を持ちながら，その人が自分らしさを明確にしていくとともに，関係の中で破壊的にでもなく，撤退してしまうのでもなく，居続けるための方法を模索されていました。

最後に，先生が東京大学の教員に戻られたのはご自分の出身校であり，多くの先輩や同輩とのつながりを大切にされたからと聞いています。しかし，先生の思いはそれだけではなかったと思います。東京大学でなければできないお仕事をなさりたかったのでしょう。それはなんだったのでしょうか。

先生が最後に取り組まれていた活動を２つ紹介します。１つは，かりんとうのメンバーの中でも，この本の作成にも関わったメンバーである田附さん，大塚さん，大町さんと私を含めて，中釜先生は「りんと（かりんとう）」の会を結成しました。ここでは，カップルセラピーにおける臨床的知見を集めたいという趣旨で，カップルセラピーの初回面接でカップルは何を体験するのかというテーマをもとに研究を行いました（大町ら，2017）。もともとは新しい質的研究法の一つであるプロセス研究を実施したいという思いから始まったものでしたが，なかなか面白い研究になりました。データの分析をするということを口実に，毎月のように集まって美味しい食事をとりながら，先生と臨床の話をするのは楽しい時間でした。

もう1つは，白梅学園大学の福丸由佳先生がアメリカから持ち帰ったプログラム，離婚を経験する子どもと家族への支援としてFamilies in Transition (FAIT) プログラムの普及と研究を行っていました。こちらは学生と一緒に取り組める研究として，大瀧さん，曽山さん，山田さん，本田さん，渡辺さん，平良さんと進めていました（本田ら，2011；大瀧ら，2012；山田ら，2012）。

どちらもカップル関係への支援が中心となる活動でした。ここからは私の想像でしかありませんが，先生は家族の中心となるカップル関係を支えることの重要性を考えていたのではないでしょうか。カップルが互いの違いを理解し，その上で親密な関係を築くことを支援されたかったのではないでしょうか。先生が翻訳された『親密さのダンス』の中で，親密さとは，単に仲がよいとか親しいということではなく，自分が自分らしくいられ，相手のその人らしさも承認できるような関係，自分も他者も犠牲にすることなくうまくやってゆく関係であると述べています（Lerner，1989，邦訳，1994）。そしてこの本の最後に，先生はこんな言葉を記しています。

> 「わが国の家族は親と子，特に母と子の関係が何よりも重要視される長年の伝統を持っています。日本の女性たちはアメリカの女性たちよりも，自己犠牲や没我の期待を強く感じているかもしれません。社会そのものが，個人の欲求を主張するより抑えることを強く支持する傾向を持っているように感じられます。そんな私たちが，家族の中で自分を明らかにしようとすれば，もっと多くの摩擦や過去の女性たちに対する裏切り行為に悩まされるかもしれません。あるいは，このような問題に肯定的に取り組むのさえ，難しいと感じるかもしれません。親密な人との関係でいま抱えている問題を諦める必要はない，それと取り組むことによってもっと良い関係の糸口が見つかるかもしれないと信じられるようになるまでに，たくさんの時間がかかる場合もあるでしょう。ですから私たちが選ぶ具体的な変化の行為は，アメリカの女性たちのものとは多少異なるかもしれません。私たち一人ひとりが自分の状況にかなった速度で進

む必要があるわけですから」（中釜，1994）。

少し長い引用になりましたが，先生がボストンにいた頃に書かれたものです。ここでも先生の知的で野心的で，それでいて思いやりや配慮に満ちた思いが感じ取れます。変化していく社会状況の中で，家族のあり方や関係性も変化が求められます。子育てする父親や働く母親，新しい問題に向き合っていく家族の一人ひとりが尊重されながら，共に暮らしていける家族，そして社会の構築を願っていらしたように思います。

ここまで先生の輝かしい功績をお伝えしてきましたが，日常の先生はおっちょこちょいな所もあり，学生の私たちをプッと笑わせるようなお茶目な面もありました。先生は，学生の恋話（恋バナ）を聞くのが好きで，「結婚はタイミング」なんて言うことも仰っていました。また，先生の大学での定番のスタイルはロングスカートでしたが，夏合宿にはジーパン姿でいらして，「似合ってますね」と褒めると恥ずかしそうに照れて，普段とのギャップを楽しんだものです。また方向音痴な所もあり，学会先ではホテルまでの道のりを忘れてしまうこともありました。イギリスへ家族療法の訓練を学びに研修に行かれた際も，ホテルを出てしばらくして「同じようなホテルがいくつもあるのね」と言ったそうです。でもそのホテルは，正面玄関からくるりと裏に回っただけの同じホテルで，一緒にいらした方たちの笑いを誘ったと聞いています。

あまりに早い旅立ち。でも先生は最後まで大変よく頑張っておられました。亡くなる数カ月前には，「肩が痛いのよ」と仰っていました。その痛みに耐えながらも原稿に取り組み，お仕事をなさっていました。まだまだ取り組みたいことがたくさんあったことでしょう。ただ，先生が教えてくださったことは確実に我々に残っています。多くの学生が，それぞれの現場で活躍し，先生の思いを伝えています。そして，さらに多くの人に伝わることを願います。

私が大学院を卒業する時に，先生は「またちょくちょく会うでしょう」とも仰っていましたね。私ももっと多くのことを先生と語り，議論したかったです。先生が亡くなられたという知らせが届いた日，ちょうど庭には一本の白い曼珠沙華がすっと咲いておりました。それはまるで先生が立ち寄ってトさったかのように感じました。白い曼珠沙華の花言葉は，「いつまでも思い続けていますよ，また会いましょうね」という意味があるそうです。それは先生からの想い，そして私から先生への想いでもあります。どうかあちらでは安らかに，そしてたくさんの笑顔で過ごしてください。

このような機会を下さった田附さんと編集の山内さん，そして一緒に取り組んだ大塚さん，大町さん，そして何より中釜先生を育てられたご家族と，中釜先生が育てられたご家族の皆様に感謝致します。ありがとうございます。

文　献

本田麻希子・遠藤麻貴子・中釜洋子（2011）離婚が子どもと家族に及ぼす影響について―援助実践を視野に入れた文献研究．東京大学大学院教育学研究科紀要，51; 269-286.

近藤邦夫，保坂亨・堀田香織・中釜洋子・髙田治編（2010）近藤邦夫論考集―学校臨床心理学への歩み　子ども達との出会い、教師達との出会い．福村出版.

Lerner, H. G. (1989) The Dance of Intimacy: A Woman's Guide to Courageous Acts of Change in Key Relationships. Harpercollins.（中釜洋子訳（1994）親密さのダンス―身近な人間関係を変える．誠信書房）

中釜洋子（2010）個人療法と家族療法をつなぐ―関係系志向の実践的統合．東京大学出版会.

大町知久・大西真美・大塚斉・田附あえか（2017）カップルセラピーのプロセス研究―初回面接での参加者の体験に関する実証的研究．家族心理学研究，30(2); 85-100.

大西真美・足立英彦・長利玲子・須川聡子・永野千恵・倉光洋平・曽山いずみ（2009）家族のための心理援助を考える（映画「幸福の食卓」を題材に）―個々に頑張る家族がつながりを求めて．東京大学大学院教育学研究科臨床心理学コース紀要，32; 203-211.

大西真美・土屋詠美・山田哲子・日下華奈子・曲暁艶（2010）家族に変化を生み出す介入とは―映画「トウキョウソナタ」を題材にしたロールプレイから．東京大学大学院教育学研究科臨床心理学コース紀要，33; 169-176.

大瀧玲子・曽山いずみ・中釜洋子（2012）離婚をめぐる親子への支援プログラムの導入の研究（1）―専門家へのインタヴュー調査から，臨床現場で生じている問題．東京大学大学院教育学研究科臨床心理学コース紀要，35; 123-129.

長利玲子・藪垣将・先光毅士・田中直樹・花嶋裕久（2010）映画に登場する家族を題材としたロールプレイの実践から―映画「トウキョウソナタ」を題材に，夫婦面接におけるジョイニングを考える．東京大学大学院教育学研究科臨床心理学コース紀要，33; 177-184.

土屋瑛美・割澤靖子・曲暁艶・花嶋裕久・藪垣将・山本渉・先光毅士・山田哲子（2009）家族面接における「秘密の告白への介入」―映画「酒井家のしあわせ」を題材に．東京大学大学院教育学研究科臨床心理学コース紀要，32; 212-224.

山田哲子・本田麻希子・平良千晃・福丸由佳（2012）離婚をめぐる親子への支援プログラムの導入の研究（2）―フォーカスグループから探る日米の文化的・制度的違いについて．東京大学大学院教育学研究科臨床心理学コース紀要，35; 130-139.

略　　　歴

大町知久

中釜洋子先生は，1957年12月，東京にて出生された。その後，東京都内の中学，高校を卒業され，東京大学教養学部理科Ⅱ類に進学された。3年生への進級時に理系から文転され，教育学部教育心理学科へ進学されている。1980年に教育学部を卒業，教育学研究科教育心理学専攻へと進学された。学部および大学院では，故佐治守夫先生や近藤邦夫先生に師事されていた。1983年に修士論文「青年の自尊感情」（未発表）を提出され，同年3月，中釜斉先生と結婚，同年4月，教育心理学専攻博士課程へと進学された。翌年（1984年）1月にはご長男を出産されている。博士課程に進学されてからは，東京大学教育学部心理教育相談室紀要に論文を執筆されながら，青山学院大学文学部にて非常勤講師なども勤められていた。1987年12月にご次男がお産まれになり，翌1988年3月に博士課程を単位取得退学された。

中釜先生は，来談者の家族も視野に入れた援助の必要性を感じ始められ，1989年に佐治先生からのご紹介を受け，その後，家族との援助実践を長くご一緒されることになる平木典子先生（IPI統合的心理療法研究所・顧問）と出会われた。1990年に東京大学学生相談所専任カウンセラー（教育学部助手）として，学生相談での心理臨床活動に携わられた。

1991年，夫である中釜斉先生のアメリカ留学に同行されることになった際，ボストンにあるハーバード大学医学部精神科附属ケンブリッジ病院カップル・ファミリーセンター家族療法部門にて，4年ほど家族療法のトレーニングを受けられている。同センターでは，文脈療法の祖であるナージ Boszormenyi-Nagy, I. の弟子だった方々を講師として，研修や研究に日々勤しまれ，その後の中釜先生の文脈療法を軸とした統合的な心理臨床実践の礎が築かれることとなった。この当時，偶然ボストンでの研修を共にされていた布柴靖枝先生（文教大学）とは，研修だけでなく，パイナマー大学においてアジア人留学生へのコンサルタントやカウンセラーとしてご一緒にお仕事をされたとのことである（布柴，2011）。また，アメリカに住まわれていた1994年に，H. G. レーナー著『The Dance of Intimacy』を日本語に翻訳した『親密さのダンス―身近な人間関係を変える』（誠信書房）を刊行された。中釜先生は，アメリカからの帰国後も，家族療法の研修・訓練を日本で続けることを希望され，帰国前に平木先生にご相談されていたと伺っている。1995年に帰国されると，東京大学教育学研究科の助手を勤められる傍ら，平木先生が主宰されていたIPI統合的心理療法研究所に入所された。2年間訓練を受け，その後お亡くなりになるまで，IPI統合的心理療法研究所において，家族臨床と家族研究にスタッフとして携わられ，多くの家族に対する支援と，後進の育成に当たられていた。

1998年4月より東京都立大学人文学部助教授に着任され，大学教員として後進の育成に携わられ始めた。1999年に『心理臨床の海図』（共著，八千代出版），2000年に『子どものためのアサーション（自己表現）グループワーク―自分も相手も大切にする学級づくり』（共著，日本精神技術研究所）を執筆された。そして，2001年には初の単著であり，家族との援助実践に取り組んでみようと考える臨床家が増えることを願い執筆された,『シリーズ「心理臨床セミナー⑤」いま家族援助が求められるとき　家族への支援・家族との問題解決』（垣内出版）が出版されている。また同年から，日本家族心理学会の常任理事および日本家族心理士・家族相談士認定機構の理事として，我が国における家族心理学・家族療法の普及に取り組まれ始めている。2002年には，『学校臨床そして生きる場への援助』（共編著，日本評論社）を出版され，同時期に日本教育心理学会において常任編集委員（～2004年）も担当された。2002年9月から，上智大学文学部にて助教授として2年半教鞭をとられた後，2005年4月，母校である東京大学大学院教育学研究科に助教授として着任，2008年に同研究科教授に昇任されている。

2006年には，平木先生と共著で『家族の心理』（垣内出版）を執筆され，以降,『家族のための心理援助』（単著，2008年，金剛出版),『心理援助のネットワークづくり〈関係系〉の心理臨床』（共著，2008年，東京大学出版会),『家族心理学　家族システムの発達と臨床的援助』（共著，2008年，有斐閣ブックス）など，我が国の家族心理学・家族療法に貢献する多くの書籍を相次いで執筆された。また，2007年からは日本家族研究・家族療法学会の評議員を，家族心理学会では常任理事・編集委員長など，多くの役職を務められ，日本の家族心理学・家族療法の普及および発展にさらに精力的に取り組まれていった。2010年11月には，第2回アジア家族療法研究集会（The 2nd Regional Symposium of CIFA（Consortium of Institute of Family in the Asian Region)，主催:一般社団法人日本家族療法学会，共催:一般社団法人日本家族心理学会，Korean Association of Family Therapy，CIFA）を東京大学にて開催し，実行委員長として，日本の家族心理学・家族療法と海外との交流の土台を築く役割も担われている。

2008年，博士論文「個人心理療法と家族療法の統合の探求―関係系志向アプローチの理論と実践」を東京大学教育学研究科に提出され，後に『個人療法と家族療法をつなぐ　関係系志向の実践的統合』（2010年，東京大学出版会）として出版されている。統合的な心理臨床実践は，中釜先生が大きく関心を寄せ，長年実践されてきた取り組みであった。我が国における心理療法統合に向けた取り組みである心理療法の統合を考える会には，その立ち上げメンバーとして当初から参加されていた。現在，この取り組みは日本心理療法統合学会として，多くの臨床家が参加する形へと発展的に引き継がれている。また，2010年には，中釜先生の臨床場面の実際を見ることができる貴重な映像資料が,『説き明かし・私の家族面接』（DVD，中島映像教材出版）として出版された。家族療法を学ぶ後進にとっての重要な教材として活用されている。その後も，家族療法の大家であるミニューチン Minuchin, S. らによる『Assessing Families and Couples From Symptom to System』を中村伸一先生（中村心理療法研究室）と共に監訳され（『家族・夫婦面接のための4ステップ　症状からシステムへ』2010年，金剛出版），2011年には『親密な人間関係のための臨床心理学』（共編著，金子書房）を出版された。

我が国における家族心理学・家族療法の普及・発展に取り組まれている最中であった2012年9月28日，54歳でご逝去された。2012年12月には，IPI 統合的心理療法研究所と東京大学大学院教育研究科臨床心理学コースの共催による『中釜洋子先生を偲ぶ会』が開かれ，中釜先生の身近にいらした方々で，その喪失を悼む機会が設けられた。また，2014年7月には，日本家族心理学会第31回大会にて，シンポジウム『中釜洋子先生を偲んで：先生がわたしたちの家族臨床と家族研究に遺されたもの』が催された。そして，先生の同僚や教え子たちによって，先生の功績や先生が遺されたものを共有する機会が持たれた。どちらの催しにおいても，多くの参加者が，先生が亡くなられたことを哀しみ，いかに多くの方々から先生が慕われていたかが痛感された。

あまりにも早く，急なご逝去から8年が経ちました。これまでに多くの方々の中釜先生に対する思いに触れ，皆さんにとって中釜先生がいかに大きな存在であったかを感じています。この度，こうして遺稿集の作成に携わらせていただけたことに深く感謝いたします。今回の遺稿集にかかわられた方々と同じように，今なお，さまざまな思いが私の内側を巡り続けています。多くのことを教えていただいた中釜洋子先生への感謝は尽きません。先生が安らかに過ごされていることを，これからも心から祈っています。

文　献

布柴靖枝（2011）追悼文：中釜洋子先生を偲んで―ボストン時代の思い出．家族心理学研究，26(2); 186-187.

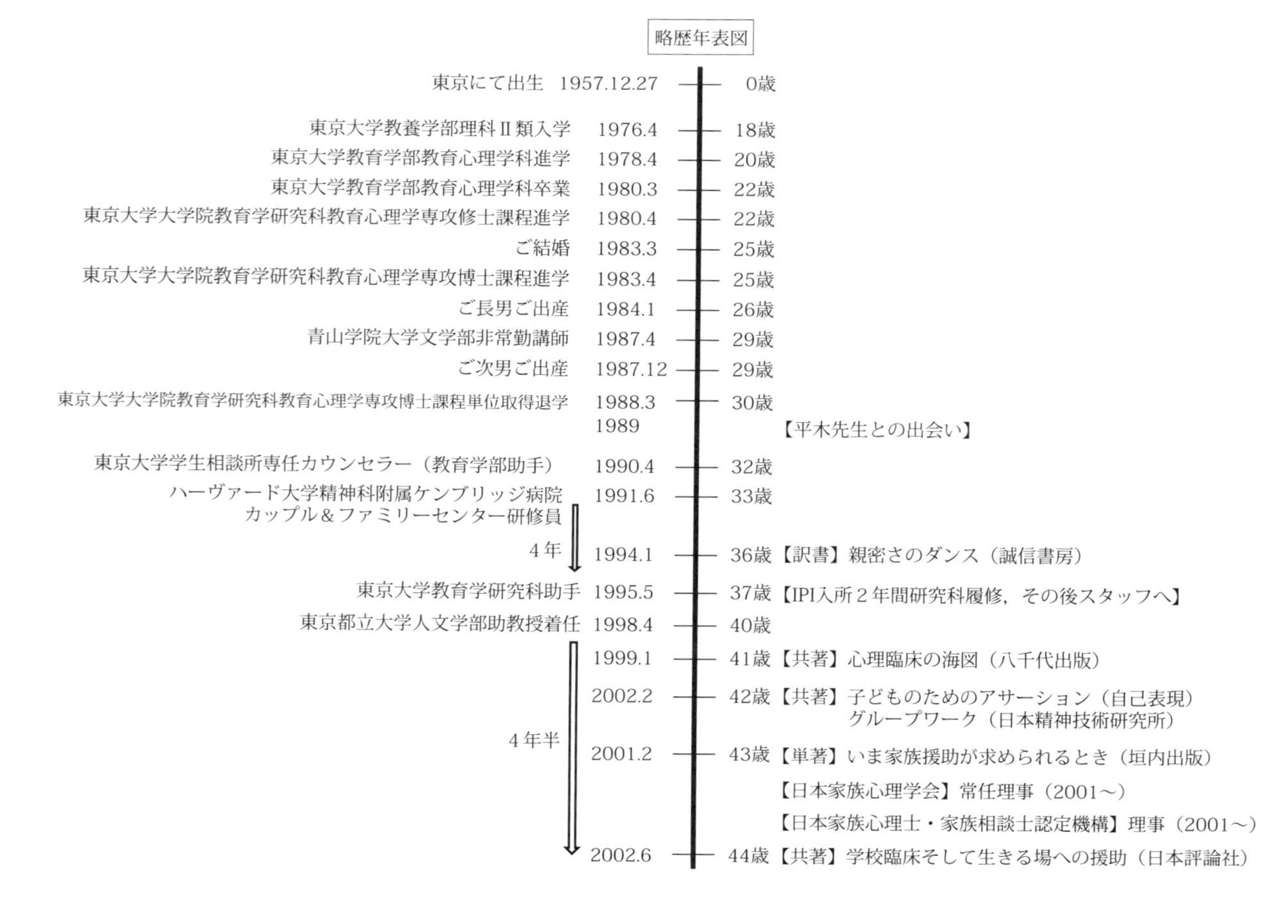
略歴年表図
東京にて出生 1957.12.27 0歳
東京大学教養学部理科Ⅱ類入学 1976.4 18歳
東京大学教育学部教育心理学科進学 1978.4 20歳
東京大学教育学部教育心理学科卒業 1980.3 22歳
東京大学大学院教育学研究科教育心理学専攻修士課程進学 1980.4 22歳
ご結婚 1983.3 25歳
東京大学大学院教育学研究科教育心理学専攻博士課程進学 1983.4 25歳
ご長男ご出産 1984.1 26歳
青山学院大学文学部非常勤講師 1987.4 29歳
ご次男ご出産 1987.12 29歳
東京大学大学院教育学研究科教育心理学専攻博士課程単位取得退学 1988.3 30歳
1989 【平木先生との出会い】
東京大学学生相談所専任カウンセラー（教育学部助手） 1990.4 32歳
ハーヴァード大学精神科附属ケンブリッジ病院 1991.6 33歳
カップル＆ファミリーセンター研修員
4年
1994.1 36歳【訳書】親密さのダンス（誠信書房）
東京大学教育学研究科助手 1995.5 37歳【IPI入所２年間研究科履修，その後スタッフへ】
東京都立大学人文学部助教授着任 1998.4 40歳
1999.1 41歳【共著】心理臨床の海図（八千代出版）
2002.2 42歳【共著】子どものためのアサーション（自己表現）グループワーク（日本精神技術研究所）
4年半
2001.2 43歳【単著】いま家族援助が求められるとき（垣内出版）
【日本家族心理学会】常任理事（2001～）
【日本家族心理士・家族相談士認定機構】理事（2001～）
2002.6 44歳【共著】学校臨床そして生きる場への援助（日本評論社）

略　歴

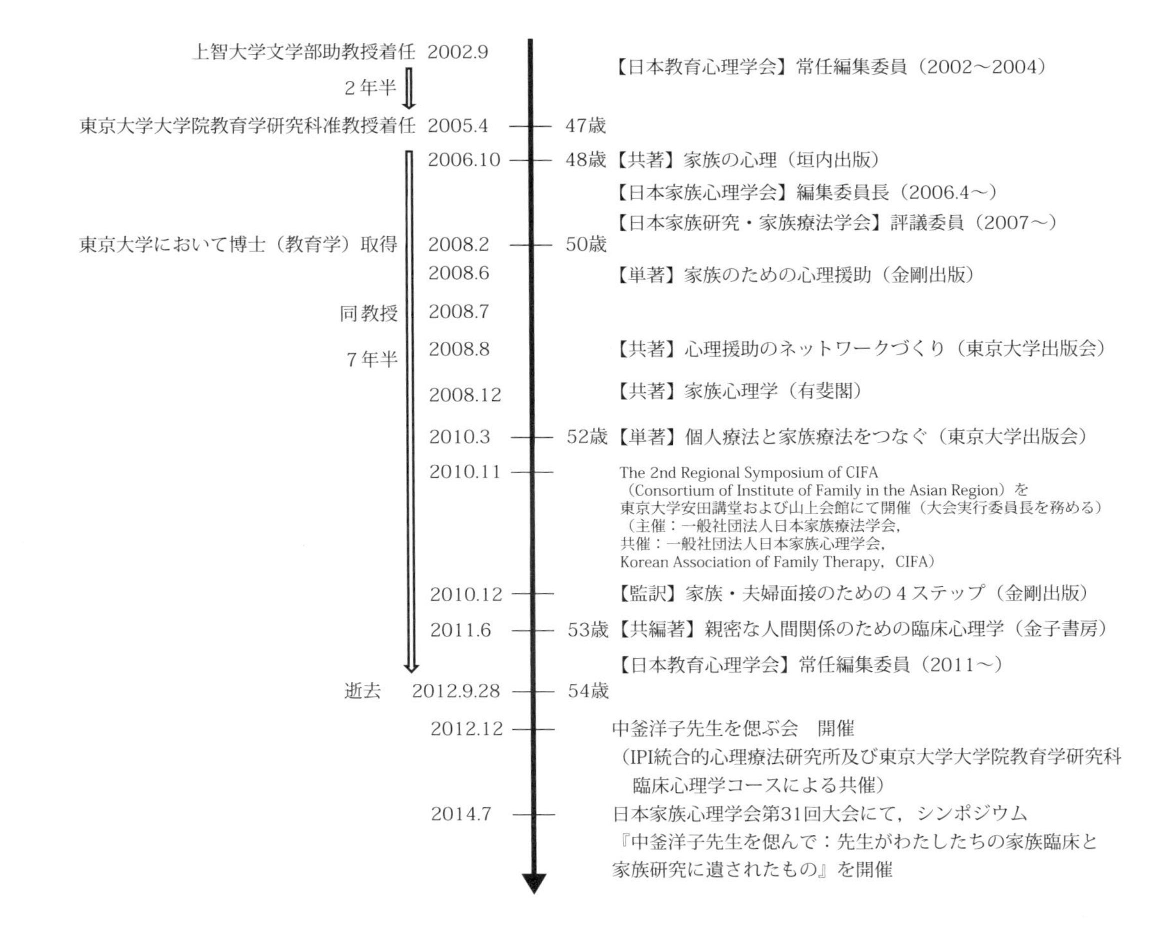

上智大学文学部助教授着任　2002.9
【日本教育心理学会】常任編集委員（2002～2004）
2年半
東京大学大学院教育学研究科准教授着任　2005.4　47歳
2006.10　48歳【共著】家族の心理（垣内出版）
【日本家族心理学会】編集委員長（2006.4～）
【日本家族研究・家族療法学会】評議委員（2007～）
東京大学において博士（教育学）取得　2008.2　50歳
2008.6　【単著】家族のための心理援助（金剛出版）
同教授　2008.7
7年半
2008.8　【共著】心理援助のネットワークづくり（東京大学出版会）
2008.12　【共著】家族心理学（有斐閣）
2010.3　52歳【単著】個人療法と家族療法をつなぐ（東京大学出版会）
2010.11　The 2nd Regional Symposium of CIFA
（Consortium of Institute of Family in the Asian Region）を
東京大学安田講堂および山上会館にて開催（大会実行委員長を務める）
（主催：一般社団法人日本家族療法学会，
共催：一般社団法人日本家族心理学会，
Korean Association of Family Therapy，CIFA）
2010.12　【監訳】家族・夫婦面接のための4ステップ（金剛出版）
2011.6　53歳【共編著】親密な人間関係のための臨床心理学（金子書房）
【日本教育心理学会】常任編集委員（2011～）
逝去　2012.9.28　54歳
2012.12　中釜洋子先生を偲ぶ会　開催
（IPI統合的心理療法研究所及び東京大学大学院教育学研究科
臨床心理学コースによる共催）
2014.7　日本家族心理学会第31回大会にて，シンポジウム
『中釜洋子先生を偲んで：先生がわたしたちの家族臨床と
家族研究に遺されたもの』を開催

業 績 一 覧

論文（学術論文・レフェリーのある論文）

1. 2012. 中釜洋子，教育講演 関係ネットワーク志向の統合的アプローチへの招待（第 13 回日本子ども健康科学会学術大会 特集号）．子どもの健康科学，13(1); 11-15.
2. 2012.08.10. 中釜洋子，夫婦間不和が認められる事例，臨床心理学増刊第 4 号 事例で学ぶ臨床心理アセスメント入門．金剛出版，pp.146-151
3. 2012.08.05. 中釜洋子，家族における心理的不在の割り切れなさをめぐって．精神療法，38(4); 500-505.
4. 2012.06.30. 曽山いづみ・中釜洋子，家族心理学における TEM（複線径路・等至性モデル）の活用可能性（日本家族心理学会編：家族心理学年報 30　災害支援と家族再生．金子書房，pp.146-158.）
5. 2012.01.10. 中釜洋子，臨床実践のなかで家族はどのように扱われるか―家族療法を謳うカウンセリングルームからの発信．精神医療，65; 31-38.
6. 2011.06.30. 藤田博康・田附あえか・大塚斉・中釜洋子・平木典子，「イギリスの家族／システミック療法家教育・訓練システムに学び」（日本家族心理学会編：家族心理学年報 29　発達障害と家族支援．金子書房，pp.104-119.）
7. 2010.11.10. 中釜洋子，家族療法としての親子面接（特集：親子面接の支援計画と実践的アプローチ）．臨床心理学，10(6); 854-859.
8. 2009.08.20. 中釜洋子，保護者とどう付き合うか？―家族療法の視点から．子どもの心と学校臨床，1; 23-31.
9. 2009.08.05. 小原千郷・中釜洋子，ケースの見方・考え方 XXVII- 3　母親との関係改善を望んだ神経性食欲不振症の一例．精神療法，35(4); 523-532.
10. 2009.06.05. 大塚斉・田附あえか・髙田治・中釜洋子，ケースの見方・考え方 XXVII- 2　児童養護施設で暮らす子どもとその家族の心理援助―子どもと家族の想いをつなぐために．精神療法，35(3); 377-386.
11. 2009.05.27. 大西真美・中釜洋子，発達障害と家族ストレス（日本家族心理学会編；家族心理学年報 27　家族のストレス．金子書房，pp.116-129.）
12. 2009.04.05. 田附あえか・大塚斉・塩谷隼平・古館有希子・中釜洋子，ケースの見方・考え方 XXVII-1 ―マルトリートメントを受けていた男子児童と家族への支援．精神療法，35(2); 87-96.
13. 2008.12. 遊佐安一郎・石井千賀子・田村毅・小笠原知子・中釜洋子・吉川悟・高橋規子，国際ケースカンファランス．家族療法研究，25(3); 33-41.
14. 2008.11. 中釜洋子，明るい家庭を求めて―家族療法／家族心理学の立場から．日本小児難治喘息・アレルギー疾患学会誌，6(3); 280-283.
15. 2008.08.31. 中釜洋子，私の家族療法理論：特集にあたって―あらためて“私の家族療法理論”を尋ねるわけ．家族療法研究，25(2); 3-4.
16. 2008.05. 中釜洋子，個人面接と家族面接の統合―あるひきこもり青年と家族の心理援助実践の分析から．家族心理学研究，22(1); 28-40.
17. 2008.06. 中釜洋子，家族心理学における統合的視点．（日本家族心理学会編：家族心理学年報 26　家族心理学と現代社会．金子書房，pp.16-30.）
18. 2008. 中釜洋子，博士論文「個人心理療法と家族療法の統合の探求―関係系志向アプローチの理論と実践」．東京大学大学院教育学研究科（未発表）
19. 2008.03. 中釜洋子，家族のための心理援助 12 家族の心理援助の専門家になるということ．臨床心理学，8(2); 255-261.

20. 2008.01. 中釜洋子，家族のための心理援助 11 親面接の進めかた．臨床心理学，8(1); 87-93.
21. 2007.11. 中釜洋子, 家族のための心理援助 10 カップル・カウンセリング．臨床心理学, 7(6); 819-826.
22. 2007.9. 中釜洋子，家族のための心理援助 9 家族合同面接を終結する．臨床心理学，7(5); 669-675.
23. 2007.08.31. 宮地尚子・中村正・中釜洋子・田村毅・後藤雅博，ジェンダーと家族療法．家族療法研究，24(2); 20-44.
24. 2007.07. 中釜洋子，家族のための心理援助 8 家族合同面接における介入と仕切り直し．臨床心理学，7(4); 519-525.
25. 2007.05. 中釜洋子，子育て支援の心理教育．（日本家族心理学会編：家族心理学年報 25　家族支援の心理教育─その考え方と方法．金子書房，pp.34-45.）
26. 2007.05. 中釜洋子, 家族のための心理援助 7 ─家族合同面接を展開する．臨床心理学, 7(3); 383-389.
27. 2007.03. 中釜洋子, 家族のための心理援助 6 ─家族合同面接を開始する．臨床心理学, 7(2); 235-241.
28. 2007.02. 中釜洋子，心理療法の統合の新しい動向─個人と家族の両方に焦点をあてる．精神療法，33(1); 30-39.
29. 2007.01. 中釜洋子，家族のための心理援助 5 ─ビリーフの視点から家族と関わる．臨床心理学，7(1); 67-73.
30. 2006.11. 中釜洋子，家族のための心理援助 4 ─文脈の視点から家族と関わる．臨床心理学，6(6); 807-813.
31. 2006.09. 中釜洋子，家族のための心理援助 3 ─言動の視点から家族と関わる．臨床心理学，6(5); 665-671.
32. 2006.07. 中釜洋子, 家族のための心理援助 2 ─家族療法は個人心理療法とどこが異なるか．臨床心理学，6(4); 524-530.
33. 2006.05. 中釜洋子，家族のための心理援助 1 ─家族のための心理援助とはなにか．臨床心理学，6(3); 383-389.
34. 2006.01.01. 中釜洋子，家族心理学の立場からみた子どものこころの問題．小児内科，38(1); 29-33.
35. 2004.08. 中釜洋子，スクールカウンセラーからみた " 教育 " ─とりわけ " その可能性 " について．人間性心理学研究，22(1); 63-73.
36. 2003. 下坂幸三・坂本真佐哉・高橋規子・中釜洋子（司会：後藤雅博），座談会（特集　家族療法の多様なアプローチ：摂食障害を例として）．家族療法研究，20(2); 93-111.
37. 2003. 中釜洋子，家族をつなぐ女性─家族の発達という視点から／女性の発達臨床心理学．臨床心理学，3(4); 568-572.
38. 2003. 中釜洋子，文脈療法の現代的意味 "Implications of Contextual Therapy for Modern Japanese Society".（日本家族心理学会編：家族心理学年報 21　家族カウンセリングの新展開．金子書房，pp.64-79.）
39. 2002. 中釜洋子, 家族療法とジェンダー─家族療法の中でジェンダーはどのように取り上げられるか．日本サイコセラピー学会雑誌，3(1); 51-60.
40. 2002. 中釜洋子，母子並行面接の有効性と落とし穴 "Pitfalls and Relevance of Mother-Child Concomitant Interview".（日本家族心理学会編：家族心理学年報 20　子育て臨床の理論と実際．金子書房，pp.34-50.）
41. 2001. 中釜洋子，家族療法から見た家族．（稲垣・佐々木ら編：児童心理学の進歩　2001 年版．金子書房，pp.156-181.）
42. 2000. 中釜洋子，多世代理論─ナージの文脈的アプローチの立場から，家族療法の中での心的プロセス．家族療法研究，17; 218-222.
43. 2000. 中釜洋子，多世代関係と心の危機 "Transgenerational Approach and Psychological Crisis".（日本家族心理学会編：家族心理学年報 18　ジェンダーの病．金子書房，pp.135-145.）

44. 1999. 中釜洋子，家庭教育とジェンダー―家族臨床の視点から見えてくること "Gender and Home Education: From the Perspectives of Family Therapy and Counseling". 国立婦人教育会館研究紀要, 3; 13-21.
45. 1999. 中釜洋子，多世代理論アプローチによる危機介入 "Crisis Intervention Models and Techniques Applied in Family Psychological Crisis".（日本家族心理学会編：家族心理学年報 17　心のパニック．金子書房，pp.143-155.）
46. 1997. 中釜洋子・布柴靖枝，海外留学中の日本人学生に対する心理援助的アプローチ―いじめ・いじめられる関係に陥ったルームメイトの事例より "Psychotherapeutic Approach to Japanese Students Abroad". 心理臨床学研究，15(4); 349-360.
47. 1997. 中釜洋子, コンテクスチュアル（文脈派）アプローチの理解と臨床例への適用―対話の誕生とそのためのセラピストの働きかけ "Understanding of Contextual Approach and its Application to clinical cases: Producing Dialogue and Therapists' Interventions". 家族心理学研究，11(1); 13-26.
48. 1996. 斎藤憲司・香川克・堀田香織・中釜洋子，学生相談の活動領域とその焦点―アメリカの大学におけるサポート・システムとの対比から．学生相談研究，17(1); 46-60.
49. 1989. 園田雅代・田中香織・中釜洋子，中堅女子社員の職業的満足感・職業意識・自我意識に関する総合的研究―各次元の意識の把握ならびに３次元意識の関連性の検討．応用心理学研究，14; 13-31.

著書・共著・編著・訳書など

50. 2011.06.30. 平木典子・中釜洋子・友田尋子編，親密な人間関係のための臨床心理学―家族とつながり，愛し，ケアする力．金子書房.
51. 2010.12.10. 中村伸一・中釜洋子監訳，夫婦面接のための４ステップ―症状からシステムへ．金剛出版.（Minuchin, S., Nichols, M. P. & Lee, W. Y. (2007) Assessing Families and Couples: From Symptom to system. Pearson Education, Inc. ）
52. 2010.06.20. 近藤邦夫著／保坂亨・堀田香織・中釜洋子他編，近藤邦夫論考集：学校臨床心理学への歩み―子ども達との出会い，教師達との出会い．福村出版.
53. 2010.03.26. 中釜洋子，個人療法と家族療法をつなぐ―関係系志向の実践的統合．東京大学出版会.
54. 2008.12.05. 中釜洋子・野末武義・布柴靖枝・無藤清子，家族心理学―家族システムの発達と臨床的援助．有斐閣.
55. 2008.05.25. 中釜洋子・髙田治・齋藤憲司，心理援助のネットワークづくり―〈関係系〉の心理臨床．東大出版会.
56. 2008.06. 中釜洋子，家族のための心理援助．金剛出版.
57. 2006.10.10. 平木典子・中釜洋子，家族の心理―家族への理解を深めるために．サインス社.
58. 2002. 園田雅代・中釜洋子・沢崎俊之，教師のためのアサーション．金子書房.
59. 2002. 沢崎俊之・中釜洋子・斎藤憲司・髙田治，学校臨床そして生きる場への援助．日本評論社.
60. 2001. 中釜洋子，いま家族援助が求められるとき―家族への支援・家族との問題解決：シリーズ心理臨床セミナー⑤．垣内出版.
61. 2000. 園田雅代・中釜洋子，子どものためのアサーション（自己表現）グループワーク―自分も相手も大切にする学級づくり．日精研心理臨床センター.
62. 1999. 伊藤研一編／中釜洋子・黒川由紀子・下山晴彦，心理臨床の海図．八千代出版.
63. 1995. 園田雅代・中釜洋子訳，わたしらしさの発見シリーズ５：アサーティブ・ウーマン―自分も相手も大切にする自己表現．誠信書房.（Phelps, S. & Austin, N. (1975, 1987) The Assertive Woman. Impact Publishers, Inc.）
64. 1994. 中釜洋子訳，わたしらしさの発見シリーズ４：親密さのダンス―身近な人間関係を変える．誠

信書房．(Lerner, H. (1989) The Dance of Intimacy. Harper & Row Publishers, Inc.）

論文（大学・研究所等紀要）

65. 2012.04. 教職員支援のための連続講演会第２回 現代社会を生きる大学生の教育支援・心理支援―関係ネットワークづくりという視点からの要請 電気通信大学全学教育・学生支援機構大学教育センター年度報告書（平成 24 年度）．電気通信大学，pp.106-134.
66. 2012. 大瀧玲子・曽山いずみ・中釜洋子，離婚をめぐる親子への支援プログラム導入の研究（１）―専門家へのインタビュー調査から　臨床現場で生じている問題，35; 123-129.
67. 2012. 丸山由佳子・須川聡子・遠藤麻貴子・大瀧玲子・割澤靖子・中釜洋子，夫婦面接を対象としたプロセス研究の展望．東京大学大学院教育学研究科臨床心理学コース紀要，35; 140-147.
68. 2012.03. 本田麻希子・遠藤麻貴子・中釜洋子，離婚が子どもと家族に及ぼす影響について―援助実践を視野に入れた文献研究．東京大学大学院教育学研究科紀要，51; 269-286.
69. 2011.03. ジャーナル上智―土屋論文へのコメント．上智大学臨床心理研究，34; 161-162.
70. 2011.03. 平木典子・友田尋子・中釜洋子，家族発達と情緒的自立―つながる力，愛する力，ケアする力の醸成をめぐって．（平成 19 ～ 22 年度科学研究費補助金基盤研究（B）研究成果報告書，研究代表者：畠中宗一，課題番号 19300243，情緒的自立に関する総合的研究 pp.93-113./p.215.）
71. 2011.03. 大澤論文へのコメント．上智大学臨床心理研究，33; 82-84.
72. 2010.03. 臨床心理学の中で質的データをどう扱うか？―事例研究から質的研究へ．東京大学大学院教育学研究科臨床心理学コース紀要，33
73. 2009.06. ケースが終わる時．東京大学大学院教育学研究科臨床心理学コース紀要，32; 281-282.
74. 2009.06. 中釜洋子ほか，特集：家族のための心理援助を考える―シリーズ１：映画に登場する家族を題材としたロールプレイ実践から．東京大学大学院教育学研究科臨床心理学コース紀要，32; 201-224.
75. 2009.03.31. 面接室の「内」と「外」．京都大学大学院教育学研究科心理教育相談室紀要 臨床心理事例研究，35; 6-8.
76. 2008.01. 清田論文へのコメント．上智大学臨床心理学研究，30; 138-140.
77. 2007.02. 大日向雅美・坂井聖二・中川信子・伊藤美佳との共著，子育て支援者のためのカウンセリングマインド読本―福祉と教育の枠をこえて．子育て支援者のためのカウンセリングマインド普及事業事業委員会，p.192.
78. 2007.01. 平子論文を読んで．上智大学臨床心理学研究，29; 166-168.
79. 2006.10. 成田じゅんとの共著，嫌なことを忘れて生きる少年と感情を押し殺して頑張り続ける母の事例．家裁調査官研究紀要，4; 48-79.
80. 2006.08. 誌上コンサルテーション　安江論文のコメント１．家族療法研究，23(2); 155-156.
81. 2006.03. ラージャーシステムと子育て支援．（平木典子ほか，子育て期の夫婦を支援するための心理教育プログラムの開発とその効果研究．平成 15 ～ 17 年度科学研究費補助金研究成果報告書，pp.45-51）
82. 2006.03. 心理教育的プログラムの展開と実施上の留意点．（平木典子ほか，子育て期の夫婦を支援するための心理教育プログラムの開発とその効果研究．平成 15 ～ 17 年度科学研究費補助金研究成果報告書，pp.75-80.）
83. 2007.07. 別れの春におもうこと．臨床心理学コース紀要（東京大学大学院教育学研究科総合教育科学専攻臨床心理学コース），30; 188-189.
84. 2005.01. 齋藤論文へのコメント．上智大学臨床心理学研究，28; 32-34.
85. 2004.03.31. 川崎論文へのコメント．筑波大学臨床心理学論集，18; 25-27.
86. 2004. 学校における開発的カウンセリング：アサーションを主軸にすえた教員研修の展開の一例．ネットワーク　東京大学大学院教育学研究科付属　学校臨床総合教育センター年報，6; 54-56.
87. 2004. 江川論文に対するコメント．上智大学臨床心理学研究，26; 46-48.

88. 2003. カウンセリング・ルームから見えてくるもの—臨床心理士について（特集：子ども達の危機に専門職はどのような支援が出来るのか）．発達，93; 18-25.
89. 2003. 桜井論文に対するコメント．上智大学臨床心理学研究，25; 12-15.
90. 2002. 教師が生徒に「出てくるだけでもいいから学校に出ておいで」と言うとき．ネットワーク：東京大学大学院教育学研究科付属学校臨床総合教育研究センター年報，5; 78.
91. 2002. 学校におけるアサーションを用いたエンパワーメント．ネットワーク　東京大学大学院教育学研究科学校臨床総合教育研究センター年報，4; 37-39.
92. 2001. 鈴木論文を読んで．筑波大学臨床心理学論集，16; 29-31.
93. 2001. 市橋論文へのコメント．東京大学大学院心理教育相談室紀要，24; 48-51.
94. 2001. 浜谷直人らとの共著．地域教育機関を支援する発達臨床的コンサルテーション．平成 12 年度東京都立大学特定研究費研究成果報告書.
95. 2001. 塙論文へのコメント：クライエントとの関係にいま一歩留まることへの奨め．東京大学大学院教育学研究科心理教育相談室紀要，23.
96. 1988. 一家を支える母親の事例—ある家族の社会復帰のプロセス．東京大学教育学部心理教育相談室紀要，10; 3-14.
97. 1985. スクール・カウンセラー試論．東京大学教育学部心理教育相談室紀要，8; 77-85.
98. 1984. 夢の回復を目指して．東京大学教育学部心理教育相談室紀要，7; 28-38.
99. 1983. A 男とのプレイセラピー．東京大学教育学部心理教育相談室紀要，6; 81-93.
100. 1983. 修士論文「青年の自尊感情」．東京大学大学院教育学研究科 1982 年度修士論文（未発表）
101. 1982. 少女 S とのプレイセラピー．東京大学教育学部心理教育相談室紀要，5; 43-53.
102. 1981. 本永博子との共著，ケース T 君—“乱暴な子”とその母．東京大学教育学部心理教育相談室紀要，4; 67-84.

分担執筆および分担翻訳

103. 2013.03.22. 家族療法の立場から．In：鍋田恭孝編：摂食障害の最新治療—どのように理解しどのように治療すべきか．金剛出版.
104. 2011.08. 「家族療法の実際」．In：日本心理臨床学会編：心理臨床学事典，丸善出版.
105. 2012.04.25. 中釜洋子，「生きがいについて」神谷美恵子．In：東京大学出版会「UP」編集部：『東大教師が新入生にすすめる本』．東京大学出版会，p.42.
106. 2012.4.27. 中釜洋子，Ⅰ－5 障がい・問題行動．In：高橋惠子・湯川良三・安藤寿康・秋山弘子：発達科学入門［3］青年期－後期高齢期．東京大学出版会，69-83.
107. 2011.06.30. 中釜洋子・土屋瑛美，第 6 章　スーパーヴィジョンのための主要な理論的リソーズ．In：福山和女・石井千賀子監訳：家族療法のスーパーヴィジョン—統合的モデル．金剛出版．(Lee, R. E. & Everett C. A. (2004) The Integraive Family Therapy Supervisor. Taylor & Francis Book, Inc.)
108. 2011.09.20. 事例 2 コメント．In：伊藤絵美・杉山崇・坂本真士編：事例でわかる心理学のうまい活かし方．金剛出版，pp.67-69
109. 2011.06.30. 第 6 章 親になるとは—他者をケアする力はどのように育まれ，また譲渡されるのか．In：平木典子・中釜洋子・友田尋子編：親密な人間関係のための臨床心理学—家族とつながり，愛し，ケアする力．金子書房，pp.73-87）
110. 印刷中　精神医学事典
111. 2011.09.10. 第 10 章 家族療法からの統合．In：平木典子・岩壁茂・福島哲夫編：新世紀うつ病治療・支援論—うつに対する統合的アプローチ．金剛出版，pp.180-198.
112. 2010.06.20. 解題：深い子ども理解から広くて深い理解への道．In：近藤邦夫著／保坂亨・堀田香織・中釜洋子他編：近藤邦夫論考集 学校臨床心理学への歩み—子ども達との出会い，教師達との出会い.

福村出版，pp.224-228.

113. 2009.08.24. 家族の視点からとらえた主体の危機と臨床．In：須田治編／秦野悦子・須田治・本郷一夫：シリーズ子どもへの発達支援のエッセンス 第2巻 情動的な人間関係の問題への対応．金子書房，pp.178-204.
114. 2010.02.25. 親子関係の隠れた病理．In：柏木惠子編：よくわかる家族心理学．ミネルヴァ書房，pp.186-187.
115. 2009.07.01. 第Ⅱ部 第6章 子どもの問題行動と教育相談．In：放送大学：教員免許更新講習．pp.17-18.
116. 2009.03.20. 東大教師が新入生にすすめる本2．文藝新書，pp.215-217.
117. 2008.11.「成人期」「成人前期」など数項目．In：日本産業カウンセリング学会監修：産業カウンセリング辞典，金子書房．
118. 2008.09.01. 親密な関係を築きそれを維持する．In：平木典子編：アサーション・トレーニング―自分も相手も大切にする自己表現．至文堂，pp.185-194.
119. 2013.09. 家族のライフサイクル．In：無藤隆・子安増生編：発達心理学 II．東京大学出版会．
120. 2008.06. 研究紹介6－v　子どもの問題行動をめぐる父母：父親の変化を期待し促すということ．In：柏木惠子・高橋惠子編：日本の男性の心理学―もうひとつのジェンダー問題．有斐閣，pp.291-296.
121. 2007.08. 家族療法的視点．In：村山正治編：学校臨床のヒント．金剛出版，pp.253-255.
122. 2007.09. 家族をつなぐ女性―家族の発達という視点から．In：園田雅代・平木典子・下山晴彦編：女性の発達臨床心理学．金剛出版，pp.62-73.
123. 2008.11.「家族ライフサイクル」など3項目．In：日本産業カウンセリング学会監修：産業カウンセリング辞典．金子書房．
124. 2007. 第5章 カウンセリング　総論：臨床心理士との連携．In：麻生武志編：女性総合外来―基礎と実践．文光堂，pp.390-392.
125. 2006.05. 関係性への心理援助―これからの〈家族療法〉．In：村瀬嘉代子監修：家族の変容とこころ．新曜社，pp.133-157.
126. 2005.12. 第5章 中年期夫婦の臨床的問題とその援助．In：上里一郎監修・岡本祐子編：成人期の危機と心理臨床―壮年期にともる危険信号とその援助．ゆまに書房，pp.187-214.
127. 2005.「ヘイリー，J.／エリクソン，M. D.」の2項目．In：岡堂哲雄監修・土沼雅子編：臨床心理学入門事典．至文堂．
128. 2005. 思春期の精神病理と治療．In：氏原寛・下山晴彦・東山紘久・山中康裕編：カウンセラーのための基本104冊．創元社，pp.104-105.
129. 2004. 第4章 家族を通しての心理援助（分担訳）．In：下山晴彦監訳：心理援助の専門職として働くために．金剛出版，pp.103-147．(Corey, M. & Corey, G. (1998) Becoming a Helper 3rd ed. Brooks/cole Publishing Company.)
130. 2004.「心理学辞典」編集委員．In：藤永保・仲真紀子監修：心理学辞典．丸善．（Colman, A. M. (2001) Doctionary of Psychology. Oxford University Press.）
131. 2004. ドメスティック・バイオレンス．In：氏原寛・亀口憲治・成田善弘ほか編：心理臨床大辞典．培風館．
132. 2004. 第5章 統合的介入．In：下山晴彦編：臨床心理学の新しいかたち．誠信書房．pp.84-104
133. 2005. 亀口憲治監訳／亀口・中釜・北島らとの共訳，ホフマンの家族療法学．金剛出版．（Hoffman, L. (2001) Family Therapy: An Intimate History. W. w. Norton & Co. Inc）
134. 2004.05. 第6章 第2節 家族に関する支援―援助資源としての家族と手をつなぐ．In：倉光修編：学校臨床心理学（大塚義孝・下山晴彦ほか編：臨床心理学全書第12巻）．誠信書房．pp.295-323.
135. 2005.「ジェノグラム」など5項目．In：乾吉佑・氏原寛・亀口憲治ほか編：心理療法ハンドブック．創元社．

136. 2003.「13 Invisible Loyalties/Boszormenyi-Nagy, I.」「34 家族療法入門／遊佐安一郎」. In：日本家族研究・家族療法学会編：臨床家のための家族療法リソースブック—総説と文献 105. 金剛出版, pp.114-115, pp.158-159.
137. 2003.「家族の発達」「家族療法」「親子のカウンセリング」の３編. In：下山晴彦編：よくわかる臨床心理学. ミネルヴァ書房. pp.122-125, pp.148-151, pp.178-179.
138. 2003. 子どもの心理治療に登場する父親と母親—両者が担う役割の比較. In：柏木惠子・高橋惠子編：心理学とジェンダー. 有斐閣, pp.183-189.
139. 2002. 家族臨床を学ぶ過程で考えたこと—そこから学校臨床への発信を試みる. In：沢崎俊之・中釜洋子ほか編：学校臨床そして生きる場への援助. 日本評論社.
140. 2002. 教師が行うアサーション・トレーニング. In：園田雅代・中釜洋子・沢崎俊之編：教師のためのアサーション. 金子書房, pp.75-111.
141. 2002.「危機介入」など３項目. In：飯長喜一郎など編：新版 現代学校教育大事典. ぎょうせい出版.
142. 2002. 第 10 章 開発的カウンセリング—学級経営に生かすカウンセリング的手法. In：一丸藤太郎・菅野信夫編：ミネルヴァ教職講座 10　学校教育相談. ミネルヴァ書房. pp.135-150.
143. 2001. ４部 ４章：家族の発達. In：下山晴彦・丹野義彦編：講座臨床心理学５　発達臨床心理学. 東大出版会, pp.275-294.
144. 2001. 第Ⅲ部 家族や連携の技法／第５章家族面接技法／第２節 治療的変化を及ぼす技法 １. ジェノグラム, ２. リフレイミング, ３. 家族造形法, 第６章コンサルテーションを初めとする連携の技法 第１節スクールカウンセリング. In：平木典子・袰岩秀章編：カウンセリングの技法. 北樹出版, pp.128-152.
145. 2000. ４・３　カウンセリングにおける関わり. In：榎本博明・飯野晴美・藤森進編：サイコロジー—こころの発達と教育. 北大路書房, pp.226-239.
146. 2000. A ～ F の項目を分担訳. In：北原歌子監訳：カウンセリング辞典. ブレーン出版.（Feltham, C., & Dryden, W. (1993) Dictionary of Counseling. Whurr Publishers Ltd.）
147. 2000.（分担訳）第８章 ひとつの頭にたくさんの帽子　ハンナ・レヴィン. In：亀口憲治監訳：ミニューチンの家族療法セミナー—心理療法家の成長とそのスーパービジョン. 金剛出版.（Minuchin, S. (1996) Mastering Family Therapy. John Wiley & Sons, Inc.）
148. 2000. 適応と不適応. In：近藤邦夫・西林克彦・三浦香苗・村瀬嘉代子編：教員養成課程用テキストシリーズ２：発達と学習の支援. 新曜社, pp.118-123.
149. 2000. 家族と友人. In：近藤邦夫・西林克彦・三浦香苗・村瀬嘉代子編：教員養成課程用テキストシリーズ４：児童期の課題と支援. 新曜社.
150. 2000. 友人と家族. In：近藤邦夫・西林克彦・三浦香苗・村瀬嘉代子編：教員養成課程用テキストシリーズ５：青年期の課題と支援. 新曜社, pp.22-27.
151. 1999.「家族関係図」などの数項目担当. In：日本家族心理学会編：家族心理学事典. 金子書房.
152. 1999.「生育史」などの数項目を担当. In：氏原寛・小川捷之・近藤邦夫ら編：カウンセリング辞典. ミネルヴァ書房.
153. 1998. アサーション・トレーニング. In：平木典子・袰岩秀章編：カウンセリングの実習. 北樹出版.
154. 1998. 平木ほかとの共著, 心を癒す「ほめ言葉」の本. 大和出版.
155. 1997.（分担訳）第 20 章 集団療法・カップル療法・家族療法, およびコミュニティ心理学. In：村瀬孝夫監訳：異常心理学. 誠信書房.（Davison, G. C., Neale, J. M., Kring, A. M., & Johnson, S. L.『Abnormal Psychology 6th edition. John Wiley & Sons, Inc.）
156. 1995. 大学の心理教育相談室②. In：三木善彦, 黒木賢一編：カウンセラーの仕事. 朱鷺書房, pp.136-143.
157. 1987. 思春期の精神病理と治療. In：氏原寛・東山紘久・村瀬孝雄・山中康裕編：カウンセラーのた

めの 104 冊．創元社，pp.94-95.

その他

158. 2012.07.01　社会の人間関係の中で育てる！―家族の中の子どもを考えよう．育児雑誌 miku, pp.12-13
159. 2012.06.30. 中釜洋子，書評：中田基昭著「子どもの心を探るー豊かな感受性とは」．人間性心理学研究，29(2); 171-172.
160. 2012.03. 子どものためのアサーション・グループワーク．小学保健ニュース　少年写真新聞，p.1.
161. 2011.12.25. 中釜洋子・藪垣将，書評：生島浩・岡本吉生・廣井亮一編「非行臨床の新潮流―リスク・アセスメントと処遇の実際」．家族療法研究，28(3); 94-95.
162. 2011.08.31. 中釜洋子，書評：R・クリーガー著／遊佐安一郎監訳「境界生パーソナリティ障害ファミリーガイド」．家族療法研究，28(2); 198-200.
163. 2011.08.31. 中釜洋子，第２回 アジア家族研究・家族療法協会（CIFA）シンポジウム報告：シンポジウム会場の裏方から．家族療法研究，28(2); 100-102.
164. 2011.09.01. 中釜洋子，家族療法における言葉の使い方．現代のエスプリ，530; 63-82.
165. 2011.10. 第３回 いまどきの子どもの心の発達，放送大学教材テキスト／現代の生徒指導.
166. 2011.10 第４回 親／家族の力を生かした生徒指導，放送大学教材テキスト／現代の生徒指導.
167. 2011.04.25. 田附あえか・大塚斉・割澤靖子・中釜洋子，チームで子どもを見る，育てるとはどういうことか？（特集「子どもを見る目を育てる」）．発達，126; 74-81.
168. 2010.12.15. 岩村正彦・秋元美世・大村敦志・中釜洋子，座談会：ファミリーバイオレンスをめぐる諸問題―連載を終えて．ジュリスト，1413; 60-86.
169. 2010.12.05. 中釜洋子，書評：村瀬嘉代子編著「統合的心理援助への道：真の統合のための六つの対話」．精神療法，36(6); 114-115.
170. 2010.08.31. 中釜洋子，書評：ミヒャエル・L・クロスリー著／角山富雄，田中勝博監訳「ナラティヴ心理学セミナーー自己・トラウマ・意味の構築」．家族療法研究，27(2); 89-90.
171. 2010.04.30. 中釜洋子，私の家族療法理論（大会シンポジウムⅡ―説き明かし・私の家族面接）．家族療法研究，27(1); 27.
172. 2010.01.01. いまどきの家族・いまどきの子育てをめぐって．月刊母子保健，609; 8-9.
173. 2009.11.10. 臨床心理学キーワード第 52 回「家族療法・関係療法・システミック療法／中立性・多方向への肩入れ／ジェノグラム」．臨床心理学，9(6); 828-830.
174. 2009.11.01. 今月の本棚「家族の心はいま―研究と臨床の対話から／柏木惠子・平木典子著」．児童心理，904; 141.
175. 2009.12.05. 書評：青木紀久代著「親のメンタルヘルス」．精神療法，35(6); 107.
176. 2009.11.01. 家族発達と情緒的自立：子育ての視点から．現代のエスプリ，508; 101-111.
177. 2009.07. 子ども同士の関わりを見守る親を支える．In：柳澤正義編：母子保健ハンドブック 2009. 財団法人母子衛生研究会，pp.86-87.
178. 2009.07.01. 放送大学 TV 教員免許更新講習．教育の最新事情 第６回子どもの問題行動と教育相談（DVD 教材）.
179. 2009.2.1. 家族の未来をみやるために『家族心理学』の刊行によせて．書斎の窓，581; 51-54.
180. 2009.01.01. 保育士を楽しむためのメンタルヘルス９―アサーションでつくる豊かな人間関係. 保育の友，57(1); 53-54.
181. 2008.12.25. 書評：平木典子「カウンセリングの心と技術―心理療法と対人関係のありかた」．家族療法研究，25(3); 75-76.
182. 2008.12.10. アサーションから学ぶ上手なコミュニケーション術．笑顔，39(13); 3-7.

183. 2008.12.01. 保育士を楽しむためのメンタルヘルス８―よいところをみつける力をつける．保育の友，56(14); 53-54.
184. 2008.11.01. 保育士を楽しむためのメンタルヘルス７―アサーションでコミュニケーション力を伸ばす．保育の友，56(13); 53-54.
185. 2008.08.1. 青木豊・中釜洋子・石隈利紀・松本真理子，座談会：子どもの発達と心理教育・支援の現状と理想．現代のエスプリ，493; 15-44.
186. 2008.04. 子どものバランス・家族のバランス，東京大学公開講座講義要項，pp.9-12.
187. 2008.04.28. アサーティブな表現を支える基本的人権―『子どもの権利条約』から．児童心理，877; 16-21.
188. 2008.04.01. 子ども同士の関わりを見守る親を支える．月刊「母子保健」，588; 8.
189. 2008.03.25. 金生由紀子・笠原麻里・細田のぞみ・中釜洋子・宍倉久里江，座談会：子どものチックとこだわり．こころのりんしょう a・la・carte，27(1); 61-73.
190. 2008.03.21. 思春期家族を生きる―親たちに送る応援歌とSOSチェックリスト．第２回フォーラム『思春期家族を考える』 学習院女子中等科・女子高等科／戸山会，pp.14-39.
191. 2008.01.15. 教育支援の家族機能の活性化をもとめて．In：藤原勝紀編：現代のエスプリ別冊―教育心理臨床パラダイム．至文堂，pp.188-192.
192. 2007.12.31. 書評：心理療法のひろがり．家族療法研究，24(2); 262-263.
193. 2007.08.31. ジェンダー・センシティビティを高めるために．家族療法研究，24(2); 16-19.
194. 2007.07.15. カップル・セラピーに見るいまどきの家族．心理学ワールド，38; 9-12.
195. 2007.04. 東大教師が新入生にすすめる本．『UP』誌，36(4); 28-30.
196. 2007.03. 第一回フォーラム記録　母娘関係を考える―思春期の娘と思秋期の母が紡ぐ物語が，よりハッピーになるために．学習院女子中等科・高等科・戸山会，pp.15-23.
197. 2006.12. 大西真美・中釜洋子，海外文献紹介　Johnson, S. M.『カップルのための感情焦点化療法（EFT）を学ぶ：カップルの絆を育む』．家族療法研究，23(3); 258-261.
198. 2006.08. 誌上コンサルテーション「症状に対する意味づけが来談者間の相互作用に与える影響について」コメント．家族療法研究，23(2); 155-156.
199. 2006.09. 夫婦問題（カップル・カウンセリング）の事例研究．In：亀口憲治編：現代のエスプリ別冊　臨床行為研究セミナー．至文堂，pp.198-207.
200. 2006.09. 亀口憲治・狩野力八郎・中釜洋子・能智正博，座談会：臨床心理行為とは何か．In：亀口憲治編：現代のエスプリ別冊　臨床行為研究セミナー．至文堂，pp.9-37.
201. 2006.01. 今年の注目！私のBooks & Papers ５．臨床心理学，6(1); 136-137.
202. 2005.12. 患者から学ぶ：クライエントのrelational worldに強い関心を向けるということ．精神療法，31(6); 127-129.
203. 2005.（日本語監修）岩壁茂・平木典子・中釜洋子ほか．レスリー・グリーンバーグ／うつに対する感情焦点化療法―エモーションフォーカスト・セラピー（EFT）の理論と実際．日本心理療法研究所 APA Psychotherapy Video Series.
204. 2005. 書評：認知行動療法入門．臨床心理学，5(3); 433-434.
205. 2005. 亀口憲治との共著，概説：家族療法の現在．現代のエスプリ，451; 5-25.
206. 2005. 多世代文脈的アプローチの展開．現代のエスプリ，451; 178-186.
207. 2005. 平木，沢崎，野末との共著，座談会：アサーション・トレーニング―その展開と可能性．現代のエスプリ，450; 5-29.
208. 2005. 親密な関係を築きそれを維持する．現代のエスプリ，450; 171-180.
209. 2005. エッセイ「ジェンダーバイアスとは，力業で個性を奪い取るもの」．精神療法，31(2); 51-52.
210. 2005. 書評　セラピストの人生という物語．家族療法研究，21(3); 277-278.
211. 2004. 書評：家族のイメージ．精神療法，30(2).

212. 2003. 子どもの元気を奪う学校・家庭．児童心理，795; 11-16.
213. 2003. 学生相談と家族の視点．第 40 回全国学生相談研修会報告書　日本学生相談学会，pp.20-21.
214. 2002. 教室で生かすアサーション・トレーニング　下：子どもが変わる・クラスがまとまるアサーション．児童心理，778; 106-111.
215. 2001. 書評：アマナット＆ベック著「十代の心理臨床実践ガイド」．こころの科学，101; 126.
216. 2001.「個々の子どもの成長」という視点から．ベネッセ教育研究所所報，26; 56-67.
217. 2001. 鵜養・亀口・伊藤との共著，座談会：学校心理臨床の現状と課題．現代のエスプリ，407; 5-39.
218. 2001. 夫婦関係の病理，現代のエスプリ，407; 122-131.
219. 2001. 書評：倉光修著「動機づけの臨床心理学」．精神療法，27(2); 99-100.
220. 1999. カウンセリングに学ぶ友だちづくり―役立つ知識と技法：アサーション・グループ・ワーク／自分も相手も大切にするやりとり．児童心理２月号増刊（友だちをつくれない子・つくれる子），82-88.
221. 1998. 家族のライフサイクル１．心の健康，46 巻 , 505 号 , 5; 12-19.
222. 1998. 家族のライフサイクル２．心の健康，47 巻 , 506 号 , 6; 12-19.
223. 1998. 気持ちを伝えられない子どもたち．児童心理２月号増刊（上手な気持ちの伝え方），47-55.
224. 1997. 孤立している子をどう援助するか―仲間に入りたくても入れない子．児童心理，4; 43-48.
225. 1996. 人をことばで慰めるための 10 冊（特集：ブックガイド・分野別 200 冊）．月刊言語，10; 48-51.
226. 1996. 家族というシステムの力．別冊宝島 279（わかりたいあなたのための心理学入門），pp.99-103.

DVD 教材など

227. 2005. 岩壁茂・平木典子・中釜洋子・野末武義監修，うつに対する感情焦点化療法―エモーション・フォーカスト・セラピー（ＥＦＴ）の理論と実際．日本心理療法研究所．(Greenberg, L.S. (2004) Emotion-focused Therapy for Depression. (The Specific Populations Video Series) Washington D.C.: American Psychological Assosiation.)
228. 2010. 中釜洋子，説き明かし・私の家族面接３―初回面接の実際．中島映像教材出版.

学会発表など

229. 2012.06. 家族療法学会，シンポジウム
230. 2012.06. 家族療法学会，ワークショップ
231. 2012.07. 日本家族心理学会，シンポジウム　司会
232. 2011.11.11. 電機通信大学 教職員支援のための連続講演会「現代社会を生きる大学生の教育相談・心理相談：関係ネットワークづくりという視点から」.
233. 2011.12.17. 中釜洋子，教育講演「関係ネットワークへの統合的アプローチ」第 13 回日本子ども健康科学会学術大会 跡見学園女子大学文京キャンパス抄録集，pp.15-17.
234. 2011.11.12. 本田麻希子・大瀧玲子・曽山いづみ・山田哲子・福丸由佳・中釜洋子，離婚を経験する子どもと家族への心理支援（１）―文献レビューから見えてくること，対人援助学会第三回年次大会（立命館大学）ポスター発表，大会プログラム，p.22.
235. 2011.11.12. 大瀧玲子・曽山いづみ・山田哲子・本田麻希子・福丸由佳・中釜洋子，離婚を経験する子どもと家族への心理支援（２）―いま現場で起きていること，対人援助学会第三回年次大会（立命館大学）ポスター発表，大会プログラム，p.23.
236. 2011.11.12. 福丸由佳・中釜洋子・本田麻希子・山田哲子・曽山いづみ・大瀧玲子，離婚を経験する

子どもと家族への心理支援（3）―FAITプログラムによる心理的支援の実践　対人援助学会第三回年次大会（立命館大学），ポスター発表，大会プログラム　p.24.

237. 2011.04.30. 中村伸一・中釜洋子・野末武義，家族療法学会第28回大会ワークショップ「家族面接入門」，家族療法研究，28(1).

238. 2011.08.28. 大町知久・大西真美・大塚斉・田附あえか・中釜洋子，カップルセラピーのプロセス研究（1）：これまでの蓄積と今後の展望について，日本家族心理学会第28回大会（鹿児島女子短期大学），口頭発表，pp.42-43.

239. 2011.08.28. 大西真美・大町知久・田附あえか・大塚斉・中釜洋子，カップルセラピーのプロセス研究（2）：クライエントとセラピストの面接体験と方法論についての検討，日本家族心理学会第28回大会（鹿児島女子短期大学），口頭発表，pp.44-45.

240. 2011.08.28. 田附あえか・大町知久・大西真美・大塚斉・中釜洋子，カップルセラピーのプロセス研究（3）：セラピストのするべき仕事とは何か，日本家族心理学会第28回大会（鹿児島女子短期大学），口頭発表，pp.46-47.

241. 2010.09.02-04. 塩谷隼平・田附あえか・藤岡大輔・古舘有希子・大塚斉・中釜洋子・髙田治，児童福祉施設における心理臨床について　その8―施設における性教育と性のそだち―，自主シンポ，日本心理臨床学会第30回大会（九州大学，福岡国際会議場），698.

242. 2010.09.02-04. 田附あえか・大塚斉・藤田博康・中釜洋子・平木典子，わが国における統合的家族／システミック援助実践の研修と課題（1）心理援助職は関係援助のトレーニングをどのように体験するのか，口頭発表，日本心理臨床学会第30回大会（九州大学，福岡国際会議場），306.

243. 2010.09.02-04. 大塚斉・中釜洋子・田附あえか・藤田博康・平木典子，わが国における統合的家族／システミック援助実践の研修と課題（2）心理援助職はどのような理由と経路で関係援助を学び始めるのか」，口頭発表，日本心理臨床学会第30回大会（九州大学，福岡国際会議場）307.

244. 2010.09.02-04. 藤田博康・大塚斉・田附あえか・中釜洋子・平木典子，わが国における統合的家族／システミック援助実践の研修と課題（3）英国の家族／システミック援助実践家養成訓練を参考にして，口頭発表，日本心理臨床学会第30回大会（九州大学，福岡国際会議場），308.

245. 2011.09.15-17. 丹野義彦・坂本真士・伊藤絵美・杉山崇・高橋雅延・中釜洋子，「基礎心理学の臨床的ふだん使い」を議論する，日本心理学会シンポジウム，日本心理学会第75回大会（日本大学分理学部）．大会発表論文集，p.38.

246. 2011.02.06. 中釜洋子，講演：不妊カップルの理解―文脈を読む，多世代をみる，日本生殖医療心理カウンセリング学会第8回大会特別講演.

247. 2010. Nakagama, H., The 2nd Regional Symposium of CIFA (Consortium of Institutes of Family in the Asian Region) Symposium Open to Public "Child Rearing in Changing Sciotier" Chair-person

248. 2010.09.03-05. 塩谷隼平・田附あえか・藤岡大輔・古舘有希子・大塚斉・髙田治・中釜洋子，児童福祉施設における心理臨床について　その7―子どもがよりよく育つ環境をつくるために，自主シンポ，日本心理臨床学会第29回大会 東北大学（仙台）.

249. 2010.08.20-22. 中釜洋子，「家族療法の歴史をたどる」大会ワークショップ，日本家族心理学会第27回大会プログラム抄録集，子どもの城（東京），p.27.

250. 2010.08.20-22. 田附あえか・大塚斉・藤田博康・中釜洋子・平木典子，イギリスの家族療法家養成・訓練システムに学ぶ（1）イギリスの家族療法家訓練システムの概要，日本家族心理学会第27回大会プログラム抄録集，子どもの城（東京），pp.43-44.

251. 2010.08.20-22. 大塚斉・田附あえか・藤田博康・中釜洋子・平木典子，イギリスの家族療法家養成・訓練システムに学ぶ（2）多職種・多領域におけるシステミックな視点の有用性．日本家族心理学会第27回大会プログラム抄録集．子どもの城（東京），pp.45-46.

252. 2010.08.20-22. 藤田博康・大塚斉・田附あえか・中釜洋子・平木典子，イギリスの家族療法家養成・訓練システムに学ぶ（3）家族・システミック援助実践のわが国へのよりいっそうの普及を目指して，日本家族心理学会第 27 回大会プログラム抄録集，子どもの城（東京），pp.47-48.

253. 2010.08.20-22. 大町知久・中釜洋子・田附あえか・大塚斉・岩壁茂，レッツ トライ：家族臨床のプロセス研究：合同面接の体験過程を問う，自主シンポジウム，日本家族心理学会第 27 回大会プログラム抄録集，子どもの城（東京），pp.37-38.

254. 2010.06.04-06.06. 中村伸一・中釜洋子・野末武義，大会ワークショップ 「家族面接入門」，家族療法研究 , 27(1); 6. 家族療法学会第 27 回大会（ビッグパレットふくしま）.

255. 2010.06.04-06.06. 大会シンポジウムⅡ「説き明かし・私の家族面接」家族療法学会第 27 回福島大会プログラム（ビッグパレットふくしま），p.33.

256. 2009.09. 自主シンポ，日本心理臨床学会第 28 回大会，東京国際フォーラム.

257. 2009.09.21. 野末武義・伊藤絵美・岩壁茂・中村伸一・中釜洋子，大会準備委員会企画シンポジウム「うつの理解とアプローチをめぐって」，日本心理臨床学会第 28 回大会. 東京国際フォーラム.

258. 2009.08.26. 高橋惠子・柏木惠子・安藤寿康・中釜洋子・村井潤一郎・子安増生・森敏昭，ワークショップ「質的データをどう扱うか？」. 日本心理学会第 73 回大会. 立命館大学.

259. 2009.08.23. 畠中宗一・川崎末美・中釜洋子，大会準備委員会企画シンポジウム―家族関係の未来：「個としての快適さ志向」と「関係性を生きること」のジレンマ, 日本家族心理学会第 26 回大会. 大阪市立大学.

260. 2008.09. 自主シンポ，心理臨床学会.

261. 2008.08. 自主シンポ，家族心理学会.

262. 2008.08. 大会シンポジウム，家族心理学会.

263. 2008.06.08. Shi-Jiuan Wu, Moon Ja Chung, David McGill, Hiroko Nakagama など 9 名　国際ケースカンファレンス　日本家族研究・家族療法学会第 25 回大会　国立オリンピック記念青少年総合センター（東京）

264. 2008. 小児難治喘息・アレルギー疾患学会，大会シンポジウム「明るい家庭を求めて」.

265. 2008.06.05. 中村伸一・中釜洋子，家族療法入門ワークショップ，日本家族研究・家族療法学会第 25 回大会　国立オリンピック記念青少年総合センター（東京）.

266. 2008.06.01. 足立陽子・鈴木恭子・中釜洋子・大家幸弘，シンポジウム「明るい家庭を求めて」，日本小児難治喘息・アレルギー疾患学会 第 25 回大会. 天理よろづ相談所病院天理陽気ホール.

267. 2006. 自主シンポ　心理臨床学会,

268. 2006. 自主シンポ　家族心理学会

269. 2005. 高橋・柏木・金田・中釜ほか. ワークショップ：ジェンダーから読み解く三歳児神話・母性神話. 日本心理学会，慶應義塾大学.

270. 2005. 塩谷・三枝・藤岡・古舘・浜崎・髙田・中釜，自主シンポ：施設心理士. 日本心理臨床学会，京都国際会議場.

271. 2005. 日本家族心理学会ワークショップ：合同面接の技を身につける. 文教大学.

272. 2004. 平木・飯長・中釜・野末，カウンセリング学会自主シンポ. 明治学院大学.

273. 2004. 日本家族心理学会ワークショップ. 広島女子大学.

274. 2004. 野末武義・岩井昌也・中釜洋子・平木典子・甲斐隆，日本家族心理学会自主シンポ：カップルカウンセリングの面白さ・難しさ.

275. 2004. 中釜洋子・野末武義・堀越勝・平木典子，日本心理臨床学会自主シンポ：統合.

276. 2003. 長谷川恵美子・鈴木一史・角田真紀子・河合正・亀口憲治（司会：中釜洋子），シンポジウム：総合的コラボレーションによる不登校・引きこもり問題の解決. 日本教育心理学会主催公開シンポジウム，東京.

277. 2003. 中釜洋子・福山和女・児島達美（司会：亀口憲治），シンポジウム：各学会での最新情報と今後の展望. 三学会合同シンポジウム，東京.

278. 2003. 吉川悟・中釜洋子・廣井亮一・児島達美，自主シンポジウム：家族療法の研修―大学教育の場

合．日本家族研究・家族療法学会第 20 回大会，大津．

279. 2003. 岡本吉生・高橋規子・中釜洋子・本橋弘子ほか，第 20 回大会企画：議論・激論．日本家族研究・家族療法学会第 20 回大会，大津．
280. 2003. 岩井昌也・野末武義・平木典子・森川早苗（司会：中釜洋子），自主シンポジウム：カップル・カウンセリング．日本家族心理学会第 20 回大会，川村学園女子大学．
281. 2003. 数井かずみ・中釜洋子・中村正・中村伸一，大会シンポジウム：女性と家族・男性と家族．日本家族心理学会第 20 回大会，川村学園女子大学．
282. 2002. 中釜洋子・野末武義・下山晴彦・倉光修・平木典子，自主シンポジウム：心理療法の理論・技法の統合を探る―さまざまな統合の試みを語る．日本心理臨床学会第 21 回大会，中京大学．
283. 2002. 緒方明・大河原美以・中釜洋子，自主シンポジウム：統合的な家族療法．日本家族研究・家族療法学会第 19 回大会，新宿センチュリーハイアット．
284. 2002. 鍋田恭孝・山村礎・土肥伊都子・箕口雅博（司会）中釜洋子，公開ワークショップ：変貌する現代家族の可能性と課題．日本家族心理学会第 19 回大会，立教大学．
285. 2001. 中釜洋子・生地新・田中信市・森さち子，シンポジウム：サイコセラピーとジェンダー．日本サイコセラピー学会第 3 回大会，東京国際大学．
286. 2000. 亀口憲治・鵜養美昭・市川千秋・富永良喜・中釜洋子・沢崎俊之，準備委員会企画シンポジウム：学校におけるカウンセリング活動の現状と課題．日本教育心理学会第 42 回大会，東京大学．
287. 2000. 園田雅代・中釜洋子・豊田英昭・高橋均・沢崎俊之，自主シンポジウム：教育現場におけるアサーション（自他相互尊重のコミュニケーション）―その実践と展望をさぐる．日本教育心理学会第 42 回大会，東京大学．
288. 2000. 野末武義・中釜洋子・光元和憲・団士郎・平木典子，自主シンポジウム：個人療法と家族療法の統合を探る．日本心理臨床学会第 19 回大会，京都文教大学．
289. 2000. 狩野力八郎・中釜洋子・吉川悟・牧原浩，大会シンポジウム：家族療法における心的プロセス．日本家族研究・家族療法学会第 17 回大会，大宮ソニックシティ．
290. 1999. Kaslow, F. ・平木典子・中釜洋子（司会）亀口憲治，大会シンポジウム：多世代関係と心の危機．日本家族心理学会第 16 回大会，甲南大学．
291. 1999. 中釜洋子，バイク購入にこだわった不登校の事例：Contextual Approach の立場から．日本家族研究・家族療法学会第 16 回大会発表論文集．
292. 1998. 中釜洋子，ラウンドテーブル話題提供：アサーティブ行動を育てるプログラムの実践．日本心理学会第 62 回大会．
293. 1998. 平木典子・中釜洋子・野末武義，日本家族心理学会テーマ別ワークショップ：各理論・技法を臨床にいかに生かすか―A. 多世代理論のポイント．日本家族心理学会第 15 回大会，専修大学．
294. 1998. Hiroko Nakagama, Toji Fujii, & Noriko Hiraki, “The Clinical Applicability of Contextual Theory to Japanese Families; From the Perspective of Comparison with Naikan Therpay”. International Academy of Family Psychology Athens, GA
295. 1997. 下山晴彦・中釜洋子，家庭内暴力の家族のコンテキスト介入技法―夫婦面接と手紙を用いて．日本心理臨床学会第 16 回大会，東北大学．
296. 1996. 中釜洋子・布柴靖枝，異文化という文脈で生じる青年期危機への心理援助的アプローチ―アメリカ留学中の日本人学生 2 事例を中心に．日本心理臨床学会第 15 回大会，上智大学．
297. 1996. 園田雅代・中釜洋子，子どものためのアサーション（自己表現）トレーニング　その 2：子どもにおけるアサーション体験の自己認知．日本応用心理学会第 63 回大会，中京大学．
298. 1996. 中釜洋子・園田雅代，子どものためのアサーション（自己表現）トレーニング　その 3：大学生との比較にみる子供のアサーションへの自己認知．日本応用心理学会第 63 回大会，中京大学．
299. 1995. Suzanne Harmon, Hiroko Nakagama, Yasue Nunoshiba, "Empathy in a Cross-Cultural Context: Is There a Universal Language?". Multicultural Issues and Mental Health Arbour Hospital in Boston,

MA.

300. 1990. 田中香織・園田雅代・中釜洋子，中堅女子社員の職業的満足感と精神衛生に関する研究—その9：企業用コンサルテーションの実践例の検討．日本応用心理学会第57回大会，茨城大学.
301. 1990. 園田雅代・中釜洋子・田中香織，総合職若手女性社員の意識実態調査　半構造的個別面接による内容分析．日本応用心理学会第57回大会，茨城大会.
302. 1989. 園田雅代・中釜洋子，青年期後期から成人期にかけての女性の自我同一性に関する縦断的研究—9年間の自我同一性地位の変化について．日本教育心理学会第31回大会，北海道大学.
303. 1989. 中釜洋子・園田雅代，青年期後期から成人期にかけての女性の自我同一性に関する縦断的研究—発達経路の検討．日本教育心理学会第31回大会，北海道大学.
304. 1989. 園田雅代・中釜洋子，青年期後期から成人期にかけての女性の自我同一性に関する縦断的研究—自我同一性地位変化ならびに親密性地位との関連．日本心理学会第53回大会，筑波大学.
305. 1989. 中釜洋子・園田雅代，青年期後期から成人期にかけての女性の自我同一性に関する縦断的研究—青年期F群のその後の同一性変化の再検討．日本心理学会第53回大会，筑波大学.
306. 1989. 園田雅代・中釜洋子・田中香織，中堅女子社員の職業的満足感と精神衛生に関する研究—その6：ストレス状況の調査．日本応用心理学会第56回大会，福岡教育大学.
307. 1989. 中釜洋子・園田雅代・田中香織，中堅女子社員の職業的満足感と精神衛生に関する研究—その7：ストレス状況と職業的・全体的同一性との関連についての検討．日本応用心理学会第56回大会，福岡教育大学.
308. 1989. 田中香織・園田雅代・中釜洋子，中堅女子社員の職業的満足感と精神衛生に関する研究—その8：企業用コンサルテーションの実践例の検討．日本応用心理学会第56回大会，福岡教育大学.
309. 1988. 園田雅代・中釜洋子・田中香織，中堅女子社員の職業的満足感・職業的同一性・全体的同一性に関する研究—その3：大学生とのSCT反応との比較検討．日本応用心理学会第55回大会，創価大学.
310. 1988. 中釜洋子・園田雅代・田中香織，中堅女子社員の職業的満足感・職業的同一性・全体的同一性に関する研究—その4：SCT内容分析による同一性の検討．日本応用心理学会第55回大会，創価大学.
311. 1988. 田中香織・園田雅代・中釜洋子，中堅女子社員の職業的満足感・職業的同一性・全体的同一性に関する研究—その5：企業用コンサルテーションの一実践例の検討．日本応用心理学会第55回大会，創価大学.
312. 1987. 園田雅代・中釜洋子・田中香織，20代を主とする中堅女子社員の職業的満足感について—その1：質問紙作成の手続きおよびその妥当性の検討．日本応用心理学会第54回大会，新潟大学.
313. 1987. 中釜洋子・園田雅代・田中香織，20代を主とする中堅女子社員の職業的満足感について—その2：因子分析および属性分析．日本応用心理学会第54回大会，新潟大学.
314. 1987. 田中香織・園田雅代・中釜洋子，派遣労働者の特性把握のための方法論的検討　第2報—積極的選択型ならびに能動的模索型への職業訓練について．日本応用心理学会第54回大会，新潟大学.

索　引

人　名

A-Z

あ行

か行

さ行

た行

は行

ま～ら行

初出一覧

中釜洋子（2003）文脈療法の現代的意味．In：日本家族心理学会編：家族心理学年報 21 家族カウンセリングの新展開．金子書房，pp.64-79.（第 1 章）
中釜洋子（2006）家族心理学の立場からみた子どものこころの問題．小児内科，38(1); 29-33.（第 2 章）
中釜洋子（2012）Ｉ－５．障がい・問題行動．In：高橋惠子・湯川良三・安藤寿康・秋山弘子編：発達科学入門［３］青年期～後期高齢期．東京大学出版会，pp.69-83.（第 3 章；タイトル変更）
中釜洋子（2012）家族における心理的不在の割り切れなさをめぐって．精神療法，38(4); 500-505.（第 4 章）
中釜洋子（2006）夫婦問題（カップル・カウンセリング）の事例研究．In：亀口憲治編：現代のエスプリ別冊　臨床行為研究セミナー．至文堂，pp.198-207.（第 5 章）
中釜洋子（2009）面接室の「内」と「外」．京都大学大学院教育学研究科心理教育相談室紀要　臨床心理事例研究，35; 6-8.（第 6 章）
中釜洋子（2011）家族療法における言葉の使い方．現代のエスプリ，530; 63-82.（第 7 章）
中釜洋子（2012）夫婦間不和が認められる事例（臨床心理学増刊第 4 号　事例で学ぶ臨床心理アセスメント入門）．金剛出版，pp.146-151.（第 8 章）
中釜洋子（1998）気持ちを伝えられない子どもたち（児童心理 2 月号増刊『上手な気持ちの伝え方』）．金子書房，pp.47-55.（第 9 章）
中釜洋子（2009）保護者とどう付き合うか？―家族療法の視点から．子どもの心と学校臨床，1; 23-31.（第 10 章）
中釜洋子（2009）家族の視点からとらえた主体の危機と臨床．In：須田治編：情動的な人間関係の問題への対応（シリーズ：子どもへの発達支援のエッセンス　第 2 巻）．金子書房，pp.178-204.（第 11 章）
中釜洋子（2012）臨床実践のなかで家族はどのように扱われるか―家族療法を謳うカウンセリングルームからの発信．精神医療，65; 31-38.（第 12 章）
中釜洋子（2010）DVD「説き明かし・私の家族面接―初回面接の実際」（DICS3）．In：生島浩（企画・構成）・後藤雅博（監修・解説）：DVD「説き明かし・私の家族面接―初回面接の実際」．中島映像教材出版．（第 13 章）

著者紹介
中釜洋子（なかがまひろこ）　東京大学大学院教育学研究科博士課程単位取得退学。博士（教育学)。臨床心理士。東京都立大学人文学部，上智大学文学部助教授などを経て，東京大学大学院教育学研究科教授。2012 年逝去。

編者
田附あえか（筑波大学）
大塚　　斉（武蔵野児童学園）
大西　真美（大正大学（2021 年度より杏林大学））
大町　知久（北里大学）

執筆者
平木典子（IPI 統合的心理療法研究所）
髙田　治（川崎こども心理ケアセンターかなで）
野末武義（明治学院大学）

中釜洋子選集　**家族支援の一歩**

——システミックアプローチと統合的心理療法

2020 年 12 月 27 日　印刷
2021 年　1 月　7 日　発行

著　　者　**中釜洋子**
編　　者　**田附あえか・大塚　斉・大西真美・大町知久**
発 行 人　**山内俊介**
発 行 所　**遠見書房**

遠見書房

〒 181-0002 東京都三鷹市牟礼 6-24-12
三鷹ナショナルコート 004
TEL 0422-26-6711　FAX 050-3488-3894
tomi@tomishobo.com　https://tomishobo.com

印刷・製本　モリモト印刷
ISBN978-4-86616-111-2　C3011